LA VIE LITTÉRAIRE

CALMANN-LÉVY, ÉDITEURS

DU MÊME AUTEUR

Format grand in-18.

BALTHASAR.	1 vol.
CRAINQUEBILLE, PUTOIS, RIQUET	1 —
LE CRIME DE SYLVESTRE BONNARD (Ouvrage couronné par l'Académie française).	1 —
LES DÉSIRS DE JEAN SERVIEN	1 —
LES DIEUX ONT SOIF	1 —
L'ÉTUI DE NACRE.	1 —
LE GÉNIE LATIN	1 —
HISTOIRE COMIQUE	1 —
L'ILE DES PINGOUINS.	1 —
LE JARDIN D'ÉPICURE	1 —
JOCASTE ET LE CHAT MAIGRE	1 —
LE LIVRE DE MON AMI.	1 —
LE LYS ROUGE.	1 —
LES OPINIONS DE M. JÉRÔME COIGNARD	1 —
PAGES CHOISIES.	1 —
PIERRE NOZIÈRE.	1 —
LE PUITS DE SAINTE-CLAIRE.	1 —
LA RÉVOLTE DES ANGES.	1 —
LA RÔTISSERIE DE LA REINE PÉDAUQUE. . . .	1 —
LES SEPT FEMMES DE LA BARBE-BLEUE.	1 —
SUR LA PIERRE BLANCHE.	1 —
THAÏS.	1 —
LA VIE LITTÉRAIRE.	4 —

HISTOIRE CONTEMPORAINE

I. — L'ORME DU MAIL.	1 vol.
II. — LE MANNEQUIN D'OSIER	1 —
III. — L'ANNEAU D'AMÉTHYSTE.	1 —
IV. — MONSIEUR BERGERET A PARIS.	1 —

Format grand in-8°.

VIE DE JEANNE D'ARC.	2 vol.

ÉDITIONS ILLUSTRÉES

CLIO (Illustrations en couleurs de Mucha)	1 vol.
HISTOIRE COMIQUE (Pointes sèches et eaux-fortes de Edgar Chahine).	1 —
LES CONTES DE JACQUES TOURNEBROCHE (Illustrations en couleurs de Léon Lebègue)	1 —

ANATOLE FRANCE
DE L'ACADÉMIE FRANÇAISE

LA
VIE LITTÉRAIRE

TROISIÈME SÉRIE

PARIS
CALMANN-LÉVY, ÉDITEURS
3, RUE AUBER, 3

Droits de reproduction et de traduction réservés.

Droits de traduction et de reproduction réservés pour tous les pays, y compris la Russie.

PREFACE

M. Ferdinand Brunetière, que j'aime beaucoup, me fait une grande querelle¹. Il me reproche de méconnaître les lois mêmes de la critique, de n'avoir pas de critérium pour juger les choses de l'esprit, de flotter, au gré de mes instincts, parmi les contradictions, de ne pas sortir de moi-même, d'être enfermé dans ma subjectivité comme dans une prison obscure. Loin de me plaindre d'être ainsi attaqué, je me réjouis de cette dispute honorable où tout me flatte : le mérite de mon adversaire, la sévérité d'une censure qui cache beaucoup d'indulgence, la grandeur des intérêts qui sont mis en cause, car il n'y

1. Voir, dans la *Revue des Deux Mondes* du 1ᵉʳ janvier 1891, la critique impersonnelle par M. Ferdinand Brunetière, pp. 210 à 224.

va pas moins, selon M. Brunetière, que de l'avenir intellectuel de notre pays, et enfin le choix de mes complices, M. Jules Lemaître et M. Paul Desjardins étant dénoncés avec moi comme coupables de critique subjective et personnelle, et comme corrupteurs de la jeunesse. J'ai un goût ancien et toujours nouveau pour l'esprit de M. Jules Lemaître, pour son intelligence agile, sa poésie ailée et sa clarté charmante. M. Paul Desjardins m'intéresse par les belles lueurs tremblantes de sa sensibilité. Si j'étais le moins du monde habile, je me garderais bien de séparer ma cause de la leur. Mais la vérité me force à déclarer que je ne vois pas en quoi mes crimes sont leur crime et mes iniquités leur iniquité. M. Lemaître se dédouble avec une facilité merveilleuse; il voit le pour et le contre, il se place successivement aux points de vue les plus opposés; il a tour à tour les raffinements d'un esprit ingénieux et la bonne volonté d'un cœur simple. Il dialogue avec lui-même et fait parler l'un après l'autre les personnages les plus divers. Il a beaucoup exercé la faculté de comprendre. Il est humaniste et moderne.

Il respecte les traditions et il aime les nouveautés. Il a l'esprit libre avec le goût des croyances. Sa critique, indulgente jusque dans l'ironie, est, à la bien prendre, assez objective. Et si, quand il a tout dit, il ajoute : « Que sais-je? » n'est-ce pas gentillesse philosophique? Je ne démêle pas bien dans sa manière ce qui mécontente M. Brunetière, sinon, peut-être, une certaine gaieté inquiétante de jeune faune.

Quant à M. Paul Desjardins, ce qu'on peut lui reprocher, ce n'est point une gaieté trop légère. Je ne crois pas lui déplaire en disant qu'il se donne la figure d'un apôtre, plutôt que celle d'un critique. C'est un esprit distingué, mais c'est surtout un prophète. Il est sévère. Il n'aime point qu'on écrive. Pour lui, la littérature est la bête de l'Apocalypse. Une phrase bien faite lui semble un danger public. Il me fait songer à ce sombre Tertullien, qui disait que la sainte Vierge n'avait jamais été belle, sans quoi on l'eût désirée, ce qui ne peut s'imaginer. Selon M. Paul Desjardins, le style, c'est le mal. Et pourtant M. Paul Desjardins a du style, tant il est vrai que l'âme humaine est un abîme de contradictions. De l'humeur dont il est, il ne faut pas lui demander son avis sur des sujets aussi frivoles et profanes que la littérature. Il ne critique point; il anathématise sans haine. Pâle et mélancolique, il va semant les malédictions attendries. Par quel coup du sort se trouve-t-il chargé d'une part des griefs qui pèsent sur moi, au moment même où il déclare dans ses articles et dans ses conférences que je suis le figuier stérile de l'Écriture? Dans quels frémissements, avec quelle horreur ne doit-il pas crier à celui qui nous accuse tous deux : *Judica me, et discerne causam meam de gente non sancta?*

Il est donc plus juste que je me défende tout seul. J'essayerai de le faire, mais non pas sans avoir d'abord rendu hommage à la vaillance de mon adversaire. M. Brunetière est un critique guerrier d'une intrépidité rare. Il est, en polémique, de l'école de Napoléon et des grands capitaines qui savent qu'on ne se défend victorieusement qu'en prenant l'offensive et que, se laisser attaquer, c'est être déjà à demi vaincu. Et il est venu m'attaquer dans mon petit bois, au bord de mon onde pure. C'est un rude assaillant. Il y va de l'ongle et des dents, sans compter les feintes et les ruses. J'entends par là qu'en polémique il a diverses méthodes et qu'il ne dédaigne point l'intuitive, quand la déductive ne suffit pas. Je ne troublais point son eau. Mais il est contrariant et même un peu querelleur. C'est le défaut des braves. Je l'aime beaucoup ainsi. N'est-ce point Nicolas, son maître et le mien, qui a dit :

Achille déplairait moins bouillant et moins prompt.

J'ai beaucoup de désavantages s'il me faut absolument combattre M. Brunetière. Je ne signalerai pas les inégalités trop certaines et qui sautent aux yeux. J'en indiquerai seulement une qui est d'une nature toute particulière; c'est que, tandis qu'il trouve ma critique fâcheuse, je trouve la sienne excellente. Je suis par cela même réduit à cet état de défensive qui, comme nous le disions tout à l'heure, est jugé mauvais par tous les tacticiens. Je tiens en très haute estime les fortes constructions critiques de M. Brunetière. J'admire la solidité des matériaux et la grandeur du plan.

Je viens de lire les leçons professées à l'École normale par cet habile maître de conférences, sur l'Évolution de la critique depuis la Renaissance jusqu'à nos jours, et je n'éprouve aucun déplaisir à dire très haut que les idées y sont conduites avec beaucoup de méthode et mises dans un ordre heureux, imposant, nouveau. Leur marche, pesante mais sûre, rappelle cette manœuvre fameuse des légionnaires s'avançant serrés l'un contre l'autre et couverts de leurs boucliers, à l'assaut d'une ville. Cela se nommait faire la tortue, et c'était formidable. Il se mêle, peut-être, quelque surprise à mon admiration quand je vois où va cette armée d'idées. M. Ferdinand Brunetière se propose d'appliquer à la critique littéraire les théories de l'évolution. Et, si l'entreprise en elle-même semble intéressante et louable, on n'a pas oublié l'énergie déployée récemment par le critique de la *Revue des Deux Mondes* pour subordonner la science à la morale et pour infirmer l'autorité de toute doctrine fondée sur les sciences naturelles. C'était à l'occasion du *Disciple* et l'on sait si M. Brunetière ménageait alors les remontrances à ceux qui prétendaient introduire les théories transformistes dans quelque canton de la psychologie ou de la sociologie. Il repoussait les idées darwiniennes au nom de la morale immuable. « Ces idées, disait-il expressément, doivent être fausses, puisqu'elles sont dangereuses. » Et maintenant, il fonde la critique nouvelle sur l'hypothèse de l'évolution. « Notre projet, dit-il, n'est autre que d'emprunter de Darwin et de Hæckel le secours que M. Taine a emprunté de Geoffroy Saint-Hilaire et de Cuvier. » Je sais bien qu'autre chose est de professer, comme M. Sixte, l'irresponsabilité des criminels et l'indifférence absolue en matière de morale, autre chose est d'appliquer aux genres littéraires les lois qui président à l'évolution des espèces animales et végétales. Je ne dis pas du tout que M. Brunetière se démente et se contredise. Je marque un trait de sa nature, un tour de son caractère, qui est, avec beaucoup d'esprit de suite, de donner volontiers dans l'inattendu et dans l'imprévu. On a dit, un jour, qu'il était paradoxal, et il semblait bien que ce fût par antiphrase, tant sa réputation de bon raisonneur était solidement établie. Mais on a vu à la réflexion qu'il est, en effet, un peu paradoxal à sa manière. Il est prodigieusement habile dans la démonstration : il faut qu'il démontre toujours, et il aime parfois à soutenir fortement des opinions extraordinaires et même stupéfiantes.

Par quel sort cruel devais-je aimer et admirer un critique qui correspond si peu à mes sentiments ! Pour M. Ferdinand Brunetière, il y a simplement deux sortes de critiques, la subjective, qui est mauvaise et l'objective, qui est bonne. Selon lui, M. Jules Lemaître, M. Paul Desjardins, et moi-même, nous sommes atteints de subjectivité, et c'est le pire des maux; car, de la subjectivité, on tombe dans l'illusion, dans la sensualité et dans la concupiscence, et l'on juge les œuvres humaines par le plaisir qu'on en reçoit, ce qui est abominable. Car il ne faut pas se plaire à quelque ouvrage d'esprit avant de savoir si l'on a raison de s'y plaire; car, l'homme étant un animal raisonnable, il faut d'abord qu'il raisonne; car il est nécessaire d'avoir raison et il n'est pas nécessaire de trouver de l'agrément ; car le propre de l'homme est de chercher à s'instruire par le moyen de la dialectique, lequel est infaillible; car on doit toujours mettre une vérité au bout d'un raisonnement, comme un nœud au bout d'une natte; car, sans cela, le raisonnement ne tiendrait pas, et il faut qu'il tienne; car on attache ensuite plusieurs raisonnements ensemble de manière à former un système indestructible, qui dure une dizaine d'années. Et c'est pourquoi la critique objective est la seule bonne.

M. Ferdinand Brunetière tient l'autre pour fallacieuse et décevante. Et il en donne diverses raisons. Mais je suis bien forcé de reproduire d'abord le texte incriminé. C'est un endroit de la *Vie littéraire* où on lit ceci :

> Il n'y a pas plus de critique objective qu'il n'y a d'art objectif, et tous ceux qui se flattent de mettre autre chose qu'eux-mêmes dans leur œuvre sont dupes de la plus fallacieuse philosophie. La vérité est qu'on ne sort jamais de soi-même. C'est une de nos grandes misères. Que ne donnerions-nous pas pour voir, pendant une minute, le ciel et la terre avec l'œil à facettes d'une mouche, ou pour comprendre la nature avec le cerveau rude et simple d'un orang-outang? Mais cela nous est bien défendu. Nous sommes enfermés dans notre personne comme dans une prison perpétuelle. Ce que nous avons de mieux à faire, ce semble, c'est de

reconnaître de bonne grâce cette affreuse condition et d'avouer que nous parlons de nous-mêmes chaque fois que nous n'avons pas la force de nous taire [1].

M. Brunetière, après avoir cité ces lignes, remarque tout de suite « qu'on ne peut affirmer avec plus d'assurance que rien n'est assuré ». Je pourrais peut-être lui répondre qu'il n'y a aucune contradiction, comme aucune nouveauté à dire que nous sommes condamnés à ne connaître les choses que par l'impression qu'elles font sur nous. C'est une vérité que l'observation peut établir, et si frappante que tout le monde en est touché. C'est un lieu commun de philosophie naturelle. Il n'y faut pas faire trop d'attention, et surtout il n'y faut pas voir de pyrrhonisme doctrinal. J'ai regardé, je l'avoue, plus d'une fois du côté du scepticisme absolu. Mais je n'y suis jamais entré; j'ai eu peur de poser le pied sur cette base qui engloutit tout ce qu'on y met. J'ai eu peur de ces deux mots, d'une stérilité formidable : « Je doute ». Leur force est telle que la bouche qui les a une fois convenablement prononcés est scellée à jamais et ne peut plus

---

[1]. *La Vie littéraire*, 1ʳᵉ série, p. IV.

s'ouvrir. Si l'on doute, il faut se taire; car, quelque discours qu'on puisse tenir, parler, c'est affirmer. Et puisque je n'avais pas le courage du silence et du renoncement, j'ai voulu croire, j'ai cru. J'ai cru du moins à la relativité des choses et à la succession des phénomènes.

En fait, réalités et apparences, c'est tout un. Pour aimer et pour souffrir en ce monde, les images suffisent; il n'est pas besoin que leur objectivité soit démontrée. De quelque façon que l'on conçoive la vie, et la connût-on pour le rêve d'un rêve, on vit. C'est tout ce qu'il faut pour fonder les sciences, les arts, les morales, la critique impressionniste et, si l'on veut, la critique objective. M. Brunetière estime qu'on se quitte soi-même et qu'on sort de soi tant que l'on veut, à l'exemple de ce vieux professeur de Nuremberg dont M. Joséphin Péladan, qui est mage, nous a conté récemment l'aventure surprenante. Ce professeur, très occupé d'esthétique, sortait nuitamment de son corps visible pour aller, en corps astral, comparer les jambes des belles dormeuses à celles de la Vénus de Praxitèle. « La duperie, affirme M. Brunetière, la duperie, s'il faut qu'il y en ait une, c'est de croire et d'enseigner que nous ne pouvons pas sortir de nous-mêmes quand, au contraire, la vie ne s'emploie qu'à cela. Et la raison, sans doute, en paraîtra assez forte, si l'on se rend compte qu'il n'y aurait autrement ni société, ni langage, ni littérature, ni art. » Et il ajoute :

« Nous sommes hommes... et nous le sommes surtout par le pouvoir que nous avons de sortir de nous-mêmes pour nous chercher, nous retrouver et nous reconnaître chez les autres. »

Sortir, c'est beaucoup dire. Nous sommes dans la caverne et nous voyons les fantômes de la caverne. La vie serait trop triste sans cela. Elle n'a de charme et de prix que par les ombres qui passent sur les parois des murs dans lesquels nous sommes enfermés, ombres qui nous ressemblent, que nous nous efforçons de connaître au passage et parfois d'aimer.

En réalité, nous ne voyons le monde qu'à travers nos sens, qui le déforment et le colorent à leur gré, et M. Brunetière ne le conteste pas. Il s'appuie, au contraire, sur ces conditions de la connaissance pour fonder sa critique objective. S'avisant que les sens apportent à tous les hommes des impressions à peu près semblables de la nature, de sorte que ce qui est rond pour l'un ne saurait être carré pour l'autre, et que les fonctions de l'entendement s'accomplissent de la même manière, sinon au même degré dans toutes les intelligences, ce qui est l'origine du sens commun, il assied sa critique sur le consentement universel. Mais il n'est pas sans s'apercevoir lui-même qu'elle y est mal assise. Car ce consentement, qui suffit pour former et conserver les sociétés, ne suffit plus s'il s'agit d'établir la supériorité d'un poète sur un autre. Que les hommes soient assez semblables entre eux pour que chacun trouve dans le marché d'une grande ville et dans les bazars ce qui est nécessaire à son existence, cela n'est pas douteux; mais que dans le même pays deux hommes sentent absolument de la même façon tel vers de Virgile, rien n'est moins probable.

Il y a en mathématiques une sorte de vérité supérieure que nous acceptons tous, par cela même qu'elle n'est point sensible. Mais les physiciens sont obligés de compter avec ce qu'on nomme, dans les sciences d'observation, l'équation personnelle. Un phénomène n'est jamais perçu absolument de la même façon par deux observateurs.

M. Brunetière ne peut se dissimuler que l'équation personnelle ne se joue nulle part plus à son aise que dans les domaines prestigieux des arts et de la littérature.

Là jamais de consentement unanime ni d'opinion stable. Il en convient, ou du moins commence par en convenir : « Pour ne rien dire de nos contemporains, qu'il est convenu que nous ne voyons pas d'assez loin, ni d'assez haut, combien de jugements, combien divers, depuis trois ou quatre cents ans, les hommes n'ont-ils point portés sur un Corneille ou sur un Shakespeare, sur un Cervantes ou sur un Rabelais, sur un Raphaël ou sur un Michel-Ange! De même qu'il n'y a point d'opinion extravagante ou absurde que n'ait soutenue quelque philosophe, de même il n'y en a pas de scandaleuse ou d'attentatoire au génie qui ne se puisse autoriser du nom de quelque critique. » Et pour prouver que les grands hommes ne peuvent attendre plus de justice de leurs pairs, il nous montre Rabelais insulté par Ronsard, et Corneille préférant publiquement Boursault à Racine. Il devait nous montrer encore Lamartine méprisant La Fontaine. Il pouvait aussi nous montrer Victor Hugo jugeant fort mal tous nos classiques, hors Boileau, pour qui, sur le déclin de l'âge, il nourrissait quelque tendresse.

Bref, M. Brunetière reconnaît qu'il est beaucoup d'avis contraires les uns aux autres dans la république des lettres. En vain, il se ravise ensuite et nous déclare avec assurance qu' « il n'est pas vrai que les opinions y soient si diverses ni les divisions si profondes ». En vain, il s'autorise d'une opinion de M. Jules Lemaître pour affirmer qu'il est admis par tous les lettrés que certains écrivains *existent*, malgré leurs défauts, tandis que d'autres *n'existent pas*. Que, par exemple, Voltaire tragique existe, et que Campistron n'existe pas, ni l'abbé Leblanc, ni M. de Jouy. C'est un premier point qu'il veut qu'on lui accorde, mais on ne le lui accordera pas, car, s'il s'agissait de dresser les deux listes, on ne s'entendrait guère.

Le second point auquel il s'attache est qu'il y a des degrés, qui sont proprement les grades conférés au génie dans les facultés de grammairiens et dans les universités de rhéteurs. On conçoit que de tels diplômes seraient avantageux pour le bon ordre et la régularité de la gloire. Malheureusement ils perdent beaucoup de leur valeur par l'effet des contradictions humaines; et ces doctorats, ces licences, que M. Brunetière croit universellement reconnus ne font guère autorité que pour ceux qui les confèrent.

En théorie pure, on peut concevoir une critique qui, procédant de la science, participe de sa certitude. De l'idée que nous nous faisons des forces cosmiques et de la mécanique céleste dépend peut-être notre sentiment sur l'éthique de M. Maurice Barrès et sur la prosodie de M. Jean Moréas. Tout s'enchaîne dans l'univers. Mais en réalité, les anneaux sont, par endroits, si brouillés que le diable lui-même ne les démêlerait pas, bien qu'il soit logicien. Et puis, il faut en convenir de bonne grâce : ce que l'humanité sait le moins bien, au rebours de Petit Jean, c'est son commencement. Les principes nous manquent en toutes choses et particulièrement dans la connaissance des ouvrages de l'esprit. On ne peut prévoir aujourd'hui, quoi qu'on dise, le temps où la critique aura la rigueur d'une science positive et même on peut croire assez raisonnablement que cette heure ne viendra jamais. Pourtant les grands philosophes de l'antiquité couronnaient leur système du monde par une poétique, et ils faisaient sagement. Il vaut mieux encore parler avec incertitude des belles pensées et des belles formes, que de s'en taire à jamais. Peu d'objets au monde sont absolument soumis à la science, jusqu'à se laisser ou reproduire ou prédire par elle. Sans doute, un poème ne sera jamais de ces objets-là, ni un poète. Les choses qui nous touchent le plus, qui nous semblent les plus belles et les plus désirables sont précisément celles qui demeurent toujours vagues pour nous et en partie mystérieuses. La beauté, la vertu, le génie garderont à jamais leur secret. Ni le charme de Cléopâtre, ni la douceur de Saint François-d'Assise, ni la poésie de Racine ne se laisseront réduire en formules et, si ces objets relèvent de la science, c'est d'une science mêlée d'art, intuitive, inquiète et toujours inachevée. Cette science, ou plutôt cet art existe : c'est la philosophie, la morale, l'histoire, la critique, enfin tout le beau roman de l'humanité.

Toute œuvre de poésie ou d'art a été de tout temps un sujet de disputes et c'est peut-être un des plus grands attraits des belles choses que de rester ainsi douteuses, car, toutes, on a beau le nier, toutes sont douteuses. M. Brunetière ne veut pas convenir tout à fait de cette universelle et fatale incertitude. Elle répugne trop à son esprit autoritaire et méthodique, qui veut toujours classer et toujours juger. Qu'il juge donc, puisqu'il est judicieux! Et qu'il pousse ses arguments serrés dans l'ordre effrayant de la tortue, puisqu'enfin il est un critique guerrier!

Mais ne peut-il pardonner à quelque innocent esprit de se mêler des choses de l'art avec moins de rigueur et de suite qu'il n'en a lui-même, et d'y déployer moins de raison, surtout moins de raisonnement; de garder dans la critique le ton familier de la causerie et le pas léger de la promenade; de s'arrêter où l'on se plaît et de faire parfois des confidences; de suivre ses goûts, ses fantaisies et même son caprice, à la condition d'être toujours vrai, sincère et bienveillant; de ne pas tout savoir et de ne pas tout expliquer; de croire à l'irrémédiable diversité des opinions et des sentiments et de parler plus volontiers de ce qu'il faut aimer.

A. P.

LA VIE LITTÉRAIRE

POURQUOI

SOMMES-NOUS TRISTES[1] ?

Pierre Loti nous a donné le journal des dernières semaines qu'il a passées au Japon; ce sont des pages exquises, infiniment tristes. Qu'il décrive Kioto, la ville sainte, et ses temples habités par des monstres séculaires, qu'il nous montre la belle société d'Yeddo déguisée à l'européenne et dansant nos quadrilles, ou qu'il évoque l'impératrice Harou-Ko dans sa grâce hiératique et bizarre, Loti répand une tristesse vague, subtile et pénétrante qui vous enveloppe comme une brume et dont le goût âcre, l'amer parfum, vous restent au cœur. D'où vient qu'il est désolé et qu'il nous désole? Qu'est-ce qui lui fait sentir ainsi le mal de vivre? Est-ce la

---

1. Pierre Loti: *Japoneries d'automne.* 1 vol. — Guy de Maupassant: *La Main gauche.* 1 vol.

monotonie sans fin des formes et des couleurs que déroule ce peuple falot au milieu duquel il passe en regardant? Est-ce le rire éternel de ces jolies petites bêtes aux yeux bridés, de ces *mousmés* toutes semblables les unes aux autres avec leur coiffure aux longues épingles et le grand nœud de leur ceinture? Est-ce l'inexprimable odeur de cette race jaune, le je ne sais quoi qui fait que l'âme nippone est en horreur à la nôtre? Est-il triste parce qu'il se sent seul parmi des milliers d'êtres ou parce qu'il passe et va quitter tout ce qu'il voit, mourir à toutes ces choses? Sans doute tout cela le trouble et l'afflige. Il s'inquiète en voyant des êtres qui sont des hommes et qui, pourtant, ne sont point ses semblables. Un ennui charmant et cruel le prend au milieu de ces signes étranges dont le sens profond lui sera à jamais caché.

En contemplant, dans le temple des « huit drapeaux », la robe semée d'oiseaux que portait, il y a dix-huit siècles, Gziné-you-Koyo, la reine guerrière, il souffre du désir de ressaisir tout le charme héroïque de cette ombre insaisissable; il se sent malheureux de ne pouvoir embrasser ce merveilleux fantôme. Ce sont là, sans doute, des souffrances assez rares, mais il les éprouve, et les jeunes Japonaises, les *mousmés* ne l'ont point consolé. Il demanda, on le sait, à madame Chrysanthème des rêves qu'elle ne put lui donner. D'ailleurs, les amours d'un blanc avec ces petites bêtes jaunes, un peu femmes et un peu potiches, ne sont pas de nature à donner au cœur une paisible allégresse. Ce sont des hymens impies. On ne commet point impunément le crime des anges qui s'unirent aux filles des hommes.

L'antipathie de la race blanche pour la race jaune est si naturelle qu'il y a presque de la monstruosité à la vaincre. Et pourtant nous avons un tel besoin de sympathie, nous sommes si bien faits pour nous attacher et prendre racine, que nous ne pouvons rien quitter sans arrachement et que tout départ sans retour nous a un goût amer. Comme ce sentiment est inconscient et rapide, il est de ceux que Loti a le mieux éprouvés; son âme mobile, peu capable d'impressions durables, est sans cesse agitée par de petits frissons, et c'est là encore une cause de mélancolie, que cette infinité de sensations courtes et heurtées comme ces petites lames dures que craignent les marins. Avec quelle délicatesse il sent, il exprime la tristesse du départ, cette immense tristesse contenue dans ces seuls mots : « Je ne reverrai plus jamais cela! »

Par une nuit froide et sombre, comme il va rejoindre son navire en rade, il est forcé de s'arrêter en chemin, pour une heure, dans un petit village où il n'a que faire. Découvrant une maisonnette au bout d'un sentier, il entre; il est reçu par une jolie *mousmé*, très hospitalière qui lui donne du riz et des cigarettes. Et le voilà qui songe :

Il est affreux, mon dîner!... Dans le réchaud, de détestables braises fument et ne répandent pas de chaleur; j'ai les doigts si engourdis que je ne sais plus me servir de mes baguettes. Et autour de nous, derrière la mince paroi de papier, il y a la tristesse de cette campagne endormie, silencieuse, que je sais si glaciale et si noire. Mais la *mousmé* est là qui me sert avec des révérences de marquise Louis XV, avec des sourires qui plissent ses yeux de chats à longs cils, qui retroussent son petit nez déjà retroussé par lui-même — et elle est exquise à regarder...

Parce qu'elle est jolie, parce qu'elle est très jeune, surtout parce qu'elle est extraordinairement fraîche et saine, et qu'un je ne sais quoi dans son regard attire le mien, voici qu'il y a un charme subitement jeté sur l'auberge misérable où elle vit : je m'y attarderais presque ; je ne m'y sens plus seul ni dépaysé ; un alanguissement me vient, qui sera oublié dans une heure, mais qui ressemble beaucoup trop, hélas! à ces choses que nous appelons amour, tendresse, affection, et que nous voudrions tâcher de croire grandes et nobles.

Et il emporte un regret d'une heure. Comment ne serait-il pas mortellement triste? Avec une exquise délicatesse d'épiderme, il ne sent rien à fond. Pendant que toutes les voluptés et toutes les douleurs du monde dansent autour de lui comme des bayadères devant un rajah, son âme reste vide, morne, oisive, inoccupée. Rien n'y a pénétré. Cette disposition est excellente pour écrire des pages qui troublent le lecteur. Chateaubriand, sans son éternel ennui, n'aurait pas fait *René*.

En même temps que Pierre Loti donnait ses *Japoneries d'automne*, M. Guy de Maupassant publiait un recueil de nouvelles intitulé la *Main gauche* et ce titre s'explique de lui-même. Ces nouvelles sont fort diverses de ton et d'allure. Il s'en faut qu'elles aient toutes la même valeur, mais toutes portent la marque du maître;

la fermeté, la brièveté forte de l'expression, et cette sobriété puissante qui est le premier caractère du talent de M. de Maupassant.

Ce recueil aussi, qu'on lit avidement, laisse une impression de tristesse. M. de Maupassant n'exprime pas comme l'auteur du *Mariage de Loti* la mélancolie des choses et ne semble pas frappé de la disproportion de nos forces, de nos espérances et de la réalité. Il est sans inquiétude; pourtant il n'est pas gai. La tristesse qu'il donne est une tristesse simple, rude et claire. Il nous montre la laideur, la brutalité, la bêtise épaisse, la ruse sauvage de la bête humaine, et cela nous touche. Ses personnages sont en général peu intelligents, assez vulgaires, terriblement vrais. Ses femmes sont instinctives, naïvement perverses, mal sûres, et par là tragiques. Ce qu'elles font, elles le font par pur instinct, en cédant aux suggestions obscures de la chair et du sang. Parisiennes raffinées comme madame Haggan (*le Rendez-vous*) ou créatures sauvages comme Allouma (la première nouvelle du recueil), elles sont les jouets de la nature et elles ignorent elles-mêmes la force qui les mène. Pourquoi madame Haggan change-t-elle d'amour? Parce que c'est le printemps. Pourquoi Allouma s'en est-elle allée avec un berger du Sud? Parce que le siroco soufflait.

Cela suffit! un souffle! Sait-elle, savent-elles, le plus souvent, même les plus fines et les plus compliquées, pourquoi elles agissent? Pas plus qu'une girouette qui tourne au vent. Une brise insensible fait pivoter la flèche de fer, de cuivre, de tôle ou de bois, de même qu'une influence imperceptible, une impression insaisissable remue et pousse aux résolutions le cœur changeant des femmes, qu'elles soient des villes, des champs, des faubourgs ou du désert.

Elles peuvent sentir ensuite, si elles raisonnent ou comprennent, pourquoi elles ont fait ceci plutôt que cela; mais, sur le moment, elles l'ignorent, car elles sont les jouets de leur sensibilité à surprises, les esclaves étourdies des événements, des milieux, des émotions, des rencontres et de tous les effleurements dont tressaillent leur âme et leur chair! (Page 62.)

Tel est le sentiment d'un des personnages de M. de Maupassant et il semble bien que ce soit le sentiment de M. de Maupassant lui-même. Cela n'est pas nouveau et nos pères connaissaient la fragilité des femmes. Mais ils en faisaient des fabliaux. Il faut bien qu'il y ait quelque chose de changé, puisque nous gémissons de ce qui les faisait tant rire.

Nous sommes plus affinés, plus délicats, plus ingénieux à nous tourmenter, plus habiles à souffrir. En ornant nos voluptés nous avons perfectionné nos douleurs. Et voilà pourquoi M. de Maupassant ne fait point de fabliaux, et fait des contes cruels.

Ne nous flattons pas d'avoir entièrement inventé aucune de nos misères. Il y a longtemps que le prêtre murmure en montant à l'autel : « Pourquoi êtes-vous triste, ô mon âme, et pourquoi me troublez-vous? » Une femme voilée est en chemin depuis la naissance du monde : elle se nomme la Mélancolie. Pourtant, il faut être juste. Nous avons ajouté, certes, quelque chose au deuil de l'âme et apporté notre part au trésor universel du mal moral.

J'ai déjà parlé[1] de ma vieille bible en estampes et du paradis terrestre que j'admirais dans ma tendre et sage enfance, le soir, à la table de famille, sous la lampe qui brûlait avec une douceur infinie. Ce paradis était un paysage de Hollande et il y avait sur les collines des chênes tordus par le vent de la mer. Les prairies, admirablement drainées, étaient coupées par des lignes de saules creux. L'arbre de la science était un pommier aux branches moussues.

Tout cela me ravissait. Mais je ne comprenais pas pourquoi Dieu avait défendu à cette bonne Flamande d'Ève de toucher aux fruits de l'arbre qui donnait de belles connaissances. Je le sais maintenant, et je suis bien près de croire que le Dieu de ma vieille bible avait raison. Ce bon vieillard, amateur de jardins, se disait sans doute : « La science ne fait pas le bonheur, et quand les hommes sauront beaucoup d'histoire et de géographie, ils deviendront tristes. » Et il ne se trompait point. Si d'aventure il vit encore, il doit se féliciter de sa longue perspicacité. Nous avons mangé les fruits de l'arbre de la science, et il nous est resté dans la bouche un goût de cendre. Nous avons exploré la terre; nous nous sommes mêlés aux races noires, rouges et jaunes, et nous avons découvert avec effroi que l'humanité était plus diverse que nous ne pensions, et nous

---

[1]. Voir *la Vie littéraire*, t. II, p. 319.

nous sommes trouvés en face de frères étranges dont l'âme ne ressemble pas plus à la nôtre que celle des animaux. Et nous avons songé : qu'est-ce donc que l'humanité, qui change ainsi, selon les climats, de visage, d'âme et de dieux? Quand nous ne connaissions de la terre que les champs qui nous nourrissaient, elle nous semblait grande; nous avons reconnu sa place dans l'univers, et nous l'avons trouvée petite. Nous avons reconnu que ce n'était qu'une goutte de boue, et cela nous a humiliés. Nous avons été amenés à croire que les formes de la vie et de l'intelligence étaient infiniment plus nombreuses que nous ne le soupçonnions d'abord et qu'il y avait des êtres pensants dans toutes les planètes, dans tous les mondes. Et nous avons compris que notre intelligence était misérablement petite. La vie n'est, par elle-même, ni longue ni courte et les hommes simples qui la mesurent à sa durée moyenne disent justement que c'est avoir assez vécu que de mourir en cheveux blancs. Nous, qu'avons-nous fait? Nous avons voulu deviner l'âge immémorial de la terre, l'âge même du soleil, et c'est aux périodes géologiques et aux âges cosmiques que nous mesurons à présent la vie humaine, qui, sur cette mesure, nous semble ridiculement courte. Noyés dans l'océan du temps et de l'espace, nous avons vu que nou n'étions rien, et cela nous a désolés. Dans notre orgueil, nous n'avons voulu rien dire, mais nous avons pâli. Le plus grand mal (et sans doute le vieux jardinier à la barbe blanche de ma vieille bible l'avait prévu), c'est qu'avec la bonne ignorance la foi s'en est allée. Nous n'avons plus d'espérances et nous ne croyons plus à ce qui consolait nos pères. Cela surtout nous est pénible. Car il était doux de croire même à l'enfer.

Enfin, pour comble de misère, les conditions de la vie matérielle sont devenues plus pénibles qu'autrefois. La société nouvelle, en autorisant toutes les espérances excite toutes les énergies. Le combat pour l'existence est plus acharné que jamais, la victoire plus insolente, la défaite plus inexorable. Avec la foi et l'espérance nous avons perdu la charité; les trois vertus qui, comme trois nefs ayant à la proue l'image d'une vierge céleste, portaient les pauvres âmes sur l'océan du monde ont sombré dans la même tempête. Qui nous apportera une foi, une espérance, une charité nouvelles?

HROTSWITHA AUX MARIONNETTES

J'en ai déjà fait l'aveu : j'aime les marionnettes, et celles de M. Signoret me plaisent singulièrement. Ce sont des artistes qui les taillent; ce sont des poètes qui les montrent. Elles ont une grâce naïve, une gaucherie divine de statues qui consentent à faire les poupées, et l'on est ravi de voir ces petites idoles jouer la comédie. Considérez encore qu'elles furent faites pour ce qu'elles font, que leur nature est conforme à leur destinée, qu'elles sont parfaites sans effort.

J'ai vu, certain soir, sur un grand théâtre, une dame de beaucoup de talent et tout à fait respectable qui, habillée en reine et récitant des vers, voulait se faire passer pour la sœur d'Hélène et des célestes Gémeaux. Mais elle a le nez camard, et j'ai connu tout de suite à ce signe qu'elle n'était pas la fille de Léda. C'est pourquoi elle avait beau dire et beau faire, je ne la croyais pas. Tout mon plaisir était gâté. Avec les marionnettes, on n'a jamais à craindre un semblable malaise. Elles sont faites à l'image des filles du rêve. Et puis elles ont mille autres qualités que je ne saurais exprimer tant elles sont subtiles, mais que je goûte avec délices. Tenez, ce que je vais dire est à peu près inintelligible; je le dirai tout de même parce que cela répond à une sensation vraie. Ces marionnettes ressemblent à des hiéroglyphes égyptiens, c'est-à-dire à quelque chose de mystérieux et de pur, et, quand elles représentent un drame de Shakespeare ou d'Aristophane, je crois voir la pensée du poète se dérouler en caractères sacrés sur les murailles d'un temple. Enfin, je vénère leur divine innocence et je suis bien sûr que, si le vieil Eschyle, qui était très mystique, revenait sur la terre et visitait la France à l'occasion de notre Exposition universelle, il ferait jouer ses tragédies par la troupe de M. Signoret.

J'avais à cœur de dire ces choses, parce que je crois, sans me flatter, qu'un autre ne les dirait pas, et je soupçonne fort que ma folie est unique. Les marionnettes répondent exactement à l'idée que je me fais du théâtre, et je confesse que cette idée est particulière. Je voudrais qu'une représentation dramatique rappelât en quelque chose, pour rester véritablement un jeu, les boîtes de Nuremberg, les arches de Noé et les tableaux à horloge. Mais je voudrais aussi que ces images naïves fussent des symboles, qu'une magie animât ces formes simples et que ce fût enfin des joujoux enchantés. Ce goût semble bizarre; pourtant, il faut considérer que Shakespeare et Sophocle le contentent assez bien.

Les marionnettes nous ont donné dernièrement une

comédie qui fut écrite au temps de l'empereur Othon, dans un couvent de la Saxe, à Gandersheim, par une jeune religieuse nommée Hrotswitha, c'est-à-dire la *Rose blanche*, ou plutôt la *Voix claire*, car les savants hésitent, et le vieux saxon ne se lit pas très facilement, ce dont vous me voyez désolé.

En ce temps-là la figure de l'Europe était brumeuse et chevelue. Les choses étaient sombres, les âmes rudes. Les hommes, vêtus de chemises d'acier et coiffés de casques pointus qui leur donnaient l'air de grands brochets, s'en allaient tous en guerre et ce n'était dans la chrétienté que coups de lance et d'épée. On bâtissait des églises très sombres, décorées de figures épouvantables et touchantes comme en font les petits enfants quand ils s'efforcent de représenter des hommes et des animaux. Les vieux tailleurs de pierre du temps de l'empereur Othon et du roi Louis d'Outre-mer avaient, comme les enfants, toutes les surprises et toutes les joies de l'ignorance. Aux chapiteaux des colonnes, ils mettaient des anges dont les mains étaient plus grosses que le corps parce qu'il est très difficile de faire tenir cinq doigts dans un petit espace, et ces mains n'en étaient pas moins quelque chose de merveilleux. Aussi devaient-ils être satisfaits, ces bons imagiers, en contemplant leur ouvrage qui ne ressemblait à rien et faisait penser à tout.

Les gros oiseaux, les dragons et les petits hommes monstrueux de la sculpture romane, ce fut avec les enluminures féroces, pleines de diableries, des manuscrits, tout ce que Hrotswitha put connaître de la beauté des arts. Mais elle lisait Térence et Virgile dans sa cellule, et elle avait l'âme douce, riante et pure. Elle composait des poèmes qui rappellent quelque peu ces anges dont les mains étaient plus grandes que les corps, mais qui nous touchent par je ne sais quoi de candide, d'innocent et d'heureux.

C'était, pour ces femmes enfermées dans un monastère, un grand amusement que de jouer la comédie. Les représentations dramatiques étaient fréquentes dans les couvents de filles nobles et lettrées. Ni décors ni costumes. Seulement des fausses barbes pour représenter les hommes. Hrotswitha composa des comédies qu'elle jouait sans doute avec ses sœurs; et ces pièces, écrites dans un latin un peu mièvre et court, assez joli, sont bien les plus gracieuses curiosités dont puisse s'amuser aujourd'hui un esprit ouvert aux souffles, aux parfums, aux ombres du passé.

C'était une honnête créature, que Hrotswitha; attachée à son état, ne concevant rien de plus beau que la vie religieuse, elle n'eut d'autre objet, en écrivant des comédies, que de célébrer les louanges de la chasteté. Mais elle n'ignorait aucun des périls que courait dans le monde sa vertu préférée, et son théâtre nous montre la pureté des vierges exposées à toutes les offenses. Les légendes pieuses qui lui servaient de thème fournissaient à cet égard une riche matière. On sait quels assauts durent soutenir les Agnès, les Barbe, les Catherine et toutes ces épouses de Jésus-Christ qui mirent sur la robe blanche de la virginité la rose rouge du martyre.

La pieuse Hrotswitha ne craignait pas de dévoiler les fureurs des hommes sensuels. Elle les raillait parfois avec une gaucherie charmante. Elle nous montre, par exemple, le païen Dulcitius prêt à se jeter comme un lion dévorant sur trois vierges chrétiennes dont il est indistinctement épris. Par bonheur, il se précipite dans une cuisine, croyant entrer dans la chambre où elles sont renfermées. Ses sens s'égarent, et, dans sa folie, c'est la vaisselle qu'il couvre de caresses. Une des jeunes filles l'observe à travers les fentes de la porte et décrit à ses compagnes la scène dont elle est témoin.

« Tantôt, dit-elle, il presse tendrement les marmites sur son sein, tantôt il embrasse des chaudrons et des poêles à frire et leur donne d'amoureux baisers... Déjà son visage, ses mains, ses vêtements sont tellement salis et noircis qu'il ressemble tout à fait à un Éthiopien. »

C'est là sans doute une peinture des passions que les religieuses de Gandersheim pouvaient contempler sans danger. Mais parfois Hrotswitha donne au désir un visage plus tragique. Son drame de *Callimaque* est plein, dans sa sécheresse gothique, des troubles d'un amour plus puissant que la mort. Le héros de la tragédie, Callimaque, aime avec violence Drusiana, la plus belle et la plus vertueuse des dames d'Éphèse. Drusiana est chrétienne : prête à succomber, elle demande au Christ qu'il la sauve. Et Dieu l'exauce en la faisant mourir. Callimaque n'apprend la mort de celle qu'il aime qu'après qu'on l'a ensevelie. Il va la nuit, dans le cimetière; il ouvre le cercueil, il écarte le linceul. Il dit :

— Comme je t'aimais sincèrement! Et toi, tu m'as toujours repoussé! Toujours tu as contredit mes vœux.

Puis, arrachant la morte à son lit de repos, il la presse dans ses bras en poussant un horrible cri de triomphe :

— Maintenant elle est en mon pouvoir!

Callimaque devient ensuite un grand saint et n'aime plus que Dieu. Il n'en avait pas moins donné aux vierges de Gandersheim un effroyable exemple du délire des sens et des troubles de l'âme. Les religieuses du temps d'Othon le Grand ne mettaient pas assurément leur pureté sous la garde de l'ignorance : deux des pieuses comédies de leur sœur Hrotswitha les transportaient en imagination dans les cloîtres du vice. Je veux parler de *Panuphtius* et de cet *Abraham* dont les marionnettes de la rue Vivienne nous ont donné deux représentations. On voit, dans l'un et l'autre de ces drames tirés de l'hagiographie orientale, un saint homme qui n'a point craint de se rendre chez une courtisane pour la ramener au bien.

C'était assez l'usage des bons moines d'Égypte et de Syrie, qui devançaient ainsi de plusieurs siècles les prédications du bienheureux Robert d'Arbrissel. Le Panuphtius de la poétesse saxonne est un bon copte du nom de Paphnuti, que M. Amélineau, de qui nous nous entretiendrons bientôt, connaît intimement. Quant à saint Abraham, c'est un anachorète de Syrie dont la vie a été écrite en syriaque par saint Ephrem.

Étant vieux, il vivait seul dans une petite cabane, lorsque son frère mourut, laissant une fille d'une grande beauté, nommée Marie. Abraham, assuré que la vie qu'il menait serait excellente pour sa nièce, fit bâtir pour elle une cellule proche de la sienne, d'où il l'instruisait par une petite fenêtre qu'il avait percée.

Il avait soin qu'elle jeûnât, veillât et chantât des psaumes. Mais un moine, qu'on croit être un faux moine, s'étant approché de Marie pendant que le saint homme Abraham méditait sur les saintes Écritures, induisit en péché la jeune fille, qui se dit ensuite :

— Il vaut bien mieux, puisque je suis morte à Dieu, que j'aille dans un pays où je ne sois connue de personne.

Et, quittant sa cellule, elle s'en alla dans une ville voisine qu'on croit être Edesse, où il y avait des jardins délicieux et de fraîches fontaines, et qui est encore aujourd'hui la plus agréable des villes de Syrie.

Cependant le saint homme Abraham était plongé dans une méditation profonde. Sa nièce était déjà partie depuis plusieurs jours quand, ouvrant sa petite fenêtre, il demanda :

— Marie, pourquoi ne chantes-tu plus les psaumes que tu chantais si bien ?

Et, ne recevant pas de réponse, il soupçonna la vérité et s'écria :

— Un loup cruel a enlevé ma brebis !

Il demeura dans l'affliction pendant deux ans; après quoi, il apprit que sa nièce menait une mauvaise vie.

Agissant avec prudence, il pria un de ses amis d'aller à la ville pour reconnaître exactement ce qui en était. Le rapport de cet ami fut qu'en effet Marie menait une très mauvaise vie. A cette nouvelle, le saint homme pria son ami de lui prêter un habit de cavalier et de lui amener un cheval; et, ayant mis sur sa tête, afin de n'être point reconnu, un grand chapeau qui lui couvrait le visage, il se rendit dans l'hôtellerie où on lui avait dit que sa nièce était logée. Il jetait les yeux de tous côtés pour voir s'il ne l'apercevrait point; mais, comme elle ne paraissait pas, il dit à l'hôtelier en feignant de sourire :

— Mon maître, on dit que vous avez ici une jolie fille. Ne pourrais-je pas la voir?

L'hôtelier, qui était obligeant, la fit appeler, et Marie se présenta dans un costume qui, selon la propre expression de saint Ephrem, suffisait à révéler sa conduite. L'homme de Dieu en fut pénétré de douleur. Il affecta pourtant la gaieté et commanda un bon repas. Marie était, ce jour-là, d'une humeur sombre, et la vue de ce vieillard, qu'elle ne reconnaissait pas, car il n'avait point tiré son chapeau, ne la tournait nullement à la joie. L'hôtelier lui faisait honte d'une si méchante attitude, et si contraire aux devoirs de sa profession; mais elle dit en soupirant :

— Plût à Dieu que je fusse morte il y a trois ans!

Le saint homme Abraham s'efforça de prendre le langage d'un cavalier comme il en avait pris l'habit :

— Ma fille, dit-il, je viens ici non pour pleurer tes péchés, mais pour partager ton amour.

Mais, quand l'hôtelier l'eut laissé seul avec Marie, il cessa de feindre et, levant son chapeau, il dit en pleurant :

— Ma fille Marie, ne me reconnaissez-vous pas? Ne suis-je pas Abraham qui vous ai tenu lieu de père?

Il lui toucha la main et l'exhorta toute la nuit au repentir et à la pénitence. Surtout craignant de la désespérer, il lui répétait sans cesse :

— Ma fille, il n'y a que Dieu d'impeccable !

Marie avait l'âme naturellement douce. Elle consentit à retourner auprès de lui. Elle voulait emporter ses robes et ses bijoux. Mais Abraham lui fit entendre qu'il était plus convenable de les laisser. Il la fit monter sur son cheval et la ramena aux cellules où ils reprirent tous deux leur vie passée. Seulement le saint homme prit soin, cette fois, que la chambre de Marie ne communiquât point avec le dehors et qu'on n'en pût sortir sans passer par la chambre qu'il habitait lui-même, moyennant quoi, avec la grâce de Dieu, il garda sa brebis. Le judicieux Tillemont non seulement rapporte ces faits dans son histoire, mais encore en établit exactement la chronologie. Marie pécha avec le faux moine et s'engagea dans une hôtellerie d'Edesse en l'an 358. Elle fut ramenée dans sa cellule en l'an 360, et elle y mourut saintement après une vie pleine de mérites en 370. Ce sont là des dates précises. Les Grecs célèbrent le 29 d'octobre la fête de sainte Marie la Recluse. Cette fête est marquée dans le *Martyrologe romain* au 16 de mars.

Sur ce sujet, la Rose blanche de Gandersheim, dans le dessein de montrer le triomphe final de la chasteté, a fait une comédie pleine à la fois de naïveté et d'audace, de barbarie et de subtilité, et que pouvaient seules représenter les religieuses saxonnes du temps d'Othon le Grand et les marionnettes de la rue Vivienne.

CHARLES BAUDELAIRE

Baudelaire a été traité récemment avec une rudesse vraiment excessive par un critique dont l'autorité est forte, parce qu'elle est fondée sur la probité de l'esprit. M. Brunetière n'a vu dans l'auteur des *Fleurs du mal* qu'un extravagant et un fou. Il l'a dit avec sa franchise coutumière. Et ce jour-là, il a, par mégarde, offensé les muses, car Baudelaire est poète. Il a, je le reconnais, des manies odieuses; dans ses mauvais moments, il grimace comme un vieux macaque. Il affectait dans sa personne une sorte de dandysme satanique qui semble aujourd'hui assez ridicule. Il mettait sa joie à déplaire et son orgueil à paraître odieux. Cela est pitoyable et sa légende, faite par ses admirateurs et ses amis, abonde en traits de mauvais goût.

— Avez-vous mangé de la cervelle de petit enfant?

---

1. *OEuvres complètes de Charles Baudelaire.* Édition Lemerre. (Petite Bibliothèque littéraire.)

disait-il un jour à un honnête fonctionnaire. Mangez-en ; cela ressemble à des cerneaux et c'est excellent.

Une autre fois, dans la salle commune d'un restaurant fréquenté par des provinciaux, il commença à haute voix un récit en ces termes :

— Après avoir assassiné mon pauvre père...

En admettant, ce qui est probable, que ces historiettes ne soient pas réellement vraies, elles sont dans l'esprit du personnage, elles ont le tour baudelairien, et je ne sais rien de plus agaçant au monde. Tout cela n'est pas douteux, mais il faut dire aussi que Baudelaire était poète.

J'ajouterai que c'était un poète très chrétien. On a chargé sa renommé de bien des griefs. On a découvert dans ses poèmes des immoralités neuves et une dépravation singulière. C'est le flatter et c'est flatter son temps. En fait de vices, dès l'âge des cavernes et du mammouth, il ne restait plus rien à découvrir, et la bête humaine, sans beaucoup d'imagination, avait tout imaginé. A y regarder de près, Baudelaire n'est pas le poète du vice; il est le poète du péché, ce qui est bien différent. Sa morale ne diffère pas beaucoup de celle des théologiens. Ses meilleurs vers semblent inspirés des vieilles proses de l'Église et des hymnes du bréviaire.

Comme un moine, il éprouve devant les formes de ses rêves, une épouvante fascinatrice. Comme un moine, il s'écrie chaque matin :

> *Cedant tenebræ lumini*
> *Et nox diurno sideri,*
> *Ut culpa quam nox intulit*
> *Lucis labescat munere.*

Il est profondément pénétré de l'impureté de la chair, et j'oserais dire que la doctrine du péché originel a trouvé dans les *Fleurs de mal* sa dernière expression poétique. Baudelaire considère les troubles des sens avec la sévérité minutieuse d'un casuiste et la gravité d'un docteur. Pour lui, ces affaires sont considérables : ce sont des péchés et il y a dans le moindre péché quelque chose d'énorme. La plus misérable créature rencontrée la nuit dans l'ombre d'une ruelle suspecte revêt dans son esprit une grandeur tragique : sept démons sont en elles et tout le ciel mystique regarde cette pécheresse dont l'âme est en péril. Il se dit que les plus vils baisers retentiront dans toute l'éternité, et il mêle aux rencontres d'une heure dix-huit siècles de diableries.

Je n'avais donc pas tort de dire qu'il est chrétien. Mais il convient d'ajouter que, comme M. Barbey d'Aurevilly, Baudelaire est un très mauvais chrétien. Il aime le péché et goûte avec délices la volupté de se perdre. Il sait qu'il se damne, et en cela il rend à la sagesse divine un hommage qui lui sera compté, mais il a le vertige de la damnation et il n'éprouve de goût pour les femmes que juste ce qu'il en faut pour perdre sûrement son âme. Ce n'est jamais un amoureux et ce ne serait pas même un débauché, si la débauche n'était excellemment impie. Il s'y attache bien moins pour la forme que pour l'esprit, qu'il croit diabolique. Il laisserait les femmes bien tranquilles s'il n'espérait point, par leur moyen, offenser Dieu et faire pleurer les anges.

Ces sentiments sont sans doute assez pervers et je

reconnais qu'ils distinguent Baudelaire de ces vieux moines qui redoutaient avec sincérité les fantômes ardents de la nuit. Ce qui avait dépravé ainsi Baudelaire, c'est l'orgueil. Il voulait, dans sa superbe, que tout ce qu'il faisait fût considérable, même ses petites impuretés; aussi était-il content que ce fût des péchés, afin d'y intéresser le ciel et l'enfer. Au fond, il n'eut jamais qu'une demi foi. L'esprit seul en lui était tout à fait chrétien. Le cœur et l'intelligence restaient vides. On raconte qu'un jour un officier de marine de ses amis lui montra un manitou qu'il avait rapporté d'Afrique, une petite tête monstrueuse taillée dans un morceau de bois par un pauvre nègre.

— Elle est bien laide, dit le marin.

Et il la rejeta dédaigneusement.

— Prenez garde! dit Baudelaire inquiet. Si c'était le vrai dieu!

C'est la parole la plus profonde qu'il ait jamais prononcée. Il croyait aux dieux inconnus, surtout pour le plaisir de blasphémer.

Pour tout dire, je ne pense pas que Baudelaire ait jamais eu la notion tout à fait nette de cet état d'âme que je viens d'essayer de définir. Mais il me semble bien qu'on en retrouve dans son œuvre, au milieu d'incroyables puérilités et d'affectations ridicules, le témoignage vraiment sincère.

Un des effets de cet état chrétien, si je puis dire, dans lequel se trouvait la pensée de Baudelaire, est l'association constante chez lui de l'amour et de la mort.

Mais là encore c'est un mauvais chrétien, et toutes ces images de corruption que le prédicateur assemble pour nous donner le dégoût de la chair deviennent pour ce vampire un ragoût et un assaisonnement; il respire l'odeur des cadavres comme un parfum aphrodisiaque. Et le pis est qu'alors il est poète et grand poète. Un des plus étranges contes des *Mille et une Nuits* nous montre une femme belle comme le jour et qui n'a de singulier en apparence que sa façon de manger du riz; elle porte à la bouche un seul grain à la fois. Le feu de son regard et la fraîcheur de sa bouche donnent d'indicibles délices; mais elle va la nuit dans les cimetières dévorer la chair des cadavres. C'est la poésie de Baudelaire. Il peut être fâcheux qu'elle soit belle; mais elle est belle.

Retranchez tout ce qui inspira à l'artiste la manie d'étonner, la recherche du singulier et de l'étrange, les grains de riz mangés un par un, il reste une figure inquiétante et belle comme cette femme des *Mille et une Nuits*.

Qu'y a-t-il, par exemple, de plus beau dans toute la poésie contemporaine que cette strophe, tableau achevé de voluptueuse lassitude?

>De ses yeux amortis les paresseuses larmes,
>L'air brisé, la stupeur, la morne volupté,
>Ses bras vaincus, jetés comme de vaines armes,
>Tout servait, tout parait sa fragile beauté.

Qu'y a-t-il de plus magnifique, dans Alfred de Vigny

lui-même, que cette malédiction pleine de pitié que le poëte jette aux « femmes damnées » ?

> Descendez, descendez, lamentables victimes,
> Descendez le chemin de l'enfer éternel !
> Plongez au plus profond du gouffre, où tous les crimes,
> Flagellés par un vent qui ne vient pas du ciel,
>
> Bouillonnent pêle-mêle avec un bruit d'orage.
> Ombres folles ! Courez au but de vos désirs ;
> Jamais vous ne pourrez assouvir votre rage,
> Et votre châtiment naîtra de vos plaisirs.
>
> . . . .
> Loin des peuples vivants, errantes, condamnées,
> A travers les déserts courez comme les loups ;
> Faites votre destin, âmes désordonnées,
> Et fuyez l'infini que vous portez en vous.

Certes, je n'ai pas essayé d'atténuer les torts du poëte : je l'ai montré, je crois, assez pervers et assez malsain. Il n'est que juste d'ajouter qu'il y a plusieurs parties de son œuvre qui ne sont nullement contaminées.

Baudelaire traversa, dans sa première jeunesse, les mers de l'Inde, visita Maurice, Madagascar, et cette île Bourbon, si fleurie, où Parny ne vit qu'Éléonore, et dont M. Léon Dierx nous a donné de si beaux paysages. Eh bien ! il y a dans les poésies de Baudelaire des souvenirs enchantés de ces pays de lumière, qu'il avait vus dans leur doux éclat, sous le charme de sa jeunesse.

Il y a, par exemple, des vers exquis *à une Malabaraise :*

> . . . .
> Aux pays chauds et bleus où ton Dieu t'a fait naître,
> Ta tâche est d'allumer la pipe de ton maître,

De pourvoir les flacons d'eaux fraîches et d'odeurs,
De chasser loin du lit les moustiques rôdeurs,
Et, dès que le matin fait chanter les platanes,
D'acheter au bazar ananas et bananes.
Tout le jour, où tu veux, tu mènes tes pieds nus
Et fredonnes tout bas de vieux airs inconnus ;
Et, quand descend le soir au manteau d'écarlate,
Tu poses doucement ton corps sur une natte,
Où tes rêves flottants sont pleins de colibris
Et toujours, comme toi, gracieux et fleuris.
. . . .

N'est-ce point déjà Fatou-Gaye et, avant Loti, l'étrange saveur des beautés exotiques?

Ce n'est pas tout. L'amour des arts plastiques, le culte des grands peintres a inspiré à Baudelaire des vers superbes et très purs. Enfin, dans une partie plus suspecte et plus mêlée de son œuvre, le poète a trouvé de fiers accents pour célébrer les travaux des humbles existences. Il a senti l'âme du Paris laborieux ; il a senti la poésie du faubourg, compris la grandeur des petits et montré ce qu'il y a de noble encore dans un chiffonnier ivre :

Souvent, à la clarté d'un rouge réverbère
Dont le vent bat la flamme et tourmente le verre,
Au cœur d'un vieux faubourg, labyrinthe fangeux
Où l'humanité grouille en ferments orageux,

On voit un chiffonnier qui vient, hochant la tête,
Buttant et se cognant aux murs comme un poète,
Et, sans prendre souci des mouchards, ses sujets,
Épanche tout son cœur en glorieux projets.

Il prête des serments, dicte des lois sublimes,
Terrasse les méchants, relève les victimes,
Et sous le firmament comme un dais suspendu
S'enivre des splendeurs de sa propre vertu.

Oui, ces gens harcelés de chagrins de ménage,
Moulus par le travail et tourmentés par l'âge,
Éreintés et pliant sous un tas de débris,
Vomissement confus de l'énorme Paris,

Reviennent, parfumés d'une odeur de futailles,
Suivis de compagnons, blanchis dans les batailles,
Dont la moustache pend comme de vieux drapeaux.
— Les bannières, les fleurs et les arcs triomphaux

Se dressent devant eux, solennelle magie !
Et dans l'étourdissante et lumineuse orgie
Des clairons, du soleil, des cris et du tambour,
Ils apportent la gloire au peuple ivre d'amour.

. . . .

Cela n'est-il pas grand et magnifique, et peut-on mieux dégager la poésie de la réalité vulgaire? Et remarquez, en passant, comme le vers de Baudelaire est classique et traditionnel, comme il est plein. Je ne me résoudrai jamais, pour ma part, à voir en ce poète l'auteur de tous les maux qui désolent aujourd'hui la littérature. Baudelaire eut de grands vices intellectuels et des perversités morales qui défigurent la plus grande partie de son œuvre. J'accorde que l'esprit baudelairien est odieux, mais les *Fleurs du mal* sont et demeureront le charme de tous ceux que touche une lumineuse image portée sur les ailes du vers. Cet homme est détestable, j'en conviens. Mais c'est un poète, et par là il est divin.

RABELAIS[1]

Vous est-il arrivé de visiter quelque vieux et magnifique monument en compagnie d'un savant qui se trouvât, d'aventure, un homme de goût et d'esprit, capable de penser, de voir, de sentir et d'imaginer? Vous êtes-vous promené, par exemple, dans les grandes ruines du château de Coucy avec M. Anatole de Montaiglon, qui fait des chansons avec de l'archéologie et de l'archéologie avec des chansons, sachant que tout n'est que vanité? Avez-vous écouté les amis de M. Cherbuliez, tandis qu'ils tenaient des propos doctes et familiers autour d'un cheval de Phidias, ou d'une statue de la cathédrale de Chartres? Si ces nobles joies vous ont été données, vous en retrouverez quelque ombre en lisant le nouveau livre de M. Paul Stapfer, qui est proprement une promenade autour de Rabelais, une savante, une heureuse, une

---

1. *Rabelais, sa personne, son génie, son œuvre*, par Paul Stapfer, professeur à la faculté des lettres de Bordeaux. 1 vol.

belle promenade. C'est une cathédrale que l'œuvre de Rabelais, une cathédrale placée sous le vocable des humanités, de la pensée libre, de la tolérance, mais une cathédrale de style flamboyant où ne manquent ni les gargouilles, ni les monstres, ni les scènes grotesques, chères aux imagiers du moyen âge, et l'on risque de se perdre dans ce hérissement de clochers, de clochetons, dans ce fouillis de pinacles qui abritent pêle-mêle des figures de fous et de sages, d'hommes, d'animaux et de moines.

Et, pour comble de confusion, cette église de style ogival est, comme Saint-Eustache, ornée de mascarons, de coquilles et de figurines dans le style charmant de la Renaissance. Certes, on risquerait de s'y perdre, et dans le fait, peu de personnes s'y sont aventurées. Mais avec un guide comme M. Paul Stapfer, après mille circuits amusants, on se retrouve toujours.

M. Paul Stapfer connaît son Rabelais. Ce ne serait point assez : il l'aime, et c'est le grand point. Ajoutez qu'il n'a pas l'amour béat. Il convient que sa chère cathédrale est bâtie sans ordre ni plan et que, sous la moitié des arceaux, on n'y voit pas clair. Mais il l'aime comme elle est, et il a bien raison. Il s'écrie : « Mon gentil Rabelais ! » comme Dante soupirait : « Mon beau Saint-Jean ! »

Dans cette même ville où M. Paul Stapfer professe la littérature à côté de M. Frédéric Plessis, poète et latiniste exquis, dans ce riant et riche Bordeaux, je visitais l'an passé la crypte de Saint-Seurin. Le sacristain qui m'y accompagnait me fit voir combien elle était touchante dans sa vétusté, et comme sa barbarie parlait bien aux cœurs. « Monsieur, ajouta-t-il, un grand malheur la menace : elle a été richement dotée ; on va l'embellir ! »

Ce sacristain est de l'école de M. Paul Stapfer, qui ne veut point qu'on embellisse Rabelais par de mirifiques illustrations et de fantastiques commentaires. Naturellement M. Paul Stapfer, qui a beaucoup étudié son auteur, n'y retrouve pas tout ce qu'y ont découvert ceux qui l'avaient à peine lu. Ainsi il n'a pas vu que Rabelais eût jamais annoncé la Révolution française. Je n'entrerai pas dans le détail de son livre et ne ferai pas la critique de sa critique. A dire vrai, j'y éprouverais quelque embarras, ayant pratiqué Rabelais beaucoup moins qu'il ne l'a fait lui-même. Dieu merci ! j'ai pantagruélisé tout comme un autre. Frère Jean n'est pas pour moi un visage inconnu et je lui dois de bonnes heures. Mais M. Stapfer a vécu pendant deux ans dans son intimité ; il y aurait quelque impertinence à disputer au pied levé avec un rabelaisien si rabelaisant.

J'avoue pourtant que ce qui le frappe le plus dans Rabelais ne m'a jamais été très sensible. Son auteur lui semble avant tout très gai. Il en juge comme les contemporains et c'est signe qu'il ne se trompe guère. Mais j'avoue que les incongruités de *Pantagruel* ne me font pas plus rire que celles des gargouilles du xive siècle. J'ai tort, sans doute : mais il vaut mieux le dire. Je serai tout à fait franc : ce qui me fâche dans le curé de Meudon, c'est qu'il soit resté à ce point moine et homme d'église ;

ses plaisanteries sont trop innocentes; elles offensent la volupté et c'est leur plus grand tort.

Pour ce qui est de la morale, je le tiens quitte; ses livres sont d'un honnête homme et j'y retrouve, avec M. Stapfer, un grand souffle d'humanité, de bienveillance et de bonté. Oui, Rabelais était bon; il détestait naturellement « les hypocrites, les traîtres qui regardent par un pertuys, les cagots, escargots, matagots, hypocrites, caffars, empantouflés, papelards, chattemites, pattespelues et autres telles sectes de gens qui se sont desguisés comme masques pour tromper le monde ».

« Iceux, disait-il, fuyez, abhorrissez et haïssez autant que je fais. »

Le fanatisme et la violence étaient en horreur à sa riante, libre et large nature. C'est par là encore qu'il fut excellent. Comme la sœur du roi, cette bonne Marguerite de Navarre, il ne passa jamais dans le parti des bourreaux, tout en se gardant de rester dans celui des martyrs. Il maintint ses opinions, jusqu'au feu exclusivement, estimant par avance, avec Montaigne, que mourir pour une idée, c'est mettre à bien haut prix des conjectures. Loin de l'en blâmer, je l'en louerai plutôt. Il faut laisser le martyre à ceux qui, ne sachant point douter, ont dans leur simplicité même l'excuse de leur entêtement. Il y a quelque impertinence à se faire brûler pour une opinion. Avec le Sérénus de M. Jules Lemaître, on est choqué que des hommes soient si sûrs de certaines choses quand on a soi-même tant cherché sans trouver, et quand finalement on s'en tient au doute. Les martyrs manquent d'ironie et c'est là un défaut impardonnable, car sans l'ironie le monde serait comme une forêt sans oiseaux; l'ironie c'est la gaieté de la réflexion et la joie de la sagesse. Que vous dirai-je encore? J'accuserai les martyrs de quelque fanatisme; je soupçonne entre eux et leurs bourreaux une certaine parenté naturelle et je me figure qu'ils deviennent volontiers bourreaux dès qu'ils sont les plus forts. J'ai tort, sans doute. Pourtant l'histoire me donne raison. Elle me montre Calvin entre les bûchers qu'on lui prépare et ceux qu'il allume; elle me montre Henry Estienne échappé à grand'peine aux bourreaux de la Sorbonne et leur dénonçant Rabelais comme digne de tous les supplices.

Et pourquoi Rabelais se serait-il livré « aux diables engipponnés »? Il n'avait point une foi dont il pût témoigner dans les flammes. Il n'était pas plus protestant que catholique, et s'il avait été brûlé à Genève ou à Paris ç'eût été par suite d'un fâcheux malentendu. Au fond — et M. Stapfer le dit fort bien — Rabelais n'était ni un théologien ni un philosophe, il ne se connaissait aucune des belles idées qu'on lui a trouvées depuis. Il avait le zèle sublime de la science, et pourvu qu'il étudiât à son aise la médecine, la botanique, la cosmographie, le grec et l'hébreu, il se tenait satisfait, louait Dieu et ne haïssait personne, hors les diables engipponnés. Cette ardeur de connaître enflammait alors les plus nobles esprits. Les trésors des lettres antiques exhumés de la poussière des cloîtres étaient remis au jour, illustrés par de savants éditeurs, multipliés sous les presses des imprimeurs de Venise, de Bâle et de Lyon. Rabelais publia pour sa part quelques manuscrits grecs. Comme ses contemporains, il admirait pêle-mêle tous les ouvrages des anciens. Sa tête était un grenier où s'empilaient Virgile, Lucien, Théophraste, Dioscoride, la haute et la basse antiquité. Mais surtout il était médecin, médecin errant et faiseur d'almanachs. Le *Gargantua* et le *Pantagruel* ne tinrent pas plus de place dans sa vie que le *Don Quichotte* dans celle de Cervantes, et le bon Rabelais fit son chef-d'œuvre sans le savoir, ce qui est généralement la manière dont on fait les chefs-d'œuvre. Il n'y faut qu'un beau génie, et la préméditation n'y est pas du tout nécessaire. Aujourd'hui qu'il y a une littérature et des mœurs littéraires, nous vivons pour écrire, quand nous n'écrivons pas pour vivre. Nous prenons beaucoup de peine, et pendant que nous nous efforçons de bien faire, la grâce nous échappe avec le naturel. Pourtant la plus grande chance qu'on ait de faire un chef-d'œuvre (et je confesse qu'elle est petite) c'est de ne s'y point préparer, d'être sans vanité littéraire et d'écrire pour les muses et pour soi. Rabelais fit candidement un des plus grands livres du monde.

Il s'y divertit beaucoup. Il n'avait ni plan d'aucune sorte, ni idée quelconque. Son intention était d'abord de donner une suite à un conte populaire qui amusait les bonnes femmes et les laquais. Il n'y réussit pas du tout et ce qu'il avait préparé pour la canaille fut le régal des meilleurs esprits. Voilà qui déconcerte la sagesse humaine, laquelle d'ailleurs est toujours déconcertée.

Rabelais fut, sans le savoir, le miracle de son temps. Dans un siècle de raffinement, de grossièreté et de pédantisme il fut incomparablement exquis, grossier et pédant. Son génie trouble ceux qui lui cherchent des défauts. Comme il les a tous, on doute avec raison qu'il en ait aucun. Il est sage et il est fou; il est naturel et il est affecté; il est raffiné et il est trivial; il s'embrouille, s'embarrasse, se contredit sans cesse. Mais il fait tout voir et tout aimer. Par le style, il est prodigieux et, bien qu'il tombe souvent dans d'étranges aberrations, il n'y a pas d'écrivain supérieur à lui, ni qui ait poussé plus avant l'art de choisir et d'assembler les mots. Il écrit comme on se promène, par amusement. Il aime, il adore les mots. C'est merveille de voir comme il les enfile. Il ne sait, il ne peut s'arrêter. Ce montreur de géants est en tout démesuré. Il a des kyrielles prodigieuses de noms et d'adjectifs. Si les fouaciers, par exemple, ont une dispute avec les bergers, ceux-ci seront appelés :

« Trop diteux, breschedens, plaisans rousseaux, galliers, chienlicts, averlans, limes sourdes, faitnéans, friandeaux, bustarins, traîne-gaînes, gentilz flocquets, copieux, landores, malotrus, dendins, beaugars, tezés, gaubregeux, goguelus, claquedens... et autres telz épithètes diffamatoires. »

Et notez que je n'ai pas tout mis. Parfois c'est le son des mots qui l'excite et l'amuse comme une mule qui court au bruit des grelots.

Il se plaît à des allitérations puériles : « Au son de ma musette mesuray les musarderies des musards. »

Lui, si bon artisan du parler maternel, lui, dont la langue a la saveur de la terre natale, tout à coup il se met à parler grec et latin en français, comme l'écolier limousin qu'il avait raillé tout en l'admirant peut-être en secret, car c'est un des caractères de ce grand railleur de chérir ce dont il se moque. Et le voilà qui appelle une chienne en chaleur une *lycisque orgoose* et une jument borgne une *esque orbe*. Nos symbolistes, M. de Regnier et M. Jean Moréas lui-même, n'ont pas imaginé, que je sache, de plus rares vocables. Mais il y met, le bon Rabelais, une belle humeur et un sans façon tels qu'on ne peut que s'amuser de cela avec lui. Dans ses heureux moments, il a le style le plus magnifique et le plus charmant. Quelle phrase plus agréable que celle-ci, tirée un peu au hasard du livre III, et qui se rapporte à la politique à suivre avec les peuples récemment conquis?

« Comme enfant nouvellement né, les fault alaicter, bercer, esjouir. Comme arbre nouvellement planté, les fault appuyer, asseurer, défendre de toutes vimères, injures et calamités. Comme personne sauvée de longue et forte maladie et venant à convalescence, les fault choyer, espargner, restaurer.

La phrase est-elle simple? c'est Perrette en cotillon court. Rien de plus alerte que les lamentations de Gargantua pleurant la mort de sa femme Badbec. Car Rabelais est comme la nature. La mort n'altère pas sa joie immense.

« Ma femme est morte. Eh bien! par Dieu, je ne la

ressusciteray pas par mes pleurs; elle es. bien, elle est en paradis pour le moins, si mieulx n'est; elle prie Dieu pour nous; elle est bien heureuse; elle ne se soucie plus de nos misères et calamités : autant nous en pend à l'œil. Dieu gard le demourant! Il me fault penser d'en trouver une autre. »

Voulez-vous, pour finir, le récit de l'aventure qui termina la vie du prêtre Tappecu? L'art du conteur n'ira jamais au delà.

La poultre, tout effrayée, se mit au trot, à petz, à bondz et au gualop; à ruades, fressurades, doubles pédales et pétarrades; tant qu'elle rua bas Tappecoue, quoy qu'il se tint à l'aube du bast de toutes ses forces. Ses estrivières estoient de cordes : du cousté hors le montonoir son soulier fenestré estoit si fort entortillé qu'il ne le put oncques tirer. Ainsi estoit traisné à escorchecul par la poultre, toutjours multipliante en ruades contre luy, et fourvoyante de peur par les hayes, buissons et fossés. De mode qu'elle luy cobbit toute la teste, si que la cervelle en tomba près la croix Osanière, puis, les bras en pièces, l'un çà, l'autre là, les jambes de mesmes; puis des boyaux fit un long carnaige, en sorte que la poultre au couvent arrivante, de luy ne pertoit que le pied droit et soulier entortillé. (IV, 13.)

Que cela est dit! et comme une énorme joie est répandue sur cette scène de carnage, dont l'exagération même détruit l'horreur. Aimons donc, avec M. Stapfer, le « docte et gentil Rabelais », pardonnons-lui ses plaisanteries de curé et disons qu'en somme il fut bon et bienfaisant.

BARBEY D'AURÉVILLY

J'aurais bien de la peine à me faire une idée juste de Barbey d'Aurévilly. Je l'ai toujours vu. C'est pour moi un souvenir d'enfance, comme les statues du pont d'Iéna au pied desquelles je jouais au cerceau, du temps qu'on cueillait encore des bouillons blancs, des trèfles et des coucous sur les pentes sauvages et fleuries du Trocadéro. Je n'avais aucune opinion particulière sur ces statues-là ; je voyais vaguement que c'étaient des hommes qui tenaient par la bride des chevaux de pierre. Je ne savais point si elles étaient belles ou laides, mais je sentais bien qu'elles étaient enchantées comme la lumière du ciel qui me baignait délicieusement, comme les souffles salubres de l'air que je respirais avec joie, comme les arbres des quais déserts, comme les eaux riantes de la Seine, comme le monde entier. Oh ! je sentais bien cela ; mais je ne me doutais pas que l'enchantement était en moi, et que c'était moi, si petit, qui remplissait d'une radieuse allégresse l'immense univers. Il faut vous dire qu'à neuf ans la subjectivité des impressions m'échappait totalement. Je goûtais sans effort la bonté des choses. Le mythe du paradis terrestre est d'une grande vérité, et je ne suis pas surpris qu'il soit entré profondément dans la conscience des peuples. Il est bien vrai que nous recommençons tous à notre tour l'aventure d'Adam, que nous nous éveillons à la vie dans le paradis terrestre et que notre enfance s'écoule dans l'aménité d'un frais Eden. J'ai vu, en ces heures bénies, des chardons qui poussaient sur des tas de pierres, dans des ruelles ensoleillées où chantaient les oiseaux, et, je vous le dis en vérité, c'était le paradis. Il était situé, non pas entre les quatre fleuves de l'Écriture, mais sur les collines de Chaillot et sur les berges de la Seine. Croyez-moi, c'est là une différence qui n'importe guère. Le paradis des petits citadins est plein de pierres taillées par les hommes : il n'en est pas moins inondé de mystère et de délices.

Mes premières rencontres avec M. d'Aurévilly datent de cet âge paradisiaque. Ma grand'mère, qui le connaissait un peu et qu'il étonnait beaucoup, me le montrait, dans nos promenades, comme une singularité. Ce monsieur, coiffé sur l'oreille d'un chapeau à rebords de velours cramoisi, et qui, la taille serrée dans une redingote à jupe bouffante, allait, battant de sa cravache le galon d'or de son pantalon collant, ne m'inspirait aucune réflexion, car mon penchant naturel était de ne point rechercher les causes des choses. Je regardais et aucune pensée ne troublait la limpidité de mon regard.

J'étais content seulement qu'il y eût des personnes aisément reconnaissables. Et certes M. d'Aurévilly était de celles-là. Je lui en gardais, d'instinct, une sorte d'amitié. Je l'unissais, dans ma sympathie, à un invalide qui marchait sur deux jambes de bois avec deux bâtons, et qui me disait bonjour, le nez barbouillé de tabac; à un vieux professeur de mathématiques, manchot, qui, la face rubiconde, souriait à ma bonne dans sa barbe de satyre, et à un grand vieillard, vêtu de toile à matelas depuis la mort tragique de son fils. Ces quatre personnes-là avaient pour moi, sur toutes les autres, l'avantage d'être parfaitement distinctes, et j'étais content de les distinguer. Encore, à l'heure qu'il est, je ne peux pas tout à fait détacher M. d'Aurévilly du souvenir du professeur, de l'invalide et du fou qu'il est allé retrouver dans le monde des ombres. Pour moi, ils faisaient partie tous quatre des monuments de Paris, comme les statues du pont d'Iéna. Il y avait cette différence qu'ils marchaient et que les statues ne marchaient point. Quant au reste, je n'y songeais pas. Je ne savais pas bien ce que c'était que la vie — et, après y avoir songé beaucoup depuis, j'avoue que je ne suis guère plus avancé.

Une douzaine d'années s'étant passées avec facilité, je rencontrai par aventure, une nuit d'hiver, dans la rue du Bac, M. d'Aurévilly qui cheminait en compagnie de Théophile Sylvestre. J'étais avec un ami qui me présenta. Sylvestre faisait l'apologie de saint Augustin en jurant comme un diable. Il frappait avec le fer de sa canne la bordure du trottoir. Barbey l'imita, fit jaillir des étincelles et s'écria :

— Nous sommes les cyclopes du pavé!

Il disait cela de sa belle voix grave et profonde. Ayant perdu ma première candeur, j'avais de grandes envies de comprendre; je cherchai le sens de ces paroles sans pouvoir le découvrir et j'en éprouvai un véritable malaise.

Il m'était donné de voir M. d'Aurévilly un moment à toutes les époques de ma vie. J'ai eu l'honneur de lui faire visite dans sa petite chambre de la rue Rousselet, où il a vécu trente ans dans une noble pauvreté et où il est mort entouré des soins d'une personne angélique.

Cette rue Rousselet, étroite, sale, bordée de jardins, est pleine de souvenirs chers au cœur du vrai Parisien. C'est là que madame de la Sablière vint loger quand, ayant renoncé au monde, elle se voua au service des malades. Cette charmante femme, qui avait aimé beaucoup de choses dans la vie, n'apporta à Dieu dans sa pénitence, que les ruines de son cœur et de sa beauté; elle lui vint sans jeunesse, abandonnée de son amant et le sein déjà mordu par le cancer qui devait la dévorer.

A vingt pas de la chambre où l'amie de La Fare pleurait, il y a deux cents ans, sur les ruines encore fumantes de sa vie brûlée, devant une fenêtre ouverte sur les jardins des frères de Saint-Jean-de-Dieu, j'ai jeté bien des paroles toutes fraîches de jeunesse et d'espérance. C'est là qu'habitait mon ami Adolphe Racot, alors plein de rêves et de projets, cordial, bon, vigoureux, et qu le journalisme et les gros romans ont tué. Il est mort récemment assommé comme un bœuf. Mais, en ce temps-là, l'infini était devant nous. De cette fenêtre, nous voyions la maison où François Coppée composait, dans un petit jardin, des vers vrais, simples, aimables comme lui-même. Paul Bourget y était assidu. Il sortait du collège, le front assombri de métaphysique sous sa chevelure d'adolescent. Coppée et Bourget fréquentaient Barbey d'Aurévilly et lui apportaient cette chose délicieuse : une jeune admiration. Le parfum des fleurs qui descendait des vieux murs, la jeunesse, la poésie, l'art! O charmantes images de la vie! O rue Rousselet !

Barbey d'Aurévilly, vêtu de rouge dans sa pauvre chambre fanée et nue, se dressait superbe et magnifique. Il fallait l'entendre quand il disait, mensonge touchant :

— J'ai envoyé mes meubles et mes tapisseries à la campagne !

Sa conversation était éblouissante d'images et d'un tour unique.

— Vous savez, cet homme qui se met en espalier, sur son mur, au soleil... Je tisonne dans vos souvenirs pour les ranimer... Vous regardez la lune, mademoiselle : c'est l'astre des polissons... Vous l'avez vu, terrible, la bouche ébréchée comme la gueule d'un vieux canon... Il est heureux pour Notre Seigneur Jésus-Christ qu'il soit un dieu ; comme homme il eût manqué de caractère : il n'était pas râblé comme Annibal... Je me suis enrouée en écoutant cette dame... J'ai aimé deux mortes dans ma vie...

Tout cela dit d'une voix grave, avec je ne sais quoi

d'effroyablement satanique et d'adorablement enfantin.

Et c'était un vieux monsieur du meilleur ton, d'une belle politesse, à grandes formes. C'est tout ce que je puis vous dire : il est trop mêlé à mes souvenirs, sa mort est trop récente, je suis trop étonné de l'idée de ne plus le revoir, pour essayer quoi que ce soit qui ressemble à un portrait.

Il était extraordinaire, sans doute; mais, comme Henri IV sur le pont Neuf ou le palmier de la Samaritaine, il n'étonnait plus. Ses limousines doublées de velours rouge semblaient quelque chose, je ne dis pas d'ordinaire, mais de nécessaire.

Au fond, et c'est ce qui le rendait tout à fait aimable, il n'a jamais cherché à étonner ni à amuser que lui-même. C'est pour lui seul qu'il portait des cravates de dentelle et des manchettes à la mousquetaire. Il n'éprouvait pas, comme Baudelaire, l'horrible tentation de surprendre, de contrarier, de déplaire. Ses bizarreries ne furent jamais malveillantes. Il était excentrique avec un heureux naturel.

Il y a des parties obscures dans sa vie : on dit qu'il fut pendant quelque temps l'associé d'un marchand d'objets religieux du quartier Saint-Sulpice. Je ne sais si cela est vrai. Mais je le voudrais. Il me plairait que ce templier eût vendu des chasubles. J'y trouverais une revanche amusante de la réalité sur la convention. Un soir, voilà une quinzaine d'années, je vis un vieux tragédien de l'Odéon qui, le front ceint du bandeau royal et le sceptre à la main, représentait Agamemnon.

J'éprouvai une joie perverse à penser que le roi des rois avait épousé une ouvreuse du théâtre. Il y aurait un plaisir beaucoup plus exquis à se figurer Barbey d'Aurévilly recevant des commandes de lingerie ecclésiastique.

Une chose merveilleuse, quand on y songe, ce n'est pas que M. d'Aurévilly ait vendu des surplis, c'est qu'il ait fait de la critique. Un jour, Baudelaire, qu'il avait traité de criminel et de grand poète, le vint trouver et, déguisant son entière satisfaction, lui dit :

— Monsieur, vous avez attaqué mon caractère. Si je vous demandais raison, je vous mettrais dans une situation délicate, car, étant catholique, vous ne pouvez vous battre.

— Monsieur, répondit Barbey, j'ai toujours mis mes passions au-dessus de mes convictions. Je suis à vos ordres.

Il se flattait un peu en parlant de ses passions. Mais il faut lui rendre cette justice qu'il n'hésita jamais à mettre ses fantaisies au-dessus de la raison. Sa critique est, en douze volumes, ce que le caprice a inspiré de plus extravagant. Elle est emportée et furieuse, pleine d'injures, d'imprécations, d'exécrations et d'excommunications. Elle fulmine sans cesse. Au demeurant, la plus innocente créature du monde. Là encore, M. d'Aurévilly est sauvé par son bon génie, par son enfantillage heureux. Il écrit comme un ange et comme un diable, mais il ne sait ce qu'il dit.

Quant à ses romans, ils comptent parmi les ouvrages les plus singuliers de ce temps, et il y en a deux pour le moins qui sont, dans leur genre, des chefs-d'œuvre : je veux parler de l'*Ensorcelée* et du *Chevalier Destouches*.

On sait que le *Chevalier Destouches* contient le récit de plusieurs épisodes de la chouannerie normande. Or, le hasard me le fit lire par une lugubre nuit d'hiver dans cette petite ville de Valognes qui y est décrite. J'en reçu une impression très forte. Je crus voir renaître cette ville rétrécie et morte. Je vis les figures à la fois héroïques et brutales des hobereaux repeupler ces hôtels noirs, silencieux, aux toits affaissés, que la moisissure dévore lentement. Je crus entendre siffler les balles des brigands parmi les plaintes du vent. Ce livre me donna le frisson.

Le style de Barbey d'Aurévilly est quelque chose qui m'a toujours étonné. Il est violent et il est délicat, il est brutal et il est exquis. N'est-ce pas Saint-Victor qui le comparait à ces breuvages de la sorcellerie où il entrait à la fois des fleurs et des serpents, du sang de tigre et du miel? C'est un mets d'enfer; du moins, il n'est pas fade.

Quant à la philosophie de Barbey, qui fut le moins philosophe des hommes, c'était à peu près celle de Joseph de Maistre. Il n'y ajouta guère que le blasphème. Il affirmait sa foi en toute rencontre, mais c'est par le blasphème qu'il la confessait de préférence. L'impiété chez lui semble un condiment à la foi. Comme Baudelaire, il adorait le péché. Des passions il ne connut jamais que le masque et la grimace. Il se rattrapait sur le sacrilège et jamais croyant n'offensa Dieu avec tant de zèle. N'en frissonnez pas. Ce grand blasphémateur sera sauvé. Il garda dans son audace impie de tambour-major et de romantique une divine innocence, une sainte candeur qui lui feront trouver grâce devant la sagesse éternelle. Saint Pierrre dira en le voyant : « Voici M. Barbey d'Aurévilly. Il voulut avoir tous les vices, mais il n'a pas pu, parce que c'est très difficile et qu'il y faut des dispositions particulières; il eût aimé à se couvrir de crimes, parce que le crime est pittoresque; mais il resta le plus galant homme du monde, et sa vie fut quasi monastique. Il a dit parfois de vilaines choses, il est vrai; mais, comme il ne les croyait pas et qu'il ne les faisait croire à personne, ce ne fut jamais que de la littérature, et la faute est pardonnable. Chateaubriand qui, lui aussi, était de notre parti, se moqua de nous dans sa vie beaucoup plus sérieusement. »

PAUL ARÈNE [1]

« Je vins au monde au pied d'un figuier, un jour que les cigales chantaient. » C'est ce que rapporte de sa naissance, Jean des Figues, dont M. Paul Arène a conté l'histoire ingénue. Un jour, quand M. Paul Arène aura sa légende, on dira que c'est ainsi qu'il naquit lui-même, au chant des cigales, tandis que les figues-fleurs, s'ouvrant au soleil, égouttaient leur miel sur ses lèvres. On ajoutera, pour être vrai, qu'il avait comme Jean des Figues, la main fine et l'âme fière, et l'on gravera une cigale sur son tombeau, de goût presque antique, afin d'exprimer qu'il était naturellement poète et qu'il aimait le soleil.

Il aime le soleil et tout ce que baigne le soleil. Son style clair et chaud a, dans son élégante sécheresse, cette saveur de pierre à fusil que le soleil donne aux

---

1. *La Chèvre d'or*, 1 volume (Bibliothèque de l'*Illustré moderne*).

vins qu'il mûrit avec amour. Il faut placer M. Paul Arène à côté de M. Guy de Maupassant et ces deux princes des conteurs auront pour emblème le premier l'olive, le second la pomme. Ainsi, le sol de notre adorable patrie nous offre ici les lignes pures des horizons bleus; là de grasses prairies sous un doux ciel humide, et l'art reproduit, par les nuances de la langue et du style, cette diversité charmante. Et la montagne, la côte, la forêt, la lande ont aussi leurs peintres, leurs poètes, leurs conteurs. On pourrait faire une bien belle étude sur la géographie littéraire de la France [1].

La Provence a ses félibres qui chantent en provençal. Je ne leur en fais pas un reproche : il ne faut pas demander à tous les oiseaux de chanter de la même manière. J'admire infiniment Mistral et s'il m'arrive de regretter que le doux poème de *Mireille* ne soit pas écrit dans le dialecte de l'Ile de France, c'est parce que je le comprendrais mieux et le goûterais plus naturellement. Il n'y a là que de l'égoïsme. La patriotisme n'est pas l'ennemi des dialectes et l'unité de la France n'est point menacée par les chansons des félibres.

Mais, puisque M. Paul Arène parle le français, et le meilleur, j'en profite pour l'entendre et le goûter. D'ailleurs, M. Arène est un Provençal très parisien. On le rencontre plus souvent sous les platanes du jardin du Luxembourg que dans les plaines de la Camargue, où passaient les chevaux sarrasins. Il a des tendresses infi-

[1]. Mais n'avons-nous pas déjà un bien agréable livre a M. Charles Fuster, *les Poètes du Clocher*.

nics pour les vieux pavés de la place de l'Odéon, et si on lui en faisait un reproche, il répondrait sans doute qu'il ne voit jamais si bien les maigres feuilles des amandiers se découper dans l'azur de son ciel natal que l'hiver, à Paris, dans les brumes du soir et à travers la fumée de sa pipe. Ce serait bien vrai. On ne sait parler de ce qu'on aime que lorsqu'on ne l'a plus, et tout l'art du poète n'est que d'assembler des souvenirs et de convier des fantômes. Aussi y a-t-il une tristesse attachée à tout ce que nous écrivons. Je ne parle, bien entendu, que de ce qui est senti. Le reste n'est qu'un vain son.

Voilà pourquoi M. Paul Arène, qui parle si bien de sa belle province, « la gueuse parfumée », fréquente dans le quartier Latin, où tout le monde le connaît de vue. Il va tout d'une pièce, à tout petits pas, l'œil vif sur un visage immobile, et l'on ne peut s'empêcher de songer que ce petit homme raide et tranquille, devait avoir l'air assez crâne, en 1870, dans sa vareuse de capitaine de mobiles. C'est un Méridional contenu, dont l'abord étonne.

On n'a jamais vu bouger un muscle de son visage. Même quand il parle, sa face au front large, à la barbe pointue, reste silencieuse. Il a l'air de sa propre image modelée et peinte par un maître. Avec cela un tour de conversation vif, rapide, exquis, et cet art souverain, qu'il montre aussi dans ses livres, de s'arrêter à point et de ne pas trop achever. Enfin, une figure tout à **fait** originale.

La dernière fois que j'ai rencontré M. Paul Arène, il s'en allait en pèlerinage au tombeau de Florian et prenait le chemin de fer, tout seul de sa bande, moins pour se conformer aux usages des félibres exilés parmi nous que pour se contenter par un brin de campagne. Il faisait du soleil; le ciel se montrait gai, spirituel, comme il n'est que sur les coteaux des environs de Paris; et les bois de Sceaux, ce jour-là, devaient être bien jolis. Florian est un saint qu'on ne chôme qu'au printemps, en fredonnant *Plaisirs d'amour*. M. Paul Arène lui est dévot. Il l'aime parce que le chevalier de Florian rappelle beaucoup de coquets souvenirs d'antan. Sa mémoire est transparente, et l'on voit au travers voltiger des couples de tourterelles, et des bergères nouer des guirlandes de fleurs autour de leurs houlettes. Que les dames d'autrefois, si charmantes sous la poudre et dans leur robe à ramages, aient aimé dans des bosquets et puis qu'elles soient mortes, cela est naturel et pourtant cela donne à songer aux poètes et c'est un sujet qui a inspiré à l'auteur de *Jean des Figues* quelques pages dont je goûte plus que tout la grâce mélancolique et la tristesse voluptueuse. Un des caractères singuliers de ce conteur est de s'attacher au passé et de garder aux morts une amitié douce. Il les mêle aux vivants et c'est un des charmes de ses récits.

Dans *la Chèvre d'or*, par exemple, les ombres des aïeux flottent comme des nuées sur les acteurs du drame. Je viens de lire ce livre ravissant, ces pages agrestes et fines, ces scènes simples, d'un style pur, et je me sens encore environné d'images idylliques et parfumé de thym. Il n'y a guère que les poètes grecs pour donner une impression de cette nature. Et qu'on ne s'y trompe pas : la familiarité gracieuse, l'élégante précision, la rusticité noble, toute la manière enfin de ce récit est plus près qu'on ne croit de la beauté antique. Je trouve aussi beaucoup de sens dans cette histoire d'un savant qui touche à la quarantaine et qui, curieux sans ambition, poète sans orgueil, rêveur sans trouble, va chercher dans un petit village rocheux de la côte de Provence le souvenir des Sarrasins qui l'ont bâti, fouille un vieux grenier encombré de parchemins illisibles et devient amoureux d'une belle jeune fille. Adieu les Arabes ! adieu l'émir et les magies de l'Orient ! Il ne voit plus que le profil jeune, les formes graciles et pures de Norette. Il l'aime peu à peu, par insensible et profonde influence. Pour concilier la science et son amour, il veut que Norette soit d'origine sarrasine. Cela est bien possible. Mais, telle qu'il la dépeint, elle apparaît à ceux qui n'ont aucun préjugé ethnographique dans la grâce svelte d'une figurine de Tanagra.

C'est la chèvre de Norette, cette chèvre d'or, dont la clochette d'argent, couverte de signes mystérieux, doit révéler la place d'un trésor caché. Mais finalement il ne reste de trésor que les yeux noirs, les lèvres rouges et le sein gonflé de Norette.

Qu'est-ce que la science et qu'est-ce que la richesse au prix du sourire d'une belle enfant ? Et le conte finit par les noces de Norette. Le beau conte, et qui se termine si heureusement ! Pourvu que le mari de Norette, après la lune de miel, ne se remette pas à chercher le trésor ! Il y perdrait la joie du cœur et la paix de l'âme. Plutôt, puisqu'il ne peut rester toujours sous le doux étonnement de la beauté de Norette, plutôt qu'il fouille de nouveau dans le grenier aux parchemins et qu'il y cherche des vieux noms et des vieilles dates ! Qu'il compose l'histoire du Puget-Maure sous la domination arabe. C'est un beau sujet et propre à remplir la longue paix des soirs. Un vieux scoliaste a dit, je ne sais où, cette grave parole : « On se lasse de tout, excepté de comprendre. » La vérité est que tout vaut mieux que de songer à soi-même et de considérer sa propre condition. C'est pourquoi il y a d'honnêtes gens qui étudient les poids et mesures des Assyriens ou la procédure civile en Égypte sous les Lagides, ce qui est une grande preuve de la mélancolie de vivre. Heureusement qu'il y a aussi, pour charmer la vie, des contes comme *la Chèvre d'or*.

Je n'en veux détacher qu'une page, si belle et d'un si grand style que je n'en sais pas de meilleure dans aucun conteur. C'est l'histoire, rapportée par le curé du Puget, *des deux qui sont morts*.

Vers l'année 1500, deux cousins, l'un Gazan, l'autre Galfar, se trouvèrent en rivalité pour épouser une cousine. Non qu'ils l'aimassent. Elle était, il est vrai, admirablement belle ; mais, aussi pauvres l'un que l'autre, s'étant ruinés, l'aîné à faire ses caravanes sur mer, l'autre dans les tripots d'Avignon, sous prétexte d'étudier la médecine, c'est surtout le secret du trésor qu'ils désiraient d'elle.

Aucun ne voulait céder. Ils se querellèrent et le cadet souffleta l'aîné.

Puis, sans que personne les vît, un soir, tous deux Caïn, tous deux Abel, ils allèrent dans la montagne du côté de la chapelle que déjà un ermite gardait.

Au milieu de la nuit, l'ermite crut rêver que quelqu'un frappait de grands coups à sa porte, et, s'éveillant, il entendit crier : « Au secours ! j'ai tué mon frère ! » Alors, étant sorti, il vit à la clarté des étoiles, dans l'herbe du cimetière, un jeune homme étendu, dont un cavalier plus âgé, mais lui ressemblant singulièrement, soutenait la tête.

Comme le jeune homme se mourait, l'ermite le confessa. Et, quand le jeune homme fut mort, le cavalier, qui se tenait debout appuyé au mur, dit : « Mon père, il est grand temps que vous me confessiez aussi ! » Alors l'ermite, se retournant, vit sur son pourpoint ensanglanté le manche d'un long poignard qu'il s'était planté dans la poitrine. Et quand il fut confessé, le cavalier retira la lame et se coucha dans l'herbe à côté de l'autre, dont il baisait, en pleurant, les cheveux et les yeux..

Le matin, au moment de les ensevelir, on les trouva enlacés si étroitement que, pour séparer leurs cadavres, il aurait fallu briser les os des bras. On les mit ensemble, sans cercueil, dans la même fosse, et une messe fut fondée pour l'âme des deux qui sont morts.

Je le dis et le redis : je n'avais jamais lu un livre moderne qui me donnât autant que *la Chèvre d'or* l'idée de la beauté antique, de la poésie grecque dans sa jeune fleur et sa fraîche nouveauté. Je n'étais point seul à sentir ainsi, car un de mes amis, à qui j'avais prêté le livre, me le renvoya avec cette épigramme de Méléagre écrite de sa main au crayon sur la dernière page :

« Enivrée de gouttes de rosée, tu modules, ô cigale,

un chant rustique qui charme la solitude, et, sur les feuilles où tu te poses, tu imites, avec tes pattes dentelées, sur ta peau luisante, les accords de la lyre. Oh! je t'en prie, chante aux Nymphes des bois quelque chanson digne de Pan, afin qu'ayant échappé à l'amour je goûte un doux sommeil ici couché à l'ombre de ce beau platane. »

LA MORALE ET LA SCIENCE

M. PAUL BOURGET [1]

I

M. Paul Bourget a une qualité d'esprit fort rare chez les écrivains voués aux œuvres d'imagination. Il a l'esprit philosophique. Il sait enchaîner les idées et conduire très longtemps sa pensée dans l'abstrait. Cette qualité est sensible, non seulement dans ses études critiques, mais aussi dans ses romans et même dans ses vers lyriques. Par le tour général de l'intelligence, par la méthode, il se rattache à l'école de M. Taine, pour qui il professe une juste admiration, et il n'est pas sans quelque parenté intellectuelle avec M. Sully Prudhomme, son aîné dans la poésie.

Mais il s'en faut qu'il ait dédaigné, comme le poète du *Bonheur*, le monde des apparences. Il a paru curieux,

---

1. *Le Disciple*, 1. vol. in-18.

au contraire, de toutes les formes et de toutes les couleurs changeantes que revêt la vie à nos yeux. Et ce goût d'unir le concret à l'abstrait est si bien dans sa nature que, tout jeune, il le laissait voir dans ses conversations avant de le montrer dans ses livres. Nous sommes cinq ou six à garder dans les souvenirs de notre première jeunesse ces entretiens du soir, sous les grands arbres de l'avenue de l'Observatoire, ces longues causeries du Luxembourg auxquelles Paul Bourget, presque adolescent encore, apportait ses fines analyses et ses élégantes curiosités. Déjà partagé entre le culte de la métaphysique et l'amour des grâces mondaines, il passait aisément dans ses propos de la théorie de la volonté aux prestiges de la toilette des femmes, et faisait pressentir les romans qu'il nous a donnés depuis. Il avait plus de philosophie qu'aucun de nous et l'emportait communément dans ces nobles disputes que nous prolongions parfois bien avant dans la nuit.

Que de fois nous avons reconstruit le monde, dans le silence des avenues désertes, sous l'assemblée des étoiles! Et maintenant, ces mêmes étoiles entendent les disputes d'une nouvelle jeunesse qui construit l'univers à son tour. Ainsi les générations recommencent à travers les âges les mêmes rêves sublimes et stériles. Il y a dix-huit ans, j'ai déjà eu l'occasion de le dire ici, nous étions déterministes avec enthousiasme. Il y avait bien parmi nous un ou deux néocatholiques. Mais ils étaient pleins d'inquiétude. Au contraire, les fatalistes déployaient une confiance sereine qu'ils n'ont pas gardée, hélas! Nous savons bien aujourd'hui que ce roman de l'univers est aussi décevant que les autres, mais alors les livres de Darwin étaient notre bible; les louanges magnifiques par lesquelles Lucrèce célèbre le divin Epicure nous paraissaient à peine suffisantes pour glorifier le naturaliste anglais. Nous disions, nous aussi, avec une foi ardente : « Un homme est venu qui a affranchi l'homme des vaines terreurs ». Je ne puis me défendre de rappeler une fois encore ces visites généreuses que, notre Darwin sous le bras, nous faisions à ce vieux Jardin des Plantes où M. Paul Bourget promène avec complaisance le héros de son nouveau roman, le philosophe Adrien Sixte. Pour moi, je pénétrais comme en un sanctuaire dans ces salles du Muséum encombrées de toutes les formes organiques, depuis la fleur de pierre des encrines et les longues mâchoires des grands sauriens primitifs jusqu'à l'échine arquée des éléphants et à la main des gorilles. Au milieu de la dernière salle s'élevait une Vénus de marbre, placée là comme le symbole de la force invincible et douce par laquelle se multiplient toutes les races animées. Qui me rendra l'émotion naïve et sublime qui m'agitait alors devant ce type délicieux de la beauté humaine? Je la contemplais avec cette satisfaction intellectuelle que donne la rencontre d'une chose pressentie. Toutes les formes organiques m'avaient insensiblement conduit à celle-ci, qui en est la fleur. Comme je m'imaginais comprendre la vie et l'amour! Comme sincèrement je croyais avoir surpris le plan divin! M. Paul Bourget, dans sa maturité précoce, n'avait pas de ces illusions. Mais il était tout en Spinosa. Si je me laisse aller au charme de ces souvenirs, si je vante les splendeurs de cette vie pauvre et libre, si je remonte ainsi le courant précipité de dix-huit années, on m'excusera, car j'y trouve déjà les germes et la semence des idées qui, mûries lentement, forment le nouvel ouvrage de M. Paul Bourget.

L'existence paisible de M. Adrien Sixte, décrite dans le premier chapitre, rappelle, par plus d'un trait, la vie de Spinosa racontée par Jean Colérus dont M. Bourget aimait jadis à nous citer des pages :

> Il loua sur le Pavilioengrogt une chambre chez le sieur Henri Van der Spyck, où il prit soin lui-même de se fournir de ce qui lui était nécessaire et où il vécut à sa fantaisie d'une manière fort retirée.
> Il est presque incroyable combien il a été sobre pendant ce temps-là et bon ménager... Il avait grand soin d'ajuster ses comptes tous les quartiers, ce qu'il faisait afin de ne dépenser justement ni plus ni moins que ce qu'il avait à dépenser chaque année...
> Sa conversation était douce et paisible. Il savait admirablement bien être le maître de ses passions. On ne l'a jamais vu ni fort triste ni fort joyeux. Il savait se posséder dans sa colère, et, dans les déplaisirs qui lui survenaient, il n'en paraissait rien au dehors; au moins, s'il lui arrivait de témoigner son chagrin par quelque geste ou par quelques paroles, il ne manquait pas de se retirer aussitôt, pour ne rien faire qui fût contre la bienséance. Il était d'ailleurs fort affable et d'un commerce aisé, parlant souvent à son hôtesse, particulièrement dans le temps de ses couches.
> Pendant qu'il restait au logis, il n'était incommode à personne; il y passait la meilleure partie de son

temps tranquillement, dans sa chambre. Il se divertissait quelquefois à fumer une pipe de tabac. Ou bien lorsqu'il voulait se relâcher l'esprit un peu plus longtemps, il cherchait des araignées qu'il faisait battre ensemble.

Ces traits sont touchants, parce qu'ils montrent la simplicité d'un très grand homme. M. Paul Bourget nous représente M. Adrien Sixte comme un Spinosa français de notre temps :

> Il y avait quatorze ans que M. Sixte, au lendemain de la guerre, était venu s'établir dans une des maisons de la rue Guy-de-la-Brosse... Il occupait un appartement de sept cents francs de loyer, situé au quatrième étage... Dès son arrivée, le philosophe avait demandé simplement au concierge une femme de charge pour ranger son appartement et un restaurant d'où il fît venir ses repas... Été comme hiver, M. Sixte s'asseyait à sa table dès six heures du matin. A dix heures, il déjeunait, opération sommaire et qui lui permettait de franchir à dix heures et demi la porte du Jardin des Plantes... Un de ses plaisirs favoris consistait dans de longues séances devant les cages des singes et la loge de l'éléphant. (*Le Disciple,* pages 7, 11, 16, etc.)

Ce bonhomme est un des grands penseurs du siècle. Il a exposé la doctrine du déterminisme avec une puissance de logique et une richesse d'arguments que Taine lui-même et Ribot n'avaient point atteintes.

M. Bourget nous donne le titre des ouvrages dans lesquels il expose son système. C'est l'*Anatomie de la volonté*, la *Théorie des passions* et la *Psychologie de Dieu*. Bien entendu, ce dernier titre signifie, dans sa concision presque ironique : « Étude sur les divers états d'âme dans lesquels l'idée de Dieu a été élaborée. » M. Sixte ne suppose pas un seul instant la réalité objective de Dieu. L'absolu lui semble un non-sens, et il ne l'admet pas même à l'état d'inconnaissable. C'est là un des traits caractéristiques de sa philosophie. Son plus beau titre comme psychologue « consiste dans un exposé très nouveau et très ingénieux des origines animales de la sensibilité humaine ». Voilà qui nous ramène à ces salles de zoologie comparée où je vous entraînais tout à l'heure comme dans un temple, devant cette Vénus, métamorphose suprême de l'innombrable série de forces aimantes. M. Sixte nous soumet à la nécessité avec une rigueur inexorable. Il tient la volonté pour une illusion pure : « Tout acte, dit-il, n'est qu'une addition. Dire qu'il est libre, c'est dire qu'il y a dans un total plus qu'il n'y a dans les éléments additionnées. Cela est aussi absurde en psychologie qu'en arithmétique. »

- Et ailleurs :

« Si nous connaissions vraiment la position relative de tous les phénomènes qui constituent l'univers actuel, nous pourrions, dès à présent, calculer avec une certitude égale à celle des astronomes le jour, l'heure, la minute où l'Angleterre, par exemple, évacuera les Indes, où l'Europe aura brûlé son dernier morceau de houille, où tel criminel, encore à naître, assassinera son père, où tel poème, encore à concevoir, sera composé. L'avenir tient dans le présent comme toutes les propriétés du triangle tiennent dans sa définition. »

Une telle philosophie ne saurait admettre la réalité du bien et du mal, du mérite et du démérite.

« Toutes les âmes, dit Adrien Sixte, doivent être considérées par le savant comme des expériences instituées par la nature. Parmi ces expériences, les unes sont utiles à la société et l'on prononce alors le mot de vertu ; les autres nuisibles, et l'on prononce le mot de vice ou de crime. Ces dernières sont pourtant les plus significatives, et il manquerait un élément essentiel à la science de l'esprit, si Néron, par exemple, ou tel tyran italien du xve siècle n'avait pas existé. »

Il ne considère plus l'humanité pensante que comme une substance propre à l'expérimentation psychologique. Il s'exprime de la sorte dans l'*Anatomie de la volonté* :

« Spinosa se vantait d'étudier les sentiments humains, comme le mathématicien étudie ses figures de géométrie ; le psychologue moderne doit les étudier, lui, comme des combinaisons chimiques élaborées dans une cornue, avec le regret que cette cornue ne soit pas aussi transparente, aussi maniable que celle des laboratoires. »

Voilà à quel degré d'inhumanité le zèle sublime et monstrueux de la science a poussé cet homme simple, désintéressé, honnête, ce solitaire qui, par la pureté de sa vie, mériterait d'être appelé comme Littré, un saint laïque.

Malheureusement il a un disciple, le jeune Robert Greslou, qui met en pratique les doctrines du grand homme. Très instruit, très intelligent, mû par un sensualisme cruel et par un orgueil implacable, atteint d'une névrose héréditaire, ce nouveau Julien Sorel, précepteur dans une famille noble d'Auvergne, séduit froidement et méthodiquement la sœur de son élève, la généreuse et romanesque Charlotte de Jussat, qui se donne à lui à la condition expresse qu'ils mourront ensemble. Il ne l'obtient qu'après avoir juré de s'empoisonner avec elle; et, quand elle s'est donnée, il refuse également et de la tuer et de mourir. Flétrie, indignée, désespérée, connaissant trop tard l'homme odieux à qui elle a fait le plus grand sacrifice qu'elle pouvait faire, la fière créature tient du moins sa promesse et s'empoisonne. Robert Greslou et Charlotte de Jussat font songer à deux noms qui n'ont été que trop publiés lors d'un procès récent. Le rapprochement s'imposait à ce point que M. Bourget lui-même a pris soin d'avertir le public que le plan de son roman était arrêté avant l'affaire de Constantine. Il n'est pas permis de mettre en doute une affirmation de M. Paul Bourget. Il n'est pas possible de contester sa sincérité quand il dit : « Je voudrais qu'il n'y eût jamais eu dans la vie réelle de personnages semblables, de près ou de loin, au malheureux *disciple* qui donne son nom à ce roman. » D'ailleurs, je viens de montrer que ces idées sont portées dans son esprit depuis très longtemps. Il importe seulement de remarquer que le héros de M. Paul Bourget, qui épargne la vie de sa victime en même temps que la sienne propre, commet, en séduisant une jeune fille, plutôt une très mauvaise action qu'un crime proprement dit. Je n'ai pas à dire comment, accusé d'empoisonnement et acquitté par le jury, il est tué d'un coup de pistolet par le frère de la victime, un homme d'action, point psychologue du tout, un soldat.

Le livre de M. Paul Bourget pose le problème : Certaines doctrines philosophiques, le déterminisme, par exemple, et le fatalisme scientifique, sont-elles par elles-mêmes dangereuses et funestes? Le maître qui nie le bien et le mal est-il responsable des méfaits de son disciple. On ne peut pas nier que ce ne soit là une grande question.

Certaines philosophies qui portent en elles la négation de toute morale ne peuvent entrer dans l'ordre des faits que sous la forme du crime. Dès qu'elles se font acte, elles tombent sous la vindicte des lois.

Je persiste à croire, toutefois, que la pensée a dans sa sphère propre, des droits inprescriptibles et que tout système philosophique peut être légitimement exposé.

C'est le droit, disons mieux, c'est le devoir de tout savant qui se fait une idée du monde d'exprimer cette idée quelle qu'elle soit. Quiconque croit posséder la vérité doit la dire. Il y va de l'honneur de l'esprit humain. Hélas! nos vues sur la nature ne sont, dans leur principe, ni bien nombreuses, ni bien variées; depuis que l'homme est capable de penser, il tourne sans cesse dans le même cercle de concepts. Et le déterminisme, qui nous effraye aujourd'hui, existait, sous d'autres noms, dans la Grèce antique. On a toujours disputé, on disputera toujours sur la liberté morale de l'homme. Les droits de la pensée sont supérieurs à tout. C'est la gloire de l'homme d'oser toutes les idées. Quant à la conduite de la vie, elle ne doit pas dépendre des doctrines transcendantes des philosophes.

Elle doit s'appuyer sur la plus simple morale. Ce n'est pas le déterminisme, c'est l'orgueil qui a perdu Robert Greslou. Du temps que Spinosa habitait la Haye, chez Henri Van der Spyck, son hôtesse lui demanda un jour si c'était son sentiment qu'elle pût être sauvée dans la religion qu'elle professait; à quoi le grand homme lui répondit : « Votre religion est bonne, vous n'en devez pas chercher d'autre, ni douter que vous n'y fassiez votre salut, pourvu qu'en vous attachant à la piété vous meniez en même temps une vie paisible et tranquille. »

II

Dans ce beau roman du *Disciple*, dont nous avons parlé, M. Paul Bourget agite, avec une rare habileté d'esprit, de hautes questions morales qu'il ne résout pas. Et comment les résoudrait-il? Le dénouement d'un conte ou d'un poème est-il jamais une solution? C'est assez pour sa gloire et pour notre profit qu'il ait sollicité vivement toutes les âmes pensantes. M. Paul Bourget nous a montré le jeune élève d'un grand philosophe commettant un crime odieux sous l'empire des doctrines déterministes; et il nous a amenés à nous demander avec lui dans quelle mesure la condition du disciple engageait la responsabilité du maître.

Ce maître, M. Adrien Sixte, se sent lui-même profondément troublé, et, loin de se laver les mains des hontes et du sang qui rejaillissent jusqu'à lui, il courbe la tête, il s'humilie, il pleure. Bien plus : il prie. Son cœur n'est plus déterministe. Qu'est-ce à dire? C'est-à-dire que le cœur n'est jamais tout à fait philosophe et qu'on le trouve vite prêt à repousser les vérités auxquelles notre esprit s'attache obstinément. M. Sixte, qui est homme, a été troublé dans sa chair. C'est tout le sens que je puis tirer de cette partie du récit. Mais M. Sixte doit-il être tenu pour responsable du crime de son disciple?

En professant l'illusion de la volonté et la subjectivité des idées de bien et de mal, a-t-il commis lui-même un crime? M. Bourget ne l'a pas dit, il ne pouvait, il ne devait pas le dire. Le trouble moral de M. Sixte nous enseigne du moins que l'intelligence ne suffit pas seule à comprendre l'univers et que la raison ne peut méconnaître impunément les raisons du cœur. Et cette idée se montre comme une lueur douce et pure, dont ce livre est tout illuminé.

M. Brunetière a été très frappé du caractère moral d'une telle pensée, et il en a félicité M. Paul Bourget dans un article dont je ne saurais trop louer l'argumentation rigoureuse, mais qui, par sa doctrine et ses tendances, offense grièvement cette liberté intellectuelle, ces franchises de l'esprit, que M. Brunetière devait être, ce semble, un des premiers à défendre, comme il est un des premier à en user. Dans cet article, M. Brunetière commence par demander si les idées agissent ou non sur les mœurs. Il faut bien lui accorder que les idées agissent sur les mœurs et il en prend avantage pour subordonner tous les systèmes philosophiques à la morale. « C'est la morale, dit-il, qui juge la métaphysique. » Et remarquez qu'en décidant ainsi il ne soumet pas la métaphysique, c'est-à-dire les diverses théories des idées, à une théorie particulière du devoir, à une morale abstraite. Non, il livre la pensée à la merci de la morale pratique, autrement dit à l'usage des peuples, aux préjugés, aux habitudes, enfin, à ce qu'on appelle les principes. C'est uniquement d'après les principes qu'il appréciera les doctrines. Il le dit expressément :

« Toutes les fois qu'une doctrine aboutira par voie de conséquence logique à mettre en question les principes sur lesquels la société repose, elle sera fausse, n'en faites pas de doute ; et l'erreur en aura pour mesure de son énormité la gravité du mal même qu'elle sera capable de causer à la société. » Et, un peu plus loin, il dit des déterministes que « leurs idées doivent être fausses puisqu'elles sont dangereuses ». Mais il ne songe pas que les principes sociaux sont plus variables encore que les idées des philosophes et que, loin d'offrir à l'esprit une base solide, ils s'écroulent dès qu'on y touche.

Il ne songe pas non plus qu'il est impossible de

décider si une doctrine, funeste aujourd'hui dans ses premiers effets, ne sera pas demain largement bienfaisante. Toutes les idées sur lesquelles repose aujourd'hui la société ont été subversives avant d'être tutélaires, et c'est au nom des intérêts sociaux qu'invoque M. Brunetière, que toutes les maximes de tolérance et d'humamanité ont été longtemps combattues.

Pas plus que vous je ne suis sûr de la bonté de tel système et, comme vous, je vois qu'il est en opposition avec les mœurs de mon temps, mais qui me garantit de a bonté de ces mœurs? Qui me dit que ce système, en désaccord avec notre morale, ne s'accordera pas un jour avec une morale supérieure?

Notre morale est excellente pour nous; elle l'est; elle doit l'être. Encore est-ce trop humilier la pensée humaine que de l'attacher à des habitudes qui n'étaient point hier et qui demain ne seront plus. Le mariage, par exemple, est d'ordre moral. C'est une institution doublement respectable par l'intérêt que lui portent et l'Église et l'État. Il convient de ne le dépouiller d'aucune parcelle de sa force et de sa majesté; mais ce serait aujourd'hui en France, comme jadis au Malabar, l'usage de brûler les veuves de qualité sur le bûcher de leur époux, assurément une philosophie qui tendrait, par voie de conséquence logique, à l'abolition de cet usage, mettrait en péril un principe social : en serait-elle pour cela fausse et détestable? Quelle philosophie jugée par les mœurs n'a pas d'abord été condamnée? A la naissance du christianisme, est-ce que ceux qui croyaient à un Dieu crucifié n'étaient pas tenus par cela même pour les ennemis de l'empire?

Il ne saurait y avoir pour la pensée pure une pire domination que celle des mœurs. Longtemps la métaphysique fut soumise à la religion; *Philosophia ancilla theologiæ*. Du moins avait-elle alors une maîtresse stable, constante dans ses commandements. Je sais bien que c'est le fanatisme scientifique, le déterminisme darwinien qui est seul en cause pour le moment. Vraie ou non au point de vue scientifique, cette doctrine est absolument condamnée par M. Brunetière au nom de la morale.

« Fussiez-vous donc assuré, dit-il, que la concurrence vitale est la loi du développement de l'homme, comme elle l'est des autres animaux; que la nature, indifférente à l'individu, ne se soucie que des espèces, et qu'il n'y a qu'une raison ou qu'un droit au monde, qui est celui du plus fort, il ne faudrait pas le dire, puisque de suivre « ces vérités » dans leurs dernières conséquences, il n'est personne aujourd'hui qui ne voie que ce serait ramener l'humanité à sa barbarie première. »

Vous craignez que le darwinisme systématique vous ramène à la nature, en supprimant les idées sociales qui seules nous en séparent.

Ces craintes, quand on y songe, sont bien vaines. J'ignore les destinées futures du déterminisme scientifique, mais je ne puis croire qu'il nous ramène un jour à la barbarie primitive! Considérez que, s'il était aussi funeste qu'on croit, il aurait détruit l'humanité depuis longtemps. Car il est, dans son essence, aussi vieux que l'homme même, et les mythes primitifs, l'antique fable d'OEdipe attestent que l'idée de l'enchaînement fatal des causes occupait déjà les peuples enfants dans leur héroïque berceau.

M. Brunetière n'accorde aux vérités de l'ordre scientifique qu'une confiance très médiocre. En cela, il montre un esprit judicieux. Ces vérités sont précaires et transitoires. La philosophie de la nature est toujours à refaire. Il y a quelque amertume à songer que nous n'avons de toutes choses que des lueurs incertaines. Je confesserai volontiers que la science n'est qu'inquiétude et que trouble et que l'ignorance, au contraire, a des douceurs non pareilles. Quel est donc ce disciple de Jean-Jacques qui disait : « La nature nous a donné l'ignorance pour servir de paupière à notre âme »? On trouve dans la *Chaumière indienne* un éloge exquis de la sainte ignorance.

« L'ignorance, dit Bernardin, à la considérer seule et sans la vérité avec laquelle elle a de si douces harmonies, est le repos de notre intelligence; elle nous fait oublier les maux passés, nous dissimule les présents; enfin, elle est un bien, puisque nous la tenons de la nature. »

Oui, à certains égards, elle est un bien, je l'avoue, sans craindre que M. Brunetière abuse contre moi de cet aveu. Car il verra tout de suite par quels chemins je le ramène à cette philosophie antisociale, à ce culte sentimental de la nature, à ces doctrines de Jean-Jacques qui lui semblent les voies les plus criminelles de l'esprit humain.

Il craindra que cette bienfaisante et pure ignorance, si on la laissait faire, ne nous ramenât à la brutalité primitive et au cannibalisme. Et peut-être, en effet, nous reconduirait-elle plus sûrement que toutes les doctrines déterministes à l'âge de pierre, aux rudes mœurs des cavernes et à la police barbare des cités lacustres.

Ne disons pas trop de mal de la science. Surtout ne nous défions pas de la pensée. Loin de la soumettre à notre morale, soumettons-lui tout ce qui n'est pas elle. La pensée, c'est tout l'homme. Pascal l'a dit : « Toute notre dignité consiste en la pensée. Travaillons donc à bien penser. Voilà le principe de la morale. »

Laissons toutes les doctrines se produire librement, n'ameutons jamais contre elles les petits dieux domestiques qui gardent nos foyers. N'accusons jamais d'impiété la pensée pure. Ne disons jamais qu'elle est immorale, car elle plane au-dessus de toutes les morales. Ne la condamnons pas surtout pour ce qu'elle peut apporter d'inconnu. Le métaphysicien est l'architecte du monde moral. Il dresse de vastes plans d'après lesquels on bâtira peut-être un jour. En quoi faut-il que ses plans s'accordent avec le type de nos habitations actuelles, palais ou masures? Faut-il toujours que, comme les architectes du temple de Vesta, on copie, même en un sanctuaire de marbre, les huttes de bois des aïeux?

C'est la pensée qui conduit le monde. Les idées de la veille font les mœurs du lendemain. Les Grecs le savaient bien quand ils nous montraient des villes bâties aux sons de la lyre. Subordonner la philosophie à la morale, c'est vouloir la mort même de la pensée, la ruine de toute spéculation intellectuelle, le silence éternel de l'esprit. Et c'est arrêter du même coup le progrès des mœurs et l'essor de la civilisation.

III

A l'occasion du *Disciple*, M. Brunetière s'étant efforcé de démontrer dans la *Revue des Deux Mondes* que les philosophes et les savants sont responsables, devant la morale, des conséquences de leurs doctrines et que toute physique, comme toute métaphysique, cesse d'être innocente quand elle ne s'accorde pas avec l'ordre social. La *Revue rose* s'alarma, non sans quelque raison, à mon sens, d'une doctrine qui subordonne la pensée à l'usage et tend à consacrer d'antiques préjugés. Moi-même je me permis de défendre non telle ou telle théorie scientifique ou philosophique, mais les droits même de l'esprit humain, dont la grandeur est d'oser tout penser et tout dire. J'étais persuadé — et je le suis encore — que le plus noble et le plus légitime emploi que l'homme puisse faire de son intelligence est de se représenter le monde et que ces représentations, qui sont les seules réalités que nous puissions atteindre, donnent à la vie tout son prix, toute sa beauté. Mais d'abord il faut vivre, dit M. Brunetière. Et il y a des règles pour cela. Toute doctrine qui va contre ces règles est condamnée.

Il est facile de lui répondre qu'une philosophie, quelle qu'elle soit, si morne, si désolée qu'elle paraisse d'abord, si sombre que semble sa face, change de figure et de caractère dès qu'elle entre dans le domaine de l'action. Aussitôt qu'elle s'empare de l'empire des âmes, aussitôt qu'elle est reine enfin, elle édicte des lois morales en rapport avec les besoins et les aspirations de ses sujets. Sa souveraineté est à ce prix. Car il est vrai qu'avant tout il faut vivre : et la morale n'est que le moyen de vivre. Suivez, par le monde, l'histoire des idées et des mœurs. Sous quel idéal l'homme n'a-t-il pas vécu? Il a adoré des dieux féroces. Il professa, il professe encore des religions athées. Ici, il nourrit d'éternelles espérances; ailleurs, il a le culte du désespoir, de la mort et du néant. Et partout et toujours il est moral. Du moins il l'est en quelque façon et de quelque manière. Car, sans morale aucune, il lui est impossible de subsister.

C'est justement parce que la morale est nécessaire que toute les théories du monde ne prévaudront pas contre elle. Moloch n'empêchait point les mères phéniciennes de nourrir leurs petits enfants. Quel est donc ce nouveau Moloch que la psycho-physiologie prépare dans ses laboratoires et que MM. Ch. Richet, Théodule Ribot et Paulhan arment pour l'extermination de la race humaine? Le déterminisme vous apparaît dans l'ombre comme un spectre effrayant. S'il venait à se répandre dans la conscience de tout un peuple, il perdrait cet aspect lugubre et ne montrerait plus qu'un visage paisible. Alors il serait une religion, et toutes les religions sont consolantes ; même celles qui agitent au chevet du mourant des images terribles ; même celles qui murmurent aux oreilles des justes la promesse de l'infini néant ; même celle qui nous dirait : « Souffrez, pensez, puis évanouissez-vous, ombres sensibles, l'univers y consent. Il faut que chaque être soit à son tour le centre du monde. Homme, comme l'insecte, ton frère, tu auras été dieu une heure. Que te faut-il de plus? » Il y aurait encore dans ces maximes une adorable sainteté. Qu'importe au fond ce que l'homme croit, pourvu qu'il croie ! Qu'importe ce qu'il espère, pourvu qu'il espère !

Tout ce qu'il découvrira, tout ce qu'il contemplera, tout ce qu'il adorera dans l'univers ne sera jamais que le reflet de sa propre pensée, de ses joies, de ses douleurs et de son anxiété sublime. Une philosophie inhumaine, dit M. Brunetière. — Quel non-sens ! Il ne saurait y avoir rien que d'humain dans une philosophie. Spiritualisme ou matérialisme, déisme, panthéisme, déterminisme, c'est nous, nous seuls. C'est le mirage qui n'atteste que la réalité de nos regards. Mais que seraient les déserts de la vie sans les mirages éclatants de nos pensées?

Il y a pourtant des doctrines funestes, dit M. Brunetière, et sans le *Vicaire savoyard* nous n'aurions pas eu Robespierre. Ce n'est pas l'avis de cet ingénieux et pénétrant Valbert qui vient de défendre son compatriote

Jean-Jacques avec une grâce persuasive. Mais laissons Jean-Jacques et Robespierre et reconnaissons que l'idée pure a plus d'une fois armé une main criminelle.

Qu'est-ce à dire? La vie elle-même est-elle jamais tout à fait innocente? Le meilleur des hommes peut-il se flatter à sa mort de n'avoir jamais causé aucun mal? Savons-nous jamais ce que pourra coûter de deuils et de douleurs à quelque inconnu la parole que nous prononçons aujourd'hui? Savons-nous, quand nous lançons la flèche ailée, ce qu'elle rencontrera dans sa courbe fatale? Celui qui vint établir sur la terre le royaume de Dieu n'a-t-il pas dit, un jour, dans son angoisse prophétique : « J'ai apporté le glaive et non la paix? »

Pourtant il n'enseignait ni la lutte pour la vie, ni l'illusion de la liberté humaine. Quel prophète après celui-là peut répondre que la paix qu'il annonce ne sera pas ensanglantée? Non, non! vivre n'est point innocent. On ne vit qu'en dévorant la vie, et la pensée qui est un acte participe de la cruauté attachée à tout acte. Il n'y a pas une seule pensée absolument inoffensive. Toute philosophie destinée à régner est grosse d'abus, de violences et d'iniquités. Dans ma première réponse, je n'ai pas eu de peine à montrer que l'idée, chère à M. Brunetière, de la subordination de la science à la morale est d'une application fâcheuse. Elle est vieille comme le monde et elle a produit, durant son long empire sur les âmes, des désastres lamentables. Cette démonstration lui a été sensible, si j'en juge par la vivacité avec laquelle il la repousse. Il voudrait bien au moins que je ne visse point que l'idée contraire, celle de l'indépendance absolue de la science, présente certains dangers; car alors il triompherait aisément de ma simplicité. Je ne puis lui donner cette joie. Je vois les périls réels qu'il a beaucoup grossis. Ce sont ceux de la liberté. Mais l'homme ne serait pas l'homme s'il ne pensait librement. Je me range du côté où je découvre le moindre mal associé au plus grand bien. La science et la philosophie issue de la science ne font pas le bonheur de l'humanité; mais elles lui donnent quelque force et quelque honneur. C'est assez pour les affranchir. En dépit de leur apparente insensibilité, elles concourent à l'adoucissement des mœurs; elles rendent peu à peu la vie plus riche, plus facile et plus variée. Elles conseillent la bienveillance, elles sont indulgentes et tolérantes. Laissez-les faire. Elles élaborent obscurément une morale qui n'est point faite pour nous, mais qui semblera peut-être un jour plus heureuse et plus intelligente que la nôtre. Et, pour en revenir au roman si intéressant de M. Paul Bourget, ne forçons point ce bon M. Sixte à brûler ses livres parce qu'un misérable y a trouvé peut-être des excitations à sa propre perversité. Ne condamnons pas trop vite ce brave homme comme corrupteur de la jeunesse. C'est là, vous le savez, une condamnation que la postérité ne confirme pas toujours. Ne parlons pas avec trop d'indignation de l'immoralité de ses doctrines. Rien ne semble plus immoral que la morale future. Nous ne sommes point les juges de l'avenir.

Dernièrement, j'ai rencontré d'aventure, dans les

Champs-Élysées, un des plus illustres savants de cette école psycho-physiologique qui offense si grièvement la piété inattendue de M. Brunetière. Il se promenait tranquillement sous les marronniers verdis par la sève d'automne et portant de jeunes feuilles que flétrit déjà le froid des nuits et qui ne pourront pas déployer leur large éventail. Et je doute que ce spectacle ait contribué à lui inspirer une confiance absolue dans la bonté de la nature et dans la providence universelle. D'ailleurs, il n'y prenait pas garde; il lisait la *Revue des Deux Mondes*. Dès qu'il me vit, il me donna naturellement raison contre M. Brunetière. Il parla à peu près en ces termes. Son langage vous semblera peut-être rigoureux; n'oubliez point que c'est un très grand psycho-physiologiste :

« Le vieux Sixte, dont M. Paul Bourget nous a fort bien exposé les doctrines, explique, comme Spinoza, l'illusion de la volonté par l'ignorance des motifs qui nous font agir et des causes sourdes qui nous déterminent. La volonté est pour lui, comme pour M. Ribot (je m'efforce de citer exactement) un état de conscience final qui résulte de la coordination plus ou moins complexe d'un groupe d'états conscients, subconscients ou inconscients qui, tous réunis, se traduisent par une action ou un arrêt, état de conscience qui n'est la cause de rien, qui constate une situation, mais qui ne la constitue pas. Il estime, avec M. Charles Richet, que « la » volonté, ou l'attention qui est la forme la plus nette » de la volonté, semble être la conscience de l'effort et

» la conscience de la direction des idées. L'effort et la
» direction sont imposés par une image ou par un groupe
» d'images prédominantes, par des tentations et des émo-
» tions plus fortes que les autres ». Voilà ce qu'enseigne
M. Sixte. Serons-nous en droit de conclure que le
crime de Greslou est le naturel produit de ces théories,
qu'une pleine responsabilité incombe de ce chef aux
théoriciens et que nous sommes tenus désormais, comme
le prétend M. Brunetière, de suspendre prudemment
nos analyses psycho-physiologiques et nos synthèses
approximatives de la vie de l'esprit? Enfin, cette science,
ou si vous aimez mieux cette étude de certains pro-
blèmes, parvenue au point d'atteindre des résultats
incomplets, je l'accorde, mais assurément dignes
d'attention, doit-elle être brusquement abandonnée?
Devons-nous faire le silence sur ce qui est acquis ou
semble l'être et renoncer à la conquête encore incertaine
d'une vérité peut-être dangereuse à connaître? Puisque
aussi bien M. Brunetière pose la question sur le terrain
de l'intérêt social — nous consentons à l'y suivre et
nous ne nierons pas absolument le danger possible de
telles ou telles théories mal comprises. Oui, je concède
que Greslou, mal organisé et profondément atteint de
« misère psychologique », comme il l'était, a pu trouver
dans l'œuvre du maître certaines idées génératrices de
certains états de conscience, qui, coordonnés avec « des
» groupes d'états antérieurs, conscients, subconscients ou
» inconscients » (cette coordination ayant pour facteur
principal le caractère qui n'est que l'expression psy-

chique d'un organisme individuel) ont pu se traduire par une action — action criminelle — par un arrêt, arrêt des impulsions honnêtes, — mais c'est là tout ce que je vous accorde. Et que le maître soit, à quelque degré qu'on le suppose, responsable des errements du disciple, il est, à mon sens, aussi raisonnable de le soutenir que d'accuser Montgolfier de la mort de Crocé-Spinelli. Je prévois la réponse de M. Brunetière. L'aérostation, me dira-t-il, est une découverte avantageuse en somme et qu'on pouvait acheter au prix de la vie de plusieurs victimes, tandis que la psycho-physiologie est une illusion, et l'intérêt social vaut à coup sûr le sacrifice d'une illusion. Si M. Brunetière parlait de la sorte — et je crois que c'est bien là sa pensée — nous ne serions pas près de nous entendre ; mais la question serait mieux posée. Nous en viendrions à rechercher si la science et l'observation n'appuient pas déjà solidement nos essais de psycho-physiologie. Et alors, pour peu que M. Brunetière hésite à frapper de nullité nos recherches et nos travaux, il n'osera plus en condamner la divulgation. Car je ne veux pas croire encore qu'il soit tout à fait brouillé avec la liberté intellectuelle et l'indépendance de l'esprit humain. Quand de l'arbre de la science un fruit tombe, c'est qu'il est mûr. Nul ne pouvait l'empêcher de tomber. »

Ayant ainsi parlé, l'illustre psycho-physiologue me quitta. Et je songeai que la plus grande vertu de l'homme est peut-être la curiosité. Nous voulons savoir ; il est vrai que nous ne saurons jamais rien. Mais nous aurons du moins opposé au mystère universel qui nous enveloppe une pensée obstinée et des regards audacieux; toutes les raisons des raisonneurs ne nous guériront point, par bonheur, de cette grande inquiétude qui nous agite devant l'inconnu.

CONTES CHINOIS

J'avoue que je suis peu versé dans la littérature chinoise. Durant qu'il était vivant et que j'étais fort jeune, j'ai un peu connu M. Guillaume Pauthier, qui savait le chinois mieux que le français. Il y avait gagné, je ne sais comment, de petits yeux obliques et des moustaches de Tartare. Je lui ai entendu dire que Confucius était un bien plus grand philosophe que Platon ; mais je ne l'ai pas cru. Confucius ne contait point de fables morales et ne composait point de romans métaphysiques.

Ce vieil homme jaune n'avait point d'imagination, partant point de philosophie. En revanche, il était raisonnable. Son disciple Ki-Lou lui demandant un jour comment il fallait servir les Esprits et les Génies, le maître répondit :

— Quand l'homme n'est pas encore en état de servir

1. *Contes chinois*, par le général Tcheng-ki-Tong. 1 vol. in-18.

l'humanité, comment pourrait-il servir les Esprits et les Génies?

— Permettez-moi, ajouta le disciple, de vous demander ce que c'est que la mort.

Et Confucius répondit :

— Lorsqu'on ne sait pas ce que c'est que la vie, comment pourrait-on connaître la mort?

Voilà tout ce que j'ai retenu, touchant Confucius, des entretiens de M. Guillaume Pauthier, qui lorsque j'eus l'honneur de le connaître, étudiait spécialement les agronomes chinois, lesquels, comme on sait, sont les premiers agronomes du monde. D'après leurs préceptes, M. Guillaume Pauthier sema des ananas dans le département de Seine-et-Oise. Ils ne vinrent pas. Voilà pour la philosophie. Quant au roman, j'avais lu, comme tout le monde, les nouvelles traduites à diverses époques, par Abel Rémusat, Guillard d'Arcy, Stanislas Julien et d'autres savants encore dont j'oublie le nom. Qu'ils me le pardonnent, si un savant peut pardonner quelque chose. Il me restait de ces nouvelles, mêlées de prose et de vers, l'idée d'un peuple abominablement féroce et plein de politesse.

Les contes chinois, publiés récemment par le général Tcheng-ki-Tong sont beaucoup plus naïfs, ce me semble, que tout ce qu'on avait encore traduit dans ce genre; ce sont de petits récits analogues à nos contes de ma mère l'Oie, pleins de dragons, de vampires, de petits renards, de femmes qui sont des fleurs et de dieux en porcelaine. Cette fois, c'est la veine populaire qui coule, et nous savons ce que content, le soir sous la lampe, les nourrices du Céleste-Empire aux petits enfants jaunes. Ces récits, sans doute de provenances et d'âges très divers, sont tantôt gracieux comme nos légendes pieuses, tantôt satiriques comme nos fabliaux, tantôt merveilleux comme nos contes de fées, parfois tout à fait horribles.

Dans l'horrible, je signalerai l'aventure du lettré Pang qui recueillit chez lui une petite demoiselle qu'il avait rencontrée dans la rue. Elle avait tout l'air d'une bonne fille, et le lendemain matin Pang se félicitait de la rencontre. Il laissa la petite personne chez lui et sortit comme il avait coutume. Il eut la curiosité, en rentrant, de regarder dans la chambre par une fente de la cloison. Alors il vit un squelette à la face verte, aux dents aiguës, occupé à peindre de blanc et de rose, une peau de femme dont il se revêtit. Ainsi recouvert, le squelette était charmant. Mais le lettré Pang tremblait d'épouvante. Ce n'était pas sans raison; le vampire, car c'en était un, se jeta sur lui et lui arracha le cœur. Par l'art d'un prêtre, habile à conjurer les maléfices, Pang recouvra son cœur et ressuscita. C'est un dénouement qu'on retrouve plusieurs fois. Les Chinois, qui ne croient pas à l'immortalité de l'âme, n'en sont que plus enclins à ressusciter les morts. Je note ce conte de Pang et du vampire parce qu'il me semble très populaire et très vieux. Je signale notamment aux amateurs du *folk-lore* un plumeau suspendu à la porte de la maison pour la préserver des fantômes. Je serais bien trompé si ce plumeau ne se retrouvait point ailleurs et n'attestait la profonde antiquité du conte.

Certains récits du même recueil font avec celui du vampire un agréable contraste. Il y en a de fort gracieux qui nous montrent des femmes-fleurs, de qui la destinée est attachée à la plante dont elles sont l'émanation, qui disparaissent mystérieusement si la plante est transplantée et qui s'évanouissent quand elle meurt. On conçoit que de tels rêves aient germé dans ce peuple de fleuristes qui font de la Chine entière, depuis la plaine jusqu'aux pics de leurs montagnes taillées et cultivées en terrasse, un jardin merveilleux, et qui colorent de chrysanthèmes et de pivoines tout le Céleste-Empire comme une aquarelle. Voyez, par exemple, les deux pivoines du temple de Lo-Chan, l'une rouge et l'autre blanche, et qui semblaient deux tertres de fleurs. Chacune de ces deux plantes avait pour âme et pour génie une femme d'une exquise beauté. Le lettré qui les aima toutes deux l'une après l'autre, eut cette destinée d'être changé lui-même en plante et de goûter la vie végétale auprès de ses deux bien-aimées. Ne devaient-ils pas confondre ainsi la femme et la fleur, ces Chinois, jardiniers exquis, coloristes charmants, dont les femmes, vêtues de vert, de rose et de bleu, comme des plantes fleuries, vivent sans bouger, à l'ombre et dans le parfum des fleurs! On pourrait rapprocher de ces pivoines enchantées l'acacia des contes égyptiens dans lequel un jeune homme met son cœur.

Les vingt-cinq contes recueillis et traduits par le général Tcheng-ki-Tong suffiraient à montrer que les

Chinois n'ont guère formé d'espérances au delà de ce monde, ni conçu aucun idéal divin. Leur pensée morale est, comme leur art de peintre, sans perspective et sans horizon. Dans certains récits, qui semblent assez modernes, tels que celui du licencié Lien, que le traducteur fait remonter, si j'ai bien compris, au xv® siècle de l'ère chrétienne, on voit sans doute un enfer et des tourments. Les supplices y sont même effroyables : on peut se fier sur ce sujet à la richesse de l'imagination jaune. Au sortir du corps, les âmes, les mains liées derrière le dos, sont conduites par deux revenants (le mot est dans le texte) à une ville lointaine et introduites au palais, devant un magistrat d'une laideur épouvantable. C'est le juge des enfers. Le grand livre des morts est ouvert devant lui. Les employés des enfers qui exécutent les arrêts du juge saisissent l'âme coupable, la plongent dans une marmite haute de sept pieds et tout entourée de flammes ; puis ils la conduisent sur la montagne des couteaux, où elle est déchirée, dit le texte, « par des lames dressées drues comme de jeunes pousses de bambous ». Enfin, si l'âme est celle d'un ministre concussionnaire, on lui verse dans la bouche de grandes cuillerées d'or fondu. Mais cet enfer n'est point éternel. On ne fait qu'y passer et, dès qu'elle a subi sa peine, l'âme, mise dans la roue des métempsycoses, y prend la forme sous laquelle elle doit renaître sur la terre. C'est là visiblement une fable hindoue, à laquelle l'esprit chinois a seulement ajouté d'ingénieuses cruautés. Pour les vrais Chinois, l'âme des morts est légère, hélas ! légère comme le nuage. « Il lui est impossible de venir causer avec ceux qu'elle aime. » Quant aux dieux, ce ne sont que des magots. Ceux des Tahoïstes, qui datent du vi[e] siècle avant Jésus-Christ, sont hideux, et faits pour effrayer les âmes simples. Un de ces monstres infernaux, ayant pour moustaches deux queues de cheval, est le héros du meilleur des contes réunis par M. Tcheng-ki-Tong. Ce dieu était renfermé depuis longtemps dans un temple tahoïste, quand un jeune étudiant, nommé Tchou, l'invita à souper. En cela, Tchou se révéla plus audacieux encore que don Juan; mais le dieu, qui se nommait Louk, était d'un naturel plus humain que le Commandeur de pierre. Il vint à l'heure dite et se montra gai convive, buvant sec et contant des histoires. Il ne manquait pas d'instruction. Il possédait toutes les antiquités de l'empire, et même, ce qui est singulier de la part d'un dieu, il connaissait assez bien les nouveautés littéraires. Il revint maintes fois, toujours rempli de bienveillance et d'aménité. Une nuit, après boire, Tchou lui lut une composition qu'il venait de faire et lui demanda son avis. Louk la jugea médiocre; il ne se dissimulait pas que son ami avait l'esprit un peu épais. Comme c'était un excellent dieu, il y remédia dès qu'il le put. Un jour, ayant trouvé dans l'enfer le cerveau d'un mort qui avait, de son vivant, montré beaucoup d'intelligence, il le prit, l'emporta, et, ayant eu soin d'enivrer quelque peu son hôte, il profita de ce que celui-ci dormait pour lui ouvrir le crâne, lui ôter le cerveau et mettre à la place celui qu'il avait apporté.

A la suite de cette opération, Tchou devint un lettré de grand mérite et passa tous ses examens avec éclat. En vérité, ce dieu était un très brave homme. Malheureusement, ses occupations le retiennent désormais dans la montagne Taï-Hoa ; il ne peut plus aller souper en ville.

Nous parlions tout à l'heure, au commencement de cette causerie, des contes chinois traduits par Abel Rémusat, vers 1827. Un de ceux-là est justement célèbre, c'est celui qui a pour titre la *Dame du pays de Soung* et dont le sujet présente des analogies frappantes avec une fable milésienne que Pétrone nous a conservée et qui a été mise en vers par La Fontaine. Madame Tian (c'est le nom de la dame du pays de Soung) est, comme la matrone d'Ephèse, une veuve inconsolable que l'amour console. La version chinoise, autant qu'il m'en souvient, est moins heureuse que la version rapportée dans le *Satyricon*. Elle est gâtée par des lourdeurs et des invraisemblances, poussée au tragique et défigurée par cet air grimaçant qui nous rend, en somme, toute la littérature chinoise à peu près insupportable. Mais il me reste un souvenir charmant d'un épisode qui y est intercalé, celui de l'éventail. Si madame Tian nous divertit médiocrement, la dame à l'éventail est tout à fait amusante. Je voudrais pouvoir transcrire ici cette jolie historiette qui tient à peine vingt lignes dans le recueil d'Abel Rémusat. Mais je n'ai pas le texte sous la main.

Je suis obligé de conter de mémoire. Je le ferai en toute liberté, comblant, du moins mal que je pourrai, les lacunes de mes souvenirs. Ce ne sera peut-être pas tout à fait chinois. Mais je demande grâce d'avance pour quelques détails apocryphes. Le fonds du moins est authentique et se trouve dans le troisième volume des contes chinois traduits par Davis, Thoms, le P. d'Entrecolles, etc.; et publiés par Abel Rémusat, chez un libraire du nom de Moutardier, qui fleurissait dans la rue Gît-le-Cœur, sous le règne de Charles X. C'est tout ce que j'en puis dire, ayant prêté le volume à un ami qui ne me l'a point rendu.

Voici donc, sans tarder davantage, l'histoire de la dame à l'éventail blanc.

HISTOIRE

DE LA DAME A L'ÉVENTAIL BLANC.

Tchouang-Tsen, du pays de Soung, était un lettré qui poussait la sagesse jusqu'au détachement de toutes les choses périssables, et comme, en bon Chinois qu'il était, il ne croyait point, d'ailleurs, aux choses éternelles, il ne lui restait pour contenter son âme que la conscience d'échapper aux communes erreurs des hommes qui s'agitent pour acquérir d'inutiles richesses ou de vains honneurs. Mais il faut que cette satisfaction soit profonde, car il fut, après sa mort, proclamé heureux et digne d'envie. Or, pendant les jours que les génies inconnus du monde lui accordèrent de passer sous un ciel vert, parmi des arbustes en fleur, des saules et des bambous, Tchouang-Tsen avait coutume de se promener en rêvant dans ces contrées où il vivait sans savoir ni comment ni pourquoi. Un matin qu'il errait à l'aventure sur les pentes fleuries de la montagne Nam-Hoa, il se trouva insensiblement au milieu d'un cimetière où les morts reposaient, selon l'usage du pays, sous des monticules de terre battue. A la vue des tombes innombrables qui s'étendaient par delà l'horizon, le lettré médita sur la destinée des hommes :

— Hélas! se dit-il, voici le carrefour où aboutissent tous les chemins de la vie. Quand une fois on a pris place dans le séjour des morts, on ne revient plus au jour.

Cette idée n'est point singulière, mais elle résume assez bien la philosophie de Tchouang-Tsen et celle des Chinois. Les Chinois ne connaissent qu'une seule vie, celle où l'on voit au soleil fleurir les pivoines. L'égalité des humains dans la tombe les console ou les désespère, selon qu'ils sont enclins à la sérénité ou à la mélancolie. D'ailleurs, ils ont, pour les distraire, une multitude de dieux verts ou rouges qui, parfois, ressuscitent les morts et exercent la magie amusante. Mais Tchouang-Tsen, qui appartenait à la secte orgueilleuse des philosophes, ne demandait pas de consolation à des dragons de porcelaine. Comme il promenait ainsi sa pensée à travers les tombes, il rencontra soudain une jeune dame qui portait des vêtements de deuil, c'est-à-dire une longue robe blanche d'une étoffe grossière et sans coutures. Assise près d'une tombe, elle agitait un éventail blanc sur la terre encore fraîche du tertre funéraire.

Curieux de connaître les motifs d'une action si étrange, Tchouang-Tsen salua la jeune dame avec politesse et lui dit :

— Oserai-je, madame, vous demander quelle personne est couchée dans ce tombeau et pourquoi vous vous donnez tant de peine pour éventer la terre qui la recouvre? Je suis philosophe; je recherche les causes, et voilà une cause qui m'échappe.

La jeune dame continuait à remuer son éventail. Elle rougit, baissa la tête et murmura quelques paroles que le sage n'entendit point. Il renouvela plusieurs fois sa question, mais en vain. La jeune femme ne prenait plus garde à lui et il semblait que son âme eût passé tout entière dans la main qui agitait l'éventail.

Tchouang-Tsen s'éloigna à regret. Bien qu'il connût que tout n'est que vanité, il était, de son naturel, enclin à rechercher les mobiles des actions humaines, et particulièrement de celles des femmes; cette petite espèce de créature lui inspirait une curiosité malveillante, mais très vive. Il poursuivait lentement sa promenade en détournant la tête pour voir encore l'éventail qui battait l'air comme l'aile d'un grand papillon, quand, tout à coup, une vieille femme qu'il n'avait point aperçue d'abord lui fit signe de la suivre. Elle l'entraîna dans l'ombre d'un tertre plus élevé que les autres et lui dit :

— Je vous ai entendu faire à ma maîtresse une question à laquelle elle n'a pas répondu. Mais moi je satisferai votre curiosité par un sentiment naturel d'obligeance et dans l'espoir que vous voudrez bien me donner en retour de quoi acheter aux prêtres un papier magique qui prolongera ma vie.

Tchouang-Tsen tira de sa bourse une pièce de monnaie, et la vieille parla en ces termes :

« Cette dame que vous avez vue sur un tombeau est madame Lu, veuve d'un lettré nommé Tao, qui mourut, voilà quinze jours, après une longue maladie, et ce tombeau est celui de son mari. Ils s'aimaient tous deux d'un amour tendre. Même en expirant, M. Tao ne pouvait se résoudre à la quitter, et l'idée de la laisser au monde dans la fleur de son âge et de sa beauté lui était tout à fait insupportable. Il s'y résignait pourtant, car il était d'un caractère très doux et son âme se soumettait volontiers à la nécessité. Pleurant au chevet du lit de M. Tao, qu'elle n'avait point quitté durant sa maladie, madame Lu attestait les dieux qu'elle ne lui survivrait point et qu'elle partagerait son cercueil comme elle avait partagé sa couche.

» Mais M. Tao lui dit :

» — Madame, ne jurez point cela.

» — Du moins, reprit-elle, si je dois vous survivre, si je suis condamnée par les Génies à voir encore la lumière du jour quand vous ne la verrez plus, sachez que je ne consentirai jamais à devenir la femme d'un autre et que je n'aurai qu'un époux comme je n'ai qu'une âme. »

» Mais M. Tao lui dit :

» — Madame, ne jurez point cela.

» — Oh! monsieur Tao, monsieur Tao! laissez-moi jurer du moins que de cinq ans entiers je ne me remarierai.

» Mais M. Tao lui dit :

» — Madame, ne jurez point cela. Jurez seulement de garder fidèlement ma mémoire tant que la terre n'aura pas séché sur mon tombeau.

» Madame Lu en fit un grand serment. Et le bon M. Tao ferma les yeux pour ne les plus rouvrir. Le désespoir de madame Lu passa tout ce qu'on peut imaginer. Ses yeux étaient dévorés de larmes ardentes. Elle égratignait, avec les petits couteaux de ses ongles, ses joues de porcelaine. Mais tout passe, et le torrent de cette douleur s'écoula. Trois jours après la mort de M. Tao, la tristesse de madame Lu était devenue plus humaine. Elle apprit qu'un jeune disciple de M. Tao désirait lui témoigner la part qu'il prenait à son deuil. Elle jugea avec raison qu'elle ne pouvait se dispenser de le recevoir. Elle le reçut en soupirant. Ce jeune homme était très élégant et d'une belle figure; il lui parla un peu de M. Tao et beaucoup d'elle; il lui dit qu'elle était charmante et qu'il sentait bien qu'il l'aimait; elle le lui laissa dire. Il promit de revenir. En l'attendant, madame Lu, assise auprès du tertre de son mari, où vous l'avez vue, passe tout le jour à sécher la terre de la tombe au souffle de son éventail. »

Quand la vieille eut terminé son récit, le sage Tchouang-Tsen songea :

— La jeunesse est courte; l'aiguillon du désir donne des ailes aux jeunes femmes et aux jeunes hommes. Après tout, madame Lu est une honnête personne qui ne veut pas trahir son serment.

C'est un exemple à proposer aux femmes blanches de l'Europe.

CHANSONS POPULAIRES

DE L'ANCIENNE FRANCE [1]

I

CHANSONS D'AMOUR

Beaucoup de curieux vont aujourd'hui à la decouverte des sources cachées de la tradition. Les plus humbles monuments de la poésie et des croyances populaires sont soigneusement recueillis. Une société fondée sur l'initiative de M. Paul Sébillot, deux revues spéciales et de nombreuses publications, parmi lesquelles il faut citer les légendes de la Meuse colligées par M. Henry de Nimal, et, tout récemment, l'*Histoire de la chanson populaire*, par M. Julien Tiersot, attestent l'ingénieuse

---

[1]. *Histoire de la chanson populaire en France*, par Julien Thiersot, ouvrage couronné par l'Institut, in-8°. — Société des traditions populaires, au Musée d'ethnographie du Trocadéro. — *Revue des traditions populaires* (dirigée par M. Paul Sébillot); 4° année, in-8°. — *La Tradition*, revue générale des contes, légendes, chants, usages, traditions et arts populaires, direction : MM. Emile Blémont et Henry Carnoy; 3° année, in-8°.

activité de nos traditionnistes français. Ce ne sont point
là des peines perdues. Les témoignages de la vie de nos
aïeux rustiques nous sont doux et chers. Avec leurs
assiettes peintes, leurs armoires de mariage où sont
sculptées des colombes, avec l'écuelle d'étain où l'on
servait la rôtie de la mariée, ils nous ont laissé des chansons, et ce sont là leurs plus douces reliques. Avouons-
le humblement : le peuple, le vieux peuple des campagnes est l'artisan de notre langue et notre maître en
poésie. Il ne cherche point la rime riche et se contente
de la simple assonnance; son vers, qui n'est point fait
pour les yeux, est plein d'élisions contraires à la grammaire; mais il faut considérer que si la grammaire,
comme on dit — et ce dont je doute — est l'art de
parler, elle n'est point assurément l'art de chanter.
D'ailleurs, le vers de la chanson populaire est juste
pour l'oreille; il est limpide et clair, d'une brièveté que
l'art le plus savant recherche sans pouvoir la retrouver; l'image en jaillit soudaine et pure : enfin, il a de
l'alouette, qu'il célèbre si volontiers, le vol léger et le
chant matinal.

Les pieux antiquaires qu'anime la poétique folie du
folk lore, les Maurice Bouchor, les Gabriel Vicaire, les
Paul Sébillot, les Charles de Sivry, les Henry Carnoy,
les Albert Meyrac, les Jean-François Bladé, qui
vont par les campagnes recueillant sur les lèvres des
bergers et des vieilles filandières les secrets de la muse
rustique, ont transcrit et noté plus d'un petit poème
exquis, plus d'une suave mélodie qui s'allaient perdre

sans écho dans les bois et les champs, car la chanson populaire est près de s'éteindre. C'est grand dommage; et pourtant ces présages d'une fin prochaine apportent un attrait puissant : il n'y a de cher que ce qu'on craint de perdre; il n'y a de poétique, hélas! que ce qui n'est plus.

Ces chansons expirantes qu'on recueille aujourd'hui dans nos villages sont vieilles sans doute, plus vieilles que nos grand'mères; mais dans leur forme actuelle, les plus anciennes ne remontent guère plus haut que le xviie siècle. Plusieurs sont du joli temps du rococo, et cela se sent à je ne sais quoi.

C'est tout un monde que ces chansons, et tout un monde charmant. On le retrouve du nord au sud, de l'est à l'ouest. Le fils du roi, le capitaine, le seigneur, le galant meunier, le pauvre soldat, le beau prisonnier, et Cathos, et Marion, et Madelon, et les filles sages qui vont par trois, et les filles amoureuses qui content leur chagrin au rossignol, près de la fontaine.

Dans ces petits poèmes rustiques, il y a beaucoup de rossignols; beaucoup de fleurs mêmement : des roses, des lilas et surtout des marjolaines. La jolie plante, qu'on a nommée aussi l'origan parce qu'elle se plaît sur les coteaux, où elle dresse parmi les buissons ses grappes de petites fleurs roses, serties délicatement de bractées brunes, apparaît dans les chansons de la glèbe, grâce, sans doute, à son nom musical, à ses tendres couleurs et à son doux parfum, comme l'emblème du désir et de la volupté, comme l'image des ardeurs secrètes, des amours furtives et des joies cachées. Témoin la jolie fille qui revenait de Rennes avec ses sabots. Le fils du roi la vit et l'aima ; de quoi elle se réjouit en ces termes :

>   Il m'a donné pour étrennes
>   Avecque mes sabots
>   Dondaine,
>   Un bouquet de marjolaine
>   Avecque mes sabots ;
>
>   Un bouquet de marjolaine,
>   Avecque mes sabots
>   Dondaine,
>   S'il fleurit, je serai reine
>   Avecque mes sabots.

Le rossignol, qui chante si magnifiquement, et qui chante la nuit, est le confident de toutes les amours ou joyeuses ou tristes de nos chansons.

>   Sur la plus haute branche,
>   Le rossignol chantait.
>
>   Chante, rossignol, chante,
>   Toi qui as le cœur gai.
>
>   Moi ce n'est pas de même :
>   Mon bonheur est passé.

Ainsi soupire la fille du Morvan. Et la petite Bressane dit ingénument :

>   Rossignolet du bois,
>   Rossignolet sauvage,
>   Apprends-moi ton langage,
>   Apprends-moi z'à parler.
>   Apprends-moi la manière
>   Comment l'amour se fait.

Le rossignol exprime dans son chant le triomphe de l'amour. L'alouette, à la voix argentée et pure, avertit les amoureux du retour du jour. Margot et Marion, qui ne sont pas des amantes tragiques, ne s'emportent pas, comme la Juliette de Shakespeare, jusqu'à maudire la chanson de l'aube que l'amante de Roméo appelle un cri discordant, un affreux *hunt's up*. Elles ne rappellent pas le dicton populaire qui veut que l'alouette ait changé d'yeux avec le crapaud, son ami. Elles ne disent pas, comme la noble fille des Capulets : « C'est l'alouette qui chante ainsi hors de ton des mélodies âprement discordantes et des notes suraiguës. Il y a des gens qui prétendent que l'alouette fait de beaux accords; cela n'est pas, puisqu'elle nous sépare. » Cateau, surprise par l'aube avec son bon ami, ne se fâche pas contre le petit chanteur qui n'en peut mais; elle le tient au contraire pour un bon réveille-matin dont il ne faut pas mépriser les avertissements. Elle dit tout uniment à son galant, qui la serre dans ses bras et ne veut point lâcher prise :

> J'entends l'alouette qui chante
> Au point du jour.
> Ami, si vous êtes honnête,
> Retirez-vous;
> Marchez tout doux, parlez tout bas,
> Mon doux ami,
> Car si mon papa vous entend
> Morte je suis.

Les ingénues de nos chansons vont « seulettes » à la fontaine; elles y font des rencontres hasardeuses, et parfois elles en reviennent tout en larmes. Le bonhomme Greuze, qui, venu de bonne heure de Tournus à Paris, y resta toujours d'humeur paysanne, devait, en esquissant la *Cruche cassée*, fredonner quelque chanson du pays, quelque couplet revenant à celui-ci :

> Ne pleurez pas, ma belle;
> Ah! je vous le rendrai.
>
> — Ce n'est pas chos' qui se rende
> Comm' cent écus prêtés.

La chanson populaire exprime avec une fine naïveté l'entêtement du premier amour chez les jeunes filles. Je n'en veux pour exemple que ces jolis couplets, bien connus, dont j'emprunte le texte à la revue de MM. Émile Blémont et Henry Carnoy :

> Oh! que l'amour est charmante!
> Moi, si ma tante le veut bien,
> J'y suis bien consentante;
> Mais si ma tante ne veut pas,
> Dans un couvent j'y entre.
>
> Ah! que l'amour est charmante!
> Mais si ma tante ne veut pas,
> Dans un couvent j'y entre :
> J'y prierai Dieu pour mes parents,
> Mais non pas pour ma tante.

Le meunier, dans nos petits poèmes, est volontiers un homme à bonnes fortunes, un peu faraud, beau marjolin et faisant grande fricassée de cœurs. Tel il apparaît dans la chanson de mademoiselle Marianne, connue dans toutes les provinces de France. Marianne allait sur son âne au moulin, y faire moudre son grain. Un jour, le galant meunier lui dit : « Attachez là votre âne, ma petite demoiselle », et il la fait entrer au moulin :

> Pendant que le moulin tournait,
> Avec le meunier ell' riait.
>   Le loup mangea son âne,
>   Pauvre mam'zell' Marianne,
> Le loup mangea son âne Martin,
>   A la port' du moulin.
>
> Le meunier, qui la voit pleurer,
> Ne peut s'empêcher d'lui donner
>   De quoi ravoir un âne,
>   Ma petit' mam'zell' Marianne,
> De quoi ravoir un âne Martin
>   Pour aller au moulin.
>
> Son père, qui la voit venir,
> Ne peut s'empêcher de lui dire :
>   Ce n'est pas là notre âne,
>   Ma petit' mam'zelle Marianne,
> Ce n'est pas là notre âne Martin.
>   Qui allait au moulin.
>
> Notre âne avait les quatr' pieds blancs.
> Et les oreill's à l'avenant,
>   Et le bout du nez pâle ;
>   Ma petit' mam'zell' Marianne,
> Oui, le bout du nez pâle, Martin,
>   Qui allait au moulin.

L'âne de Mademoiselle Marianne, que le loup a mangé, est un symbole. La chanson contient une leçon morale, sans insister plus que de raison sur un accident en somme assez commun. Mais parfois la Muse, ou plutôt la Musette des champs et des bois, hausse le ton et devient romanesque, gentiment tragique et nous montre des filles fort délicates sur le point de leur honneur. Telle est en Bresse et en Lorraine, la chanson de la fille qui fait la morte « pour son honneur garder ». Tels sont les pimpants couplets de la fille déguisée en dragon dans le dessein de rejoindre son séducteur retourné à l'armée :

> Elle fut à Paris
> S'acheter des habits ;
> Ell' s'habilla en dragon militaire,
> Rien de si beau !
> La cocarde au chapeau.

Pendant sept ans elle servit le roi sans retrouver l'infidèle. Un jour, enfin, elle le rencontre : elle va droit à lui, le sabre au clair. Ils se battent ; elle le tue. Voilà une fille dont le cœur gardait de fiers ressentiments. Il faut dire aussi que c'était une fille de qualité. La chanson nous apprend en effet qu'après avoir mis son séducteur à mort.

> Ell' monte à ch'val comme un guerrier fidèle,
> Elle monte à ch'val
> Comme un beau général ;
> Ell' revient au château de son père,
> Dit : « J'ai vaincu,
> Mon amant ne vit plus. »

Aussi ferme dans son propos, mais plus pure et plus douce, l'orpheline du Pougan à qui son seigneur offre son amour avec une belle paire de gants. Comme Marguerite (dont Gœthe a pris en effet le langage dans la poésie populaire de l'Allemagne), la jeune paysanne bretonne répond à peu près : « Je ne suis demoiselle ni belle ».

> A moi n'appartient pas des gants
> Monsieur le comte,
> Je suis simple fille des champs,
> A moi n'appartient pas des gants.

Le seigneur ne s'arrête pas à ce refus : « La belle, dit-il, approchez, que je vous baise ; ça me donnera l'envie d'y revenir. — Mon Dieu ! n'y revenez pas, monsieur le comte ; qui vous prie d'y revenir ? » L'homme violent la saisit, la prend en croupe. Elle crie en vain ; il l'emporte.

> Mais en passant sur la chaussée,
> Dans la rivière s'est jetée.
>
> « Très sainte Vierge en cet émoi,
> Je vous supplie,
> Très sainte Vierge, noyez-moi ;
> Mais mon honneur, sauvez-le-moi. »

Les paysans disent volontiers, quand ils vous confient quelque objet délicat : « Traitez-le comme une jeune fille. » Leurs vieilles chansons touchent les jeunes filles avec cette discrétion recommandable. Elles donnent à toutes la grâce et la beauté ; elles glissent avec une malice souriante sur les fautes de la jeunesse ; elles célèbrent les demoiselles qui vengent leur honneur ; elles exaltent les saintes filles qui aiment mieux mourir que de pécher. Elles pleurent enfin de vraies larmes sur la mort des fiancées.

Y a-t-il rien de plus touchant, rien qui aille si droit au cœur que cette chanson recueillie dans la Haute-

Savoie, cette chanson qui commence par ce couplet de fête?

> Ma mère, apportez-moi
> Mon habit de soie rose.
> Et mon chapeau, qu'il soit d'argent bordé :
> Je veux ma mie aller trouver.

Hélas! l'ami trouva sa mie étendue sur son lit de mort, ayant reçu les sacrements. Quand il approcha, elle rouvrit les yeux :

> Puis elle sortit sa main blanche du lit
> Pour dire adieu à son ami.

Ce dernier trait, ce trait de nature est frappant. L'art le plus achevé ne saurait aller au delà. Le peintre le plus suave, un Henner, un Prudhon, un Corrège, sur sa toile baignée d'une ombre transparente, n'a jamais mieux placé la lumière, jamais mieux trouvé le point où conduire le regard et l'âme du spectateur. « Puis elle sortit sa main blanche du lit, pour dire adieu à son ami. » Non! je ne m'abuse pas. C'est un de ces grands traits de nature qu'on dit le comble de l'art quand l'art a le bonheur de les trouver.

Au reste, fort incrédules, nos chansonniers rustiques, et volontiers railleurs à l'endroit de la vertu des femmes mariées et n'entendant pas aisément qu'on meure d'amour. Le marin de Saint-Valéry en Caux chante :

> Faut-il pour une belle
> Que tu t'y sois tué?
> Y en a pus de mille à terre
> Qui t'auraient consolé.

La chanson, comme le fabliau, s'amuse des ruses des femmes sans prendre au sort des maris un intérêt excessif. Le dialogue de *Marion* et de son jaloux est à cet égard un chef-d'œuvre de malice et de grâce. Il est répandu dans toute la France. On en a recueilli des versions cévenoles, auvergnates, gasconnes, champenoises languedociennes, lorraines, normandes, morvannaises, limousines; sans compter ce texte provençal que Numa Roumestan estime beau comme du Shakespeare. Voici, d'après la *Revue des traditions populaires*, une excellente version recueillie, et peut-être un peu arrangée, par M. Charles de Sivry dans l'ouest de la France :

LE JALOUX
Qu'allais-tu faire à la fontaine,
Corbleu, Marion?
Qu'allais-tu faire à la fontaine?

MARION
J'étais allé! quérir de l'eau,
Mon Dieu, mon ami.
J'étais allé! quérir de l'eau.

LE JALOUX
Mais qu'est-ce donc qui te parlai
Corbleu, Marion?

MARION
C'était la fille à not' voisine,
Mon Dieu, mon ami!

LE JALOUX
Les femmes ne portent pas d' culottes,
Corbleu, Marion!

MARION
C'était sa jupe entortillée,
Mon Dieu, mon ami!

LE JALOUX
Les femmes ne portent pas d'épée,
Corbleu, Marion !

MARION
C'était sa quenouill' qui pendait.
Mon Dieu, mon ami !

LE JALOUX
Les femmes ne portent pas d' moustaches,
Corbleu, Marion !

MARION
C'était des mûres qu'elle mangeait
Mon Dieu, mon ami !

LE JALOUX
Le mois de mai n' porte pas d' mûres,
Corbleu, Marion !

MARION
C'était une branch' de l'automne.
Mon Dieu, mon ami !

LE JALOUX
Va m'en quérir une assiettée,
Corbleu, Marion !

MARION
Les p'tits oiseaux ont tout mangé,
Mon Dieu, mon ami !

LE JALOUX
Alors, je te coup'rai la tête !
Corbleu, Marion !

MARION
Et puis que ferez-vous du reste,
Mon Dieu, mon ami ?

Mais il faut nous arrêter quand nous avons à peine lié quelques fleurettes du bouquet de Margot.

II

LE SOLDAT

Retournons aux sources de la tradition populaire. Aujourd'hui, nous écouterons, si vous voulez, les chansons du sergent La Rose et du sergent La Ramée. Après les mélodies amoureuses, les couplets militaires. Au régiment, nous retrouvons encore Margot et Catherine.

De tout temps la France a donné des soldats, comme la Beauce des grains. Sous Louis XIII, les recruteurs n'avaient qu'à choisir dans les villages. Les jeunes gens à l'envi priaient les capitaines de les recevoir dans leurs compagnies. Il est vrai que le roi demandait alors quarante mille hommes au plus. Louis XIV, qui aimait trop la guerre, — il l'a confessé lui-même, — eut besoin de deux, de trois, de quatre cent mille hommes à la fois. Alors les levées devinrent plus difficiles. Un tambour parcourait la ville, suivi de soldats qui portaient embrochés à leur épée du pain blanc et des perdrix rôties, afin d'allécher les pauvres garçons. Ils s'arrêtaient à tous les carrefours, et là, après avoir battu les trois bans, le tambour portait la main au chapeau et disait : « De par le roi, on fait savoir à tout homme, de quelque qualité et condition qu'il soit, âgé de seize ans, qui désirerait prendre parti dans le régiment de N... infanterie, qu'on lui donnera quinze francs, vingt francs, suivant l'homme qu'il sera, et un bon congé au bout de trois ans. Argent comptant sur la caisse! On ne demande pas de crédit. Ceux qui seront portés de bonne volonté n'ont qu'à venir. »

Alors il élevait et faisait sonner une grande bourse de soie pleine d'or et d'argent que son capitaine lui avait remise. Il enrôlait ainsi un nombre suffisant d'écoliers endettés, de villageois fainéants, d'artisans sans travail et de valets sans maîtres. Parfois il fallait compléter le contingent au cabaret, et plus d'un naïf paysan se vit, comme Candide, engagé sous les drapeaux pour avoir bu à la santé du roi. Mais généralement la levée se faisait sans trop de ruse ni de violence, grâce aux paroles dorées du racoleur et au goût naturel du peuple pour l'état militaire. Et puis, au service du roi, l'on recevait vingt-quatre onces de pain blanc avec trois livres de viande par semaine et quatre sous par jour. C'était à considérer. La recrue, comme dans la chanson du pays de Caux, embrassait sa promise et partait gaiement en promettant de lui rapporter de là-bas quelque parure en souvenir.

> Adieu, ma belle, ah! je m'en vas,
> Puisque mon régiment s'en va.

Ou bien encore :

> Adieu, ma mie, je m'en vas,
> Adieu, ma mie, je m'en vas,
> Je m'en vas faire un tour à Nantes,
> Puisque le roi me le commande.

Le soldat de l'ancien régime avait du coq le plumage ainsi que le ramage. Il était magnifiquement vêtu, aux frais de son capitaine. Sous Louis XV, pommadé, frisé, poudré, portant la queue à cadenette, coiffé du chapeau à trois cornes où brillait la cocarde blanche, vêtu de l'habit à parement et à retroussis de vives couleurs et galonné sur les poches et les coutures, le ruban à l'épaule, il jetait un merveilleux éclat sur son passage et troublait les cœurs des servantes d'auberge et des filles de cabaret. Aujourd'hui encore, son chapeau, son habit, sa culotte et ses guêtres échappés aux mites et aux rats font l'émerveillement de tous ceux qui visitent l'exposition du ministère de la guerre sur l'esplanade des Invalides. Il portait fièrement les couleurs de son régiment, la livrée bleue du roi, les livrées rouges ou vertes de la reine, du dauphin, et des princes, la livrée grise des maréchaux et des seigneurs. Il était beau, et il le savait. Les jolies filles le lui disaient. Il avait changé de nom en changeant de métier; il ne s'appelait plus Jean, Pierre ou Colin; il s'appelait mirifiquement Sans-Quartier, la Violette, Sans-Souci, Tranche-Montagne, Belle-Rose, Brin-d'Amour, Tour-d'Amour, la Tulipe, ou de quelque autre enfin de ces surnoms qui plaisaient à La Fontaine, car le bonhomme, étant très vieux, a dit dans une ballade :

> J'aime les sobriquets qu'un corps de garde impose;
> Ils conviennent toujours...

Une fois soldat du roi, la Violette ne songe plus à sa

belle ; la Tulipe a oublié sa promise. Elle lui avait dit :

> Dedans l'Hollande si tu vas,
> Un corselet m'apporteras ;
> Un corselet à l'allemande
> Que ta maîtresse te demande.

Hélas ! son corselet, la belle l'attend encore :

> Dedans l'Hollande il est allé,
> Au corselet n'a pas songé,
> Il n'a songé qu'à la débauche,
> Au cabaret, comme les autres.

Pourtant, il se ressouvient avec quelques regrets :

> Ah ! si j'avais du papier blanc,
> Dit-il un jour en soupirant,
> J'en écrirais à ma maîtresse
> Une lettre de compliments.

> Pas de rivière sans poissons,
> Pas de montagne sans vallons,
> Pas de printemps sans violettes
> Ni pas d'amant sans maîtresse.

Il arrive que, si la Tulipe tarde trop à donner de ses nouvelles, sa bonne amie va chercher l'ingrat jusqu'en pays ennemi. Parfois, elle est fort mal reçue, témoin la chanson du pays messin, recueillie par M. de Puymaigre :

> Quand la bell' fut en Prusse,
> Elle vit son amant
> Qui faisait l'exercice
> Tout au milieu du rang.

> — Si j'avais su, la belle,
> Que tu m'aurais trouvé,
> J'aurais passé la mer,
> La mer j'aurais passé.

Plus hardie, mieux avisée, la fille qui s'habilla en dragon, la cocarde au chapeau. La muse populaire a beaucoup de goût pour les filles déguisées en militaires. C'est un travestissement qu'on voit souvent dans les opérettes; mais la chanson y met plus de romanesque et de fantaisie. M. Henry Carnoy a retrouvé une bien jolie variante de ce thème connu.

>Mon pèr' me dit toujours :
>Marie-toi, ma fille!
>Non, non, mon père, je ne veux plus aimer,
>Car mon amant est à l'armée.
>
>Elle s'est habillée
>En brave militaire.
>Ell' fit couper, friser ses blonds cheveux
>A la façon d' son amoureux.
>
>Elle s'en fut loger
>Dans une hôtellerie
>— Bonjour, hôtess', pourriez-vous me loger?
>J'ai de l'argent pour vous payer.
>
>— Entrez, entrez, monsieur,
>Nous en logeons bien d'autres.
>Montez en haut : en voici l'escalier;
>L'on va vous servir à dîner.

Dans sa chambre, la belle se met à chanter. Son amant, logé à la même auberge, l'entend et reconnaît la voix de son amie. Il demande à l'hôtesse : Qui donc chante ainsi? On lui répond que c'est un soldat. Il l'invite à souper :

>Quand il la vit venir,
>Met du vin dans son verre :
>— A ta santé, l'objet de mes amours!
>A ta santé, c'est pour toujours!

— N'auriez-vous pas, monsieur,
Une chambre secrète,
Et un beau lit qui soit couvert de fleurs,
Pour raconter tous nos malheurs ?

— N'auriez-vous pas, monsieur,
Une plume et de l'encre ?
Oui, j'écrirai à mes premiers parents
Que j'ai retrouvé mon amant.

N'est-ce pas d'une grâce piquante, cette reconnaissance imprévue, le verre à la main, et ce souhait d'un lit couvert de fleurs, où les deux amants se raconteront leurs malheurs ?

Manon, plus simplement, se fait passer pour un garçon et s'engage dans le même régiment que son ami.

Et la chanson conclut en ces termes :

Une fille de dix-huit ans
Qui a servi sept ans
Sûrement a gagné
Le congé de son bien-aimé.

Les bonnes fortunes du militaire sont attestées par une longue renommée. Mais, quand la chanson nous dit que le jeune tambour épousa la fille du roi, il est évident qu'elle rêve et que pareille chose n'arrive que dans le pays bleu des songes. En ce temps-là, il n'y avait de musiciens dans l'infanterie que les fifres et les tambours. Ces derniers recevaient double paye, en vertu d'un règlement en date du 29 novembre 1688 ; il n'en est pas moins merveilleux que l'un d'eux ait épousé la fille du roi. Les Bretons de Nantes qui chantaient cela étaient de grands idéalistes :

> Trois jeun' tambours — s'en revenant de guerre,
> Le plus jeune a — dans sa bouche une rose.
> La fille du roi — était à sa fenêtre.
> — Joli tambour, — donne-moi, va, ta rose.
> — Fille du roi — donne-moi, va ton cœur.
> — Joli tambour — demand' le à mon père.
> — Sire le roi, — donnez-moi votre fille
> — Joli tambour — tu n'es pas assez riche.
> — J'ai trois vaisseaux — dessus la mer jolie;
> L'un chargé d'or, — l'autre d'argenterie
> Et le troisièm' — pour promener ma mie.
> — Joli tambour — tu auras donc ma fille.
> — Sire le roi — je vous en remercie,
> Dans mon pays — y en a de plus jolies[1].

Ce jeune tambour qui possède trois navires est vraiment merveilleux. Tandis que je feuillette le livre excellent de M. Julien Tiersot, je ne puis me défendre de regarder sur ma table une petite boîte d'humble apparence dans laquelle un vieux brave prit longtemps son tabac à priser. Il s'en exhale encore, quand on l'ouvre, une âcre senteur. Je l'ai trouvée, l'an dernier, chez un bric-à-brac, pêle-mêle avec des médailles de Sainte-Hélène, des vieux galons et des vieux parchemins. C'est une boîte ronde, en noyer, qui porte sur son couvercle plat une scène militaire suffisamment expliquée par cette légende : *Sortie de garnison*. En effet, on voit aux portes d'une ville, sous une treille, des soldats vider une dernière bouteille et faire de touchants adieux à de

1. Chanson recueillie par MM. Julien Tiersot et Paul Sébillot.

bonnes amies. Ils sont coiffés d'un shako largement évasé et portent de longues capotes; ce sont, je crois bien, des voltigeurs de la garde. Quant aux bonnes amies, elles sont toutes dans une situation intéressante. Un des soldats, la main étendue, jure sur le gage de son amour qu'il n'oubliera ni l'enfant ni la mère. Mais la pauvre créature ne semble pas rassurée. Il y a dans cette scène un mélange très curieux de malice et de sentiment.

J'imagine que cette tabatière servit longtemps à quelque invalide et que la scène qui en orne le couvercle rappelait à ce vieux brave le temps des amours. Peut-être la portait-il à Waterloo; peut-être était-ce le don d'une amante; peut-être essuyait-il une larme chaque fois qu'il y prisait. Mais que nous voilà loin du galant tambour qui passait, une rose aux lèvres, devant la fille du roi.

Mais tel, comme dit Merlin, « cuide engeigner autrui qui s'enseigne soi-même ». Le beau militaire, de retour au village, s'aperçoit que la disgrâce qu'il a tant de fois infligée aux autres maris ne lui a pas été épargnée à lui-même. Il retrouve sa famille bien accrue en son absence :

> ... Méchante femme,
> Je ne t'avais laissé qu' deux enfants,
> En voilà quatre à présent.

Et la femme répond ingénument :

> J'ai tant reçu de fausses lettres
> Que vous étiez mort à l'armée,
> Que je me suis remariée.

Le jeu finit quelquefois plus tragiquement. La justice militaire ne badine point. S'il est vrai, comme dit la chanson, qu'au régiment d'Anjou on désertait impunément :

> Je suis du régiment d'Anjou,
> Si je déserte, je m'en f...,
> Le capitaine paira tout [1],

ailleurs le déserteur était fusillé sans rémission. Dans une complainte restée populaire, un pauvre soldat conte son affaire en marchant au supplice, comme le vieux sergent de Béranger. Ce soldat s'était engagé « pour l'amour d'une fille ». Pour elle, il avait volé l'argent du roi, et, tandis qu'il s'enfuyait, il rencontra son capitaine et le tua. Il fut condamné à mort, comme il le méritait. Mais le peuple est indulgent aux faiblesses que le sentiment inspire, et la fatalité des fautes enchaînées l'une à l'autre l'émeut justement. De là l'inspiration touchante de cette complainte, qui est même entrée, dit M. Julien Tiersot, dans le répertoire de Thérèsa.

> Ils m'ont pris, m'ont mené
> Sur la place de Rennes,
> Ils m'ont bandé les yeux
> Avec un ruban bleu :
> C'est pour m'y fair' mourir
> Mais sans m'y fair' languir.
>
> Soldat de mon pays,
> N'en dit' rien à mon père;
> Ecrivez-lui plutôt
> Que je sors de Bordeaux
> Pour aller en Avignon
> Suivre mon bataillon.

---

1. Couplet cité par Alexis Monteil, *Histoire des Français* (t. IV, p. 15 des notes.)

En somme, les peuples n'aiment pas la guerre, et ils ont bien raison. Les chansons vraiment populaires de notre France, où pourtant les soldats poussent comme le blé, ces chansons, qui se lèvent du sillon avec l'alouette, sont du parti des mères. Le chef-d'œuvre, la merveille des chansons rustiques, n'est-ce pas la complainte de Jean Renaud, qui revient de la guerre, tenant ses entrailles dans ses mains :

— Bonjour, Renaud; bonjour, mon fils,
Ta femme est accouchée d'un fils
— Ni de ma fem'm' ni de mon fils
Je ne saurais me réjouir.

Que l'on me fass' vite un lit blanc
Pour que je m'y couche dedans.
Et quand ce vint sur le minuit,
Le beau Renaud rendit l'esprit.

La suite de la complainte est sublime, et M. Julien Tiersot a bien raison de tenir cette œuvre, paroles et musique, pour une des plus belles inspirations du génie inculte.

— Dites-moi, ma mère, ma mie,
Qu'est-c' que j'entends pleurer ici?
— C'est un p'tit pag' qu'on a fouetté
Pour un plat d'or qu'est égaré.

— Dites-moi, ma mère, ma mie,
Qu'est-ce que j'entends cogner ici?
— Ma fille, ce sont les maçons
Qui raccommodent la maison.

— Dites-moi, ma mère, ma mie,
Qu'est-c' que j'entends sonner ici?
— C'est le p'tit dauphin nouveau né,
Dont le baptême est retardé.

> — Dites-moi, ma mère, ma mie,
> Qu'est-ce que j'entends chanter ici?
> — Ma fille, c' sont les processions
> Qui font le tour de la maison.
>
> . . . .
>
> — Dites-moi, ma mère, ma mie,
> Irai-je à la messe aujourd'hui?
> — Ma fille, attendez à demain,
> Et vous irez pour le certain.

Tout est admirable dans cette complainte, dont on connaît un grand nombre de versions. Selon une variante recueillie à Boulogne-sur-Mer par M. Ernest Hamy, lorsque la femme de Jean Renaud voit dans l'église le cercueil de son mari et qu'elle appprend ainsi qu'elle est veuve, elle se tourne vers sa belle-mère :

> — Tenez, ma mèr', voilà les clefs :
> Allez-vous-en au petit né.
> Vêtez-le de noir et de blanc.
> Quant à moi, je reste céans.

Où trouver rien de plus simple, de plus grand, de plus sublime? « Mère, voilà les clefs. » N'est-ce pas là un de ces traits de nature qui, comme nous disions tantôt, sont le comble de l'art, quand l'art y peut atteindre?

Je m'arrête. Ma tâche, ici, n'est que d'effleurer les sujets. Je dirai, pour finir, ce qui m'a le plus frappé en parcourant dans divers recueils nos vieilles chansons de soldats. On n'y trouve pas trace de haines contre les peuples étrangers. On se bat pour le roi, contre les ennemis du roi; mais, ces ennemis, on les ignore et on ne leur veut aucun mal. Les longues guerres de Louis XIV n'ont pas laissé la moindre colère dans l'âme de ce peuple léger, doux et charmant.

A la veille de la Révolution, la France populaire ne se sent pas un seul ennemi en Europe. Elle n'a pas dans ses chansons un seul mot amer contre l'Allemand ou l'Anglais. Si le roi d'Angleterre est une fois provoqué, c'est dans une pastourelle tout à fait enfantine et mystérieuse, qu'on retrouve en Bresse et dans l'Ile de France. Une bergère l'appelle en combat singulier. Elle lui dit :

> Prends ton épée en main,
> Et moi ma quenouillette.

Et la quenouille de la pastoure rompt l'épée du roi d'Angleterre. Faut-il reconnaître dans cette fantaisie un souvenir puéril et tendre de Jeanne la Pucelle? Qui sait ce qu'un couplet de chanson porte de vérités sur ses ailes légères? La muse de nos campagnes enseigne clairement que nous ne savons point haïr. Quand il ne resterait du vieux génie français que les couplets sans rimes que nous venons de fredonner, on pourrait dire encore avec assurance : ce peuple avait deux dons précieux, la grâce et la bonté.

III

CHANSONS DE LABOUR

Celles-là ne sont point galantes. Chansons de labour, chansons de labeur. Le long de la Loire, Émile Souvestre entendit maintes fois les laboureurs *arauder* leurs attelages, c'est-à-dire les encourager par le chant que les bœufs semblent entendre. Le refrain était :

> Hé !
> Mon rougeaud,
> Mon noiraud,
> Allons ferme, à l'housteau
> Vous aurez du r'nouveau.

En Bresse, on chante au labour, pour exciter les bœufs, des chansons dites « chansons de grand vent ». On en cite une, entre autres, empreinte d'une morne rudesse :

> Le pauvre laboureur
> Il est bien malheureux !
> Du jour de sa naissance
> Il a bien du malheur ;
> Qu'il pleuv', qu'il neig', qu'il grêle,
> Qu'il fasse mauvais temps,
> L'on voit toujours sans cesse
> Le laboureur aux champs !

La plainte, si grave au début, se colore d'un peu de fantaisie.

> . . . .
> Il est vêtu de toile
> Comme un moulin à vent.
> Il port' des arselettes :
> C'est l'état d' son métier,
> Pour empêcher la terre
> D'entrer dans ses souliers.

Ses « arselettes », ce sont ses guêtres, comme le sens de la phrase l'indique suffisamment. Au dernier couplet, il hausse le ton, dit avec une juste fierté :

> Il n'y a roi ni prince,
> Ni ducque ni seigneur.

> Qui n'vive de la peine
> Du pauvre laboureur.

M. Paul Arène veut bien m'envoyer une chanson provençale du même genre qu'il a recueillie lui-même. « C'est, dit-il, la plainte du paysan, l'histoire ingénûment contée de son éternelle querelle avec la terre. Et certes un paysan seul a pu, dans l'ennui des lents labourages, composer lentement, sur une musique large, triste et se prolongeant en échos, ces couplets d'un réalisme si poignant et si mélancolique. » M. Paul Arène a fait de cette chanson une traduction ferme et colorée. Le début en est grand et rappelle les bucoliques syracusaines, tant il reste de génie antique dans l'âme provençale :

> Venez pour écouter — la chanson tant aimable — de ces pauvres bouviers — qui passent leur journée — aux champs, tout en labourant.

Puis, c'est avec la tranquille bonhomie d'un Hésiode rustique que le bon chanteur dit les travaux et les jours du laboureur :

> Quand vient l'aube du jour — que le bouvier s'éveille — il se lève et prie Dieu — et puis, après, il mange — sa bouillie de pois — ç'en est la saison.
>
> Aussitôt qu'il a mangé, — le bouvier dit à sa femme...

Ce qu'il lui dit est d'un maître attentif et sage. Il lui dit : « Prépare-moi du blé pour les semailles. Quand viendra l'heure du goûter, apporte-moi le flacon. Puis, tu raccommoderas mes culottes. Je crois bien qu'avant-hier, labourant à la lisière, un buisson m'en a pris le fond. » Cette idée le conduit à considérer les misères du métier, et il s'écrie amèrement :

Oh! le mauvais labour — que celui de cette terre, — où du matin au soir, — je ne trouve que misère! — Le sillon — de misère est plein.

Sans doute, la vie de la terre est une dure vie. Et les plaintes du bouvier provençal, comme celles du laboureur berrichon, doivent nous toucher. Mais ne méconnaissons pas qu'il s'y mêle de la joie, du contentement et de l'orgueil. Avec quelle fierté le bouvier de Paul Arène ne dit-il pas : « La charrue est composée de trente et une pièces. Celui qui l'a inventée devait avoir de l'adresse. Ce devait être un monsieur. »

On a peint sous des couleurs trop noires la vie de nos aïeux rustiques. Ils prenaient de la peine, et parfois enduraient de grands maux; mais ils ne vivaient pas comme des brutes. N'assombrissons pas à plaisir nos antiquités nationales. De tout temps, la France fut douce à ses enfants; le paysan de l'ancien régime avait ses joies : il y chantait. On a cru bien faire en le montrant taillable et corvéable à merci, et certes les droits seigneuriaux étaient parfois lourds. Mais on devait dire aussi combien Jacques Bonhomme, qui n'est point une bête, fut ingénieux pour s'en affranchir plus qu'à demi, bien avant la Révolution. Pensez-vous que les belles Cauchoises, qui, en l'an 1750, dressaient sur leurs têtes des clochers de dentelles plus hauts et plus somptueux que le hennin de la reine Isabeau, et qui serraient à leur taille, sur leur jupe écarlate, l'antique manteau des princesses capétiennes, la grande cape de laine, pensez-vous que ces belles fermières, honorées du titre de « maîtresse », manquassent de bouillie de sarrazin, de pain bis ou de pain de chanoine, et même de porc salé et de viande fraîche? Non pas; et si, selon l'usage, elles servaient l'homme à table et mangeaient debout, elles couchaient dans le grand lit à quatre quenouilles et suspendaient par une chaîne à leur ceinture les clefs de la vaste armoire pleine de linge. Plus d'une dame de qualité pouvait leur envier ces richesses domestiques. Et le bien-être du paysan n'était pas particulier à la Normandie. Il y a une quinzaine d'années, j'ai vu vendre à Clermont de vieilles robes de paysannes auvergnates. La reine Marie Leczinska n'en avait pas de plus somptueuses. Ces robes furent achetées par nos Parisiennes, qui en portèrent la jupe, habilement drapée, dans les bals, dans les soirées et aux dîners, où l'effet fut éclatant. Ces robes à ramages, ces bonnets de dentelle, expliquent les chansons d'amour merveilleusement braves et pimpantes que nous admirions tout à l'heure.

Voici notre promenade faite. J'avoue qu'elle fut plus sinueuse qu'il ne convenait. J'avais aujourd'hui l'esprit vagabond et rétif. Que voulez-vous? le vieux Silène lui-même ne conduisait pas tous les jours son âne à son gré. Et pourtant il était poète et dieu.

VILLIERS DE L'ISLE-ADAM[1]

Auguste Villiers de l'Isle-Adam est mort le 18 août 1886 dans la cinquante-deuxième année de son âge, chez les frères hospitaliers de Saint-Jean de Dieu, à l'ombre de ces vieux arbres qui virent mourir madame de la Sablière et Barbey d'Aurévilly. Comme tant d'autres, après avoir craint la mort de loin, il la vit venir sans trouble et ne s'effraya pas du visage qu'elle lui montra. Est-ce qu'il n'arrive pas pour chacun de nous un moment où nous avons besoin de mourir? Villiers est mort facilement, et ceux qui lui ont fermé les yeux disent qu'il a consenti par avance au repos qu'il goûte aujourd'hui. Peut-être gardait-il d'intimes espérances? Peut-être ce Breton croyait-il à ce que croyaient ses pères? Peut-être s'attendait-il à recevoir dans l'Inconnaissable la récompense due à son amour constant du beau et à ses souffrances? Qui sait? Dans ses conversations, il se disait volontiers chré-

[1]. *Contes cruels*, 1 vol. *L'Eve future*, 1 vol. *Axel*, 1 vol.

tien et catholique, et ses livres ne démentent pas ce témoignage.

Mais, certes, sa foi n'était pas celle du charbonnier. Il y mêlait d'étranges audaces. Et ce qu'il semble avoir le mieux goûté dans la foi, c'est le délice du blasphème. Il était de cette famille des néo-catholiques littéraires dont Chateaubriand est le père commun, et qui a produit Barbey d'Aurévilly, Baudelaire, et, plus récemment, M. Joséphin Peladan. Ceux-là ont goûté par-dessus tout dans la religion les charmes du péché, la grandeur du sacrilège, et leur sensualisme a caressé les dogmes qui ajoutaient aux voluptés la suprême volupté de se perdre.

Ces fils superbes de l'Église veulent pour ornements à leurs fautes la foudre du ciel et les larmes des anges. Villiers de l'Isle-Adam fut, comme eux, un grand dilettante du mysticisme. Sa piété était terriblement impie. Il avait des ironies énormes. Enfin, il est mort; il s'en est allé sans regrets. « Je vais me reposer », disait-il. Il est parti de ce monde sans avoir jamais goûté ce qu'on appelle les biens de la vie. La pauvreté se colla à ses os comme sa propre peau, et ses meilleurs amis, ses plus fervents admirateurs, ne purent jamais lui arracher ce vêtement naturel. Très jeune, dit-on, il avait dissipé un petit héritage. Ce qui est certain, c'est que, depuis sa vingtième année, pas un jour de sa vie il n'eut une table et un foyer. Trente ans il erra dans les cafés, de nuit, s'effaçant comme une ombre aux premières lueurs du matin. Sa misère, l'affreuse misère des villes, l'avait si bien marqué, si bien façonné, qu'il ressemblait à ces vagabonds qui, vêtus de noir, se couchent sur les bancs des promenades publiques. Il avait le teint livide taché de rougeurs, le regard vitreux, le dos humble des pauvres. Et pourtant, je doute aujourd'hui s'il faut le proclamer heureux ou malheureux. Je ne sais s'il fut digne de pitié ou d'envie. Il ignorait absolument sa misère; il en est mort, mais il ne l'a jamais sentie. Il vivait dans un rêve perpétuel, et ce rêve était d'or. Babouc endormi dans un ruisseau et foulé aux pieds par les passants sentait sur ses lèvres les baisers parfumés d'une reine. Villiers vivait constamment, par la pensée, dans des jardins enchantés, dans des palais merveilleux, dans des souterrains pleins des trésors de l'Asie, où luisaient les regards des saphirs royaux et des vierges hiératiques. Ce malheureux habitait dans des régions fortunées dont les heureux de ce monde n'ont pas la moindre idée. C'était un voyant : ses yeux ternes contemplaient en dedans des spectacles éblouissants. Il traversa ce monde en somnambule, ne voyant rien de ce que nous voyons et voyant ce qu'il ne nous est pas permis de voir. Aussi, tout pesé, nous n'avons pas le droit de le plaindre. Du songe banal de la vie, il a su se faire une extase toujours neuve. Sur ces ignobles tables des cafés, dans l'odeur du tabac et de la bière, il a répandu à flots la pourpre et l'or. Non, il n'est point permis de le plaindre. Et si nous le traitions comme un malheureux, il me semble que son ombre viendrait m'en faire des reproches amers. Je crois le voir debout, près de ma table, je crois voir Villiers tel qu'il était de son vivant, dans sa laideur courte et vulgaire, mais bientôt transfigurée quand, la tête penchée de côté, rejetant en arrière ses cheveux longs et droits, après de longs ricanements, il parlait comme un prophète. Je crois l'entendre qui me dit :

— « Enviez-moi, et ne me plaignez pas. Il est impie de plaindre ceux qui ont possédé la beauté. Je l'avais en moi, et je n'ai vu qu'elle; le monde extérieur n'existait pas pour moi, et je n'ai jamais daigné le regarder. Mon âme est pleine de châteaux solitaires au bord des lacs, où la lune argente les cygnes enchantés. Lisez mon *Axel*, que je n'ai point achevé et qui restera mon chef-d'œuvre. Vous y verrez deux belles créatures de Dieu, un homme et une femme qui cherchent un trésor, hélas! et qui le trouvent. Quand ils le possèdent, ils se donnent la mort, connaissant qu'il n'est qu'un trésor vraiment désirable, l'infini divin. Le méchant taudis dans lequel je rêvais en jouant le *Parcifal* sur un vieux piano était en réalité plus somptueux que le Louvre. Lisez, je vous prie, les *Aphorismes* de Schopenhauer, et revoyez l'endroit où il s'écrie : « Quel palais, quel Escurial, quel Alhambra égala jamais en magnificence le cachot obscur dans lequel Cervantès écrivait son *Don Quichotte*? » Lui-même, Schopenhauer, avait dans sa modeste chambre un Bouddha d'or, afin d'enseigner qu'il n'y a de richesse au monde que le détachement des richesses. Je me suis donné toutes les satisfactions qui peuvent tenter les puissants de la terre. J'ai été intérieurement grand maître de l'ordre de Malte et roi de Grèce. J'ai créé moi-même ma légende, et j'ai été aussi merveilleux de mon vivant que l'a été, un siècle après sa mort, l'empereur Barberousse. Et mon rêve a si bien effacé la réalité, que je vous défie, vous-même qui m'avez connu, de dégager entièrement mon existence des fables dont je l'ai superbement parée. Adieu, j'ai vécu le plus riche et le plus magnifique des hommes. »

Que répondre sinon ceci : « Soyez en paix, Villiers. Vous avez pris la part de l'idéal. La part de Marie. Et c'est la bonne part. Laissons dire les puissants et les heureux. Il n'est tel que de vivre pour un grand amour. Vous avez aimé plus que tout l'art et la pensée, et les sublimes illusions ont été votre juste récompense. Les grandes passions ne sont jamais stériles. Tout un monde d'images a peuplé les hautes solitudes de votre âme. »

Est-ce tout? Et faut-il ne voir en Villiers de l'Isle-Adam qu'un halluciné? Non pas. Si ce dormeur éveillé a emporté avec lui le secret de ses plus beaux rêves, s'il n'a pas dit tout ce qu'il avait vu dans ce songe qui fut sa vie, du moins il a écrit assez de pages pour nous laisser une idée de l'originale richesse de son imagination. Il écrivait obstinément, et ses manuscrits sans forme, illisibles, épars, toujours perdus, se retrouvaient toujours. Les somnambules ont des facultés que nous ne pouvons comprendre. Villiers rattrapait la nuit, dans les gouttières, les pages envolées de ses chefs-d'œuvre. On a dit qu'il écrivait sur du papier à cigarettes. Sur quoi ne griffonnait-il pas ses manuscrits? Ceux-là seuls qui les ont vus peuvent dire ce que c'était. Des lambeaux sans nom, usés dans ses poches, où il les traînait depuis des années, et qui s'en allaient par bribes dès qu'il les déployait, d'affreux restes indéchiffrables pour lui-même et dont il constatait l'émiettement avec une épouvante comique et profonde. Il les reconstituait pourtant, avec une patience obstinée et une adresse merveilleuse. Comme M. Comparetti déroule prudemment les rouleaux carbonisés de papyrus de Pompéi, Villiers rassemblait les miettes d'*Axel* ou de *Bonhomet*, et l'œuvre était sauvée.

Et cela s'imprimait, et cela faisait quelquefois un assez beau livre.

Il faut le dire à la confusion de ceux qui l'ignoraient tant qu'il a vécu : Villiers est un écrivain, et du plus grand style. Il a le nombre et l'image. Quand il n'embarrasse pas sa phrase d'incidences aux intentions trop profondes, quand il ne prolonge pas trop les ironies sourdes, quand il renonce au plaisir de s'étonner lui-même, c'est un prosateur magnifique, plein d'harmonie et d'éclat. Il y a dans son drame du *Nouveau Monde*, qui n'en tomba pas moins, des dialogues d'une suavité, d'une pureté, d'une noblesse incomparables. Le recueil qu'il a intitulé *Contes cruels* contient des pages de toute beauté. Voici, par exemple, quelques lignes d'une grâce héroïque. Il s'agit des compagnons de Léonidas :

Les trois cents étaient partis avec le roi. Couronnés de fleurs, ils s'en étaient allés au festin de la Patrie. Ceux qui devaient souper dans les Enfers avaient peigné leur chevelure pour la dernière fois dans le temple de

Lycurgue. Puis, levant leurs boucliers et les frappant de leurs épées, les jeunes hommes, aux applaudissements des femmes, avaient disparu dans l'aurore en chantant des vers de Tyrtée. Maintenant sans doute, les hautes herbes du Défilé frôlaient leurs jambes nues, comme si la terre qu'ils allaient défendre voulait caresser encore ses enfants avant de les reprendre en son sein vénérable.

Trouverait-on rien de plus magnifique dans Chateaubriand? de plus ferme dans Flaubert? Villiers, profondément musicien et tout plein de Wagner, mettait dans sa prose des sonorités expressives et comme d'intimes mélodies. D'ailleurs, il aimait de tout son cœur l'art d'écrire. Il n'y a pas d'amour sans quelque superstition. Il croyait à la vertu des mots. Certains termes avaient pour lui, comme les Runes scandinaves, des puissances secrètes. Cela même est d'un bon ouvrier du langage. Il n'est point d'écrivain véritable qui n'ait de ces faiblesses.

Avec ces dons merveilleux, Villiers ne conquit jamais la faveur du public, et je crains que ses livres, même après sa mort, ne soient goûtés que d'un petit nombre de lecteurs. Ils sont d'une ironie cruelle. C'est cette ironie, parfois obscure et pénible, qui en défend l'accès. Le ricanement que tous ceux qui connurent Villiers ont encore dans les oreilles, ce ricanement aux petites et dures saccades, se retrouve dans tout ce qu'il a écrit et fait grimacer les lignes les plus pures de sa pensée. Ce visionnaire prolongeait la moquerie au delà de ce qui est permis et même concevable, et il la mêlait étrangement à ses contemplations philosophiques, à ses pieuses extases, à ses méditations sublimes. Je viens de relire son *Ève future,* qui fut publiée il y a quatre ans et dont le héros est précisément l'hôte illustre que Paris reçoit en ce moment avec sympathie et curiosité. Villiers a mis en scène, dans ce roman, l'inventeur du téléphone et du phonographe, le sorcier de Menlo Park, l'ingénieur Edison. Naturellement, les inventions de cet habile homme prennent dans l'esprit de Villiers un caractère merveilleux et un tour fantastique. Il suppose que M. Edison a fabriqué une femme électrique, une andréide d'une beauté merveilleuse, dont l'aspect, les mouvements et les paroles produisent l'illusion complète de la vie. Et il se délecte dans cette idée folle, qui lui permet de railler la science en blasphémant la nature. Sortie, comme l'Ève biblique, des mains de son auteur, la nouvelle Ève inspire naturellement le désir. M. Edison l'a fabriquée pour un jeune lord qui, ayant donné son amour à une femme vivante et belle, il est vrai, mais sotte et vulgaire, ne peut vivre ni avec cette créature ni sans elle, et tombe dans un ennui mortel. L'andréide ressemble trait pour trait à cette vivante; mais, les pensées qu'elle exprime, au moyen d'un phonographe interne, sont d'une idéale beauté, ayant été composées par les écrivains les plus habiles des deux mondes, Elles ne laissent pas de produire une vive impression sur l'esprit du jeune lord.

« Au cri de ton désespoir, lui dit l'andréide, j'ai accepté de me vêtir à la hâte des lignes radieuses de ton désir, pour t'apparaître...

» Je m'appelais en la pensée de qui me créait, de sorte qu'en croyant seulement agir de lui-même il m'obéissait aussi obscurément.

» Qui suis-je?... un être de rêve qui s'éveille à demi en tes pensées.

» Oh! ne te réveille pas de moi...

» Qui suis-je? Mon être ici-bas, pour toi du moins, ne dépend que de ta libre volonté. Attribue-moi l'être, affirme-toi que je suis! Renforce-moi de toi-même. Et soudain je serai toute animée, à tes yeux, du degré de réalité dont m'aura pénétré ton Bon-Vouloir créateur. Comme une femme, je ne serai pour toi que ce que tu me croiras. »

Et comme le lord étonné ne répond rien, l'andréide reprend :

» Crains-tu de m'interrompre? Prends garde! Tu oublies que ce n'est qu'en toi que je puis être palpitante ou inanimée, et que de telles craintes peuvent m'être mortelles. Si tu doutes de mon être, je suis perdue, ce qui signifie également que tu perds en moi la créature idéale qu'il t'eût suffi d'y appeler.

» Oh! de quelle merveilleuse existence puis-je être douée si tu as la simplicité de me croire, si tu me défends contre ta raison! »

Après tout, n'a-t-elle pas raison, l'andréide? Ment-elle plus qu'une autre? Est-elle plus une illusion? Pour ce que l'on connaît de la femme qu'on aime, pour ce qu'on possède de son secret, pour ce qu'on pénètre de son âme, en vérité, l'automate vaut bien la vivante. Terrible sagesse de l'andréide! Jamais on n'avait si magnifiquement blasphémé la nature et l'amour. N'en restez-vous pas glacé comme moi? Hélas! pauvre Villiers! Je l'ai connu; c'était un compagnon d'un esprit de plaisanterie infini, d'une fantaisie excellente, *a fellow of infinit jest, of most excellent fancy.*

UN MOINE ÉGYPTIEN[1]

M. E. Amélineau a passé plusieurs années en Égypte, à la recherche des manuscrits coptes enfouis dans les couvents et dans les églises. Ce savant, qui fut un homme de foi et qui garde au fond de son âme le parfum de ses croyances évanouies, a vécu de longues heures dans les couvents du Nil, parmi les pauvres moines ignares, paresseux, sales, dégradés, heureux. Il les a vus avec une pitié sympathique chauffant au soleil leur oisiveté fière et pensive. Il a étudié leur âme, à la fois grossière et subtile, pleine de visions merveilleuses. Une chose l'a frappé : c'est la ressemblance profonde de la race copte et de la race celtique. De part et d'autre, c'est la même naïveté dans l'idéalisme et le même culte des vieilles traditions. M. Amélineau a recueilli les monuments d'une histoire de l'Égypte chrétienne. Il a

---

1. *Les Moines égyptiens*, par E. Amélineau. *Vie de Schnoudi* (Leroux, édit., in-18).

fait plusieurs publications de textes d'une grande importance. Je ne veux parler aujourd'hui que d'un seul de ses ouvrages, la *Vie de Schnoudi*. C'est un livre intéressant, écrit avec élégance et d'une lecture facile. Ce Schnoudi, dont M. Amélineau a constitué la biographie d'après des documents historiques, tels que règles monastiques, lettres d'administration, sermons, actes, etc., est un personnage extraordinaire, digne d'être étudié même après les Antoine, les Macaire et les Pacôme, qui donnèrent au christianisme d'Égypte une physionomie si originale.

Il naquit le 2 mai 333, sous le patriarcat d'Athanase, non loin de la ville grecque, alors ruinée, d'Athribis, à Schenaloli; c'est-à-dire le *village de la Vigne*. Son père se nommait Abgous et sa mère Darouba. C'étaient de bons fellahs, qui possédaient quelques moutons et peut-être un peu de cette terre noire qui rend au centuple le grain qu'on lui confie. Ils donnèrent à l'enfant prédestiné le nom de Schnoudi, qui veux dire *fils de Dieu*. Schnoudi fut élevé comme tous les enfants de fellahs. On peut se le figurer agile et nu, suivant sa mère au bord du fleuve, quand elle descendait le soir remplir la cruche qu'elle posait droite sur sa tête, suivant la coutume séculaire et qui dure encore. A neuf ans, il accompagnait le vieux berger qui paissait les moutons de son père. Déjà sa vocation se révélait. Le soir, au lieu de rentrer à la maison, il descendait dans un de ces nombreux canaux qui traversent les champs, et là, sous un sycomore, plongé dans l'eau jusqu'au cou, les bras levés au ciel, il priait toute la nuit. C'est par de telles pratiques que la sainteté se révèle en Orient. Darouba avait un frère, nommé Bgoul, qui était abbé d'un monastère, proche de la ville ruinée d'Athribis. Bgoul prit l'enfant et le fit instruire dans l'école qui dépendait du monastère. Schnoudi y apprit à parler et à écrire le copte.

Il y prit quelque connaissance de la langue grecque. Surtout il s'exerça sur de nombreux tessons à tracer de beaux caractères. L'art du scribe était alors très estimé. Enfin, il étudia la Bible et se nourrit surtout des psaumes et des prophètes.

Parvenu à l'âge d'homme, il manifesta sa sainteté par des travaux dignes des Macaire et des Pacôme. Il ne dormait qu'un petit nombre d'heures, jeûnait jusqu'au coucher du soleil et ne prenait pour toute nourriture qu'un peu de pain avec du sel et de l'eau. Parfois, il passait la semaine entière, du samedi au samedi, sans manger. Pendant les quarante jours du carême, il se contentait de fèves bouillies.

Une fois, en la semaine sainte, lorsque arriva « le vendredi des douleurs sincères », il se fit une croix comme celle de Jésus, l'éleva, s'attacha lui-même sur le bois et resta suspendu, les bras allongés, la face et la poitrine contre l'arbre de son supplice. Il y resta la semaine entière. On sait que le P. Lacordaire a renouvelé, de nos jours, ces tortures mystiques et qu'il s'est mis en croix pendant plusieurs heures.

Schnoudi était sujet à des crises de larmes : il pleurait si abondamment qu'on craignait qu'il n'en perdît la vue. Selon l'usage des saints de l'Égypte, il se retira dans le désert et vécut cinq ans dans un de ces tombeaux anciens taillés dans le roc et formés de vastes salles, parfois couvertes de peintures. Il y travaillait de ses mains.

Un jour, dit son biographe, comme, assis dans la chambre sépulcrale, il tressait des cordes, le Tentateur lui apparut sous la forme d'un homme de Dieu. « Salut, ô beau jeune homme, lui dit-il; le Seigneur m'a envoyé vers toi pour te consoler. Renonce désormais aux travaux de la piété, quitte l'aride désert; redescends vers la campagne riante et va manger ton pain en compagnie de tes frères. » A ces paroles, Schnoudi connut qui était devant lui. Il lui dit : « Si tu es venu pour me consoler, étends la main et prie le Seigneur Jésus. » En entendant le nom de Jésus, Satan (car c'était lui-même) reprit sa forme véritable, qui est celle d'un bouc cornu. Et le saint lui passa autour du cou une des cordes qu'il venait de tresser. Le diable fut saisi d'une telle épouvante, qu'il en oublia qu'il était immortel.

— Je t'en prie, dit-il à Schnoudi, ne me fais pas périr avant le terme de ma vie.

Schnoudi lui fit entendre ces paroles menaçantes :

— Par les prières des saints, si tu reviens ici, je t'exilerai à Babylone de Chaldée, jusqu'au jour du jugement.

Et il lâcha Satan, qui s'enfuit couvert de confusion.

On peut être surpris tout d'abord que Schnoudi, qui

tenait le diable en son pouvoir, l'ait laissé aller. Mais le diable, à tout considérer, est aussi nécessaire que Dieu lui-même à la vertu des saints; car, sans les épreuves et les tentations, leur vie serait privée de tout mérite. Toutefois il n'est pas certain que Schnoudi ait agi par cette considération. Peut-être éprouva-t-il une insurmontable difficulté à étrangler le diable. C'eût été, d'ailleurs, une grave imprudence. Le diable mort, tout l'édifice de la religion s'écroulait, et le cataclysme s'étendait jusqu'au ciel. Il se peut aussi que Schnoudi n'ait pas non plus songé à cela.

Après avoir vécu cinq ans dans un tombeau, le saint homme était mort aux tentations des sens : l'image de la femme, qui troubla jusque dans la vieillesse Antoine, Macaire et Pacôme, ne lui causait plus que de l'horreur et du dégoût. Rentré dans le couvent d'Athribis, il en prit la direction après la mort de son oncle, l'abbé Bgoul. C'est alors que cet ascète déploya le génie d'un grand pasteur d'hommes.

La petite communauté, composée d'une centaine de moines, s'accrut en peu d'années d'une façon prodigieuse et compta bientôt plus de deux mille religieux dont les habitations, nommées *laures*, s'échelonnaient le long de la montagne. Les uns menaient la vie cénobitique, les autres vivaient dans la montagne en anachorètes. Schnoudi fonda à quelque distance un couvent de dix-huit cents femmes. Il résolut alors de bâtir un monastère indestructible et une grande église. A l'en croire, il découvrit dans les ruines de la cité grecque l'argent nécessaire à cette vaste entreprise. Un matin, il heurta une bouteille, de celles que l'on appelait bouteilles d'Ascalon; il la prit, l'ouvrit; elle était pleine d'or.

Il traça lui-même le plan des bâtiments et les fit construire avec les pierres des ruines. Les ouvriers, qui travaillaient pour le salut de leur âme, luttèrent d'ardeur et d'habileté. En dix-huit mois tout fut achevé.

« L'œuvre de ces braves gens, dit M. Amélineau, existe encore aujourd'hui : pas une pierre n'a bougé. Quand, de loin, on la voit se détacher en avant de la montagne, elle se présente comme un bastion carré : de fait, c'est plutôt une forteresse qu'un monastère. La construction est rectangulaire, faite à la manière des anciens Égyptiens, par assises froides. Les blocs de pierre fournis par les temples de la ville ruinée ont dû être coupés et taillés de nouveau : pourtant ils montrent encore leur emploi primitif. Les murs, d'une grande profondeur, n'ont pas moins de cent vingt mètres de longueur sur cent de largeur. La hauteur en est très grande; et tout autour règne une sorte de corniche peinte qui rappelle les chapiteaux de certaines colonnes de la grande salle hypostyle de Karnak. On distingue encore quelques restes des couleurs dont les pierres étaient revêtues. On entrait au monastère par deux portes qui se faisaient face, et dont l'une a été murée depuis. Celle par laquelle on entre aujourd'hui est d'une profondeur de plus de quinze mètres. Quand on y passe, l'obscurité donne le frisson. Les moines qui la traversaient étaient vraiment sortis du monde. A droite de cette porte se trouve la grande église : à l'entrée on voit encore deux colonnes de marbre dont on n'a pu trouver l'emploi et sur lesquelles Schnoudi s'assit plus d'une fois dans sa vie, à l'heure où le soir amenait la fraîcheur avant d'entrer dans l'église pour la prière de la fin du jour. L'église elle-même a la forme de toutes les églises coptes avec ses cinq coupoles. »

Schnoudi ne craignait pas d'engager Dieu dans ses propres intérêts. Il avait coutume de dire :

« Il n'y a pas dans tout ce monastère la largeur d'un pied où le Seigneur ne se soit promené avec moi, sa main dans la mienne. »

Il disait encore :

« Que celui qui ne peut visiter Jérusalem pour se prosterner devant la croix sur laquelle est mort Jésus le Messie, vienne faire son offrande dans cette église où se réunissent les anges. Je prierai pour leurs péchés passés, et quiconque m'écoutera n'aura rien à souffrir de ses fautes, même les morts qu'on a enterrés dans cette montagne, car j'intercéderai pour eux près du Seigneur. »

C'est ainsi, remarque son moderne biographe, que Schnoudi dota son église des « indulgences attachées aux lieux saints » et les rendit « applicables aux défunts », et cela de sa propre autorité.

Ce croyant avait, comme plus tard Mahomet, des ruses profondes. Quand on l'étudie, il n'est pas toujours facile de marquer le point où finit l'illusion du voyant, où commence la fraude pieuse. Voici un petit fait qui donne à réfléchir à cet égard :

Un jour, son disciple bien-aimé, le doux Visa, qui devait lui succéder, frappa à la porte de sa cellule.

— Entre sans tarder, lui répondit l'abbé.

Visa n'osait d'abord, parce qu'il avait entendu un bruit de voix. Il entra pourtant, baisa la main de Schnoudi et lui demanda d'où venait la voix qu'il avait entendue.

— Le Messie vient de me quitter, répondit Schnoudi, il m'a longtemps entretenu des mystères ineffables.

Visa poussa un grand soupir.

— Puissé-je aussi le voir !

— Tu es trop petit de cœur, répondit Schnoudi. C'est pourquoi je ne l'ai point prié de se laisser voir à toi.

— Il est vrai que je suis un pécheur, répondit le doux Visa.

L'abbé reprit :

— Élève ton cœur et je te promets que tu verras Celui que j'ai vu.

Visa, content de cette promesse, baisa de nouveau la main du maître et dit :

— Père, je suis ton esclave, prends pitié de moi et fais que je mérite de le voir réellement.

Touché de tant d'humilité, Schnoudi parla de la sorte :

— Reviens demain à la sixième heure. Tu nous trouveras de nouveau conversant ensemble.

Le lendemain, à l'heure dite, Visa ne manqua pas de

frapper à la porte de la cellule. Mais, quand il entra, il ne vit que Schnoudi. Le Messie, l'ayant entendu frapper, était remonté au ciel.

— Malheureux que je suis ! s'écria Visa en pleurant abondamment. Je ne mérite pas de voir le corps du Christ Jésus.

Schnoudi s'efforça de le consoler.

— Ne pleure point : si tu ne mérites pas de le voir, tu pourras du moins entendre sa douce voix.

« En effet, ajoute le pieux Visa, qui rapporte cet entretien, depuis lors je l'ai plusieurs fois entendu converser avec mon père. »

Schnoudi enveloppait sa foi de tous les prestiges de la sorcellerie chère aux Orientaux. Son christianisme, comme celui de tous les Égyptiens, était entaché de magie. Il pouvait, disait-il, se rendre invisible et « enchanter » la vallée.

Cependant, comme aux jours de son enfance, il descendait dans l'eau et, malgré le froid, y passait toute la nuit en prières. Le tombeau du désert, où il avait passé cinq années de sa jeunesse et enseveli les images de la volupté terrestre, lui était resté cher. Il y retournait souvent, y passait des semaines entières, conversant avec Jésus-Christ et combattant corps à corps avec le diable.

Il devint célèbre dans toute l'Égypte, à l'égal d'Antoine et de Macaire, et l'on sut jusque dans Alexandrie qu'il y avait près de la montagne d'Athribis un saint que Jésus-Christ visitait tous les jours. Il exerçait autour de son couvent une magistrature à laquelle les nomades eux-mêmes se soumettaient. L'Égypte était alors désolée par les courses de tribus errantes qui y semaient la terreur et la mort. L'abbé d'Athribis nourrit pendant trois semaines vingt mille malheureux : hommes, femmes, enfants, victimes des nomades. On dépensait, par semaine, dit Visa, vingt-cinq mille drachmes pour acheter les légumes, les assaisonner et faire cuire la viande, sans compter tout ce qu'il fallait pour faire la cuisine, cent cinquante bouteilles d'huile par jour et dix-neuf ardebs (36 hectolitres) de lentilles. Quatre fours cuisaient le pain.

Schnoudi, si miséricordieux pour les malheureux et si empressé à nourrir les affamés, traitait au contraire avec une violence furieuse les idolâtres et les adultères. Il y avait alors au bord du Nil des hommes riches qui vivaient élégamment dans de belles maisons peuplées de dieux à demi grecs, à demi égyptiens. Schnoudi saccageait avec ses moines les habitations de ces honnêtes païens. L'un d'eux fut noyé dans le fleuve. On conta qu'il y avait été jeté par un ange, mais ce fut probablement par un moine. Schnoudi était terrible dans son zèle. Grand contempteur de la nature, ce qu'il pardonnait le moins, c'était le péché de la chair. Il y avait, près d'Athribis, un prêtre qui vivait avec une femme mariée; Schnoudi, qu'un tel scandale indignait, alla trouver le prêtre et lui représenta l'abomination de son péché. Le prêtre promit de quitter cette femme, mais, quand il la revit, il la garda près de lui, car il l'aimait.

Par malheur, Schnoudi les rencontra ensemble. « Suffoqué par l'odeur de l'adultère, il se rappela les terribles jugements que, sur le mont Sinaï, le Seigneur avait ordonné à Moïse d'exécuter; de son bâton, il frappa la terre, qui s'entr'ouvrit, et les deux criminels furent engloutis vivants. »

Ainsi s'exprime le saint homme Visa. En fait, Schnoudi avait commis un horrible assassinat.

Malgré les progrès du monachisme, il se trouvait encore en Égypte des hommes en grand nombre et même des prêtres qui « aimaient les créatures de Dieu ». Ils se rendirent près du duc d'Antinoé et accusèrent l'abbé d'Athribis d'avoir tué un homme et une femme. Le duc rendit bonne justice. Il s'empara de Schnoudi, le fit juger et condamner à mort. On raconte que deux anges enlevèrent le saint homme sous le sabre du bourreau. Il est plus croyable que les moines d'Athribis arrachèrent leur abbé au supplice. Ils formaient une armée nombreuse et disciplinée, contre laquelle les pouvoirs publics ne pouvaient lutter en ces temps de troubles et d'anarchie.

Tels sont, en résumé, les faits aujourd'hui connus de la vie de Schnoudi. M. Amélineau a le double mérite de les avoir découverts dans des manuscrits coptes et d'en avoir composé un récit suivi, d'un intérêt très vif et lisible pour tout le monde. Schnoudi mourut dans sa cent dix-neuvième année, le 2 juillet 451. Cette date nous est donnée pour certaine, et il faut convenir que les vies des pères du désert fournissent plus d'un exemple d'une semblable longévité.

« Après lui, dit M. Amélineau, la nuit se fait sur l'histoire de ce monastère de Schnoudi, qui eut un moment tant de célébrité ; on ne connaît pas le nom d'un seul des successeurs de Visa. L'œuvre était condamnée à périr ; le monastère seul est resté debout, mais combien déchu de son antique splendeur ! Où les pieds de tant de saints, du Messie lui-même, s'étaient posés si souvent, le pied impur de la femme se pose aujourd'hui ; les derniers enfants de Schnoudi se sont mariés et ont ainsi introduit dans le sanctuaire de Dieu une abomination de la désolation à laquelle n'avait sans doute point songé le prophète Daniel. Ces pauvres ménages vivent des maigres revenus de rares feddans, pêle-mêle avec les bestiaux qui leur appartiennent. Ils ont toutefois conservé le souvenir de l'homme terrible dont ils croient que l'ombre hante toujours leur demeure. »

C'était un grand et effroyable saint. En Égypte, le christianisme se colore de teintes ardentes dont nous n'avons point l'idée dans nos climats tempérés. Le brillant fanatisme de l'islam y éclate par avance. Il y a déjà du marabout et du mahdi dans les vieux moines chrétiens de la vallée du Nil.

LÉON HENNIQUE[1]

Pendant que les spirites tenaient au Grand-Orient de France leur congrès international ou, pour mieux dire, leur premier concile œcuménique, je lisais un roman spirite que M. Léon Hennique a publié récemment sous ce titre : *un Caractère*.

M. Léon Hennique a grandi et s'est formé dans le naturalisme. Il est un des conteurs des *Soirées de Médan*, et ses premiers livres trahissent le souci du « document humain ». Mais, par le tourment ingénieux du style et la curiosité fine de la pensée, il procède des Goncourt plutôt que de M. Zola. Il a, comme les deux frères, la vision colorée des temps évanouis, l'amour du rocaille et du rococo, le goût maladif du précieux et du rare. Comme eux, il met de l'apprêt et de la coquetterie dans la brutalité. Mais il est original et singulier par un certain don de rêve, par un certain sentiment de l'idéal,

---

1. *Un Caractère*, par Léon Hennique, 1 vol.

par je ne sais quoi d'héroïque et de fier. Ceux qui ont vu jouer son *Duc d'Enghien* au Théâtre Libre savent ce que M. Léon Hennique cache de nobles émotions sous l'enveloppe hérissée et contournée de sa forme littéraire. Le roman que je viens de lire, *un Caractère*, est certes une œuvre peu commune. J'en pourrais dire beaucoup de mal. Je pourrais me plaindre amèrement d'un écrivain qui veut m'éblouir par les scintillements perpétuels d'un style à facettes et qui m'agace les nerfs en voulant me procurer sans trêve ni repos des sensations neuves, d'une excessive ténuité. Je pourrais me venger de toutes les phrases en spirale dont il m'a fatigué et lui demander compte de ces « inanes chimères », de ces « médians soirs », de ces « oculaires galas » et autres raretés chez lui trop communes. Mais à quoi bon? Ces artifices de langue et de pensée, ces subtilités violentes, il les a voulus. Cette folie du singulier et de l'exquis le possède tout entier. Il est artiste. Il aime son mal. Ce style couronné d'épines, plus farouche et plus étincelant qu'un Christ espagnol, il l'adore à deux genoux. La foi d'un artiste doit inspirer du respect « à tous les cœurs amis de la forme et des dieux ». Ce que je reproche en somme à M. Hennique, c'est de tendre sous nos pieds, comme la reine d'Argos, un tapis trop riche et d'une splendeur inquiétante. A l'exemple du roi du vieil Eschyle, j'aime mieux l'herbe et la terre natale. Je n'entends pas à la façon de M. Hennique l'art et l'économie du style. Du moins que ce dissentiment ne me rende ni injuste ni amer. Il aime l'art à sa manière, je l'aime à ma façon.

N'est-ce pas une raison pour nous accorder et pour tourner notre commun mépris sur les malheureux qui vivent dans d'éternelles laideurs? « Quand je songe qu'il se fait à cette heure des *Docteur Rameau*, des *Comtesse Sarah* et des *Dernier Amour*, il me prend envie de crier à M. Léon Hennique : Quoi ! vous savez la valeur des mots, le prix du style, la noblesse de l'art, et je vous querelle parce que vous êtes trop recherché, trop inquiet, trop précieux, parce que vous vous égarez dans des obscurités étincelantes. Je devrais dire au contraire que tout cela est beau, que tout cela est bien. Car vos pires défauts sont infiniment préférables à la vulgarité des auteurs que chérit la foule. Si pourtant je dois vous faire de nouveaux reproches, qu'il soit entendu que je ne vous attaquerai qu'avec quelque respect. »

Ne serait-il pas juste de parler ainsi? Et ne faut-il pas reconnaître encore que, dans cette forme littéraire d'un artifice parfois irritant, l'auteur de *un Caractère* a su renfermer une idée morale d'une vraie beauté?

Ce roman, que je viens de lire, m'a profondément touché; et je suis encore sous l'empire de la noble émotion qu'il m'a causée. C'est, avons-nous dit, un roman spirite. A première vue, les tables tournantes, les esprits frappeurs, les médiums typtologues ne semblent pas fournir un sujet bien intéressant d'étude. Ce que j'en ai vu, pour ma part, serait tout au plus la matière d'un petit conte satirique. J'ai amusé, de temps à autre, ma curiosité chez d'excellentes gens adonnées aux sciences psychiques : c'est le nom qu'ils donnent à leurs illusions. J'ai déjà confessé que j'aime le merveilleux, mais il ne m'aime pas; il me fuit et s'évanouit devant moi.

En ma présence, les esprits frappeurs se taisent soudain, et les petites mains de lumière qu'on voyait s'agiter dans l'ombre des rideaux s'envolent comme des colombes au sein de l'éther, leur patrie. Je donnerais beaucoup pour causer avec des âmes désincarnées : elles peuvent compter sur ma curiosité discrète et ma profonde attention. Jusqu'ici, hélas! aucune d'elles, se détachant de l'innombrable essaim des ombres, n'est venue, comme Francesca, à l'appel du Florentin, murmurer à mes oreilles des paroles mystérieuses. Il y aurait quelque mauvais goût à laisser voir que je suis piqué de leurs dédains obstinés. Pourtant je ne puis m'empêcher de trouver qu'elles choisissent parfois d'une façon étrange leurs confidents terrestres et qu'elles se plaisent mieux dans la compagnie de gens grossiers et ignorants que dans le concile des sages. Il y a plusieurs années, dans une heure de perversité, je suis allé chez le docteur Miracle, où j'ai trouvé des dames affligées qui mangeaient des pâtisseries sèches et des vieillards recueillis comme on en voit dans les églises. Le docteur Miracle nous présenta une vieille dame qu'il appelait, je ne sais pourquoi, une pythonisse et qui, disait-il, parlait la langue primitive de l'humanité. Elle roulait des yeux féroces à travers les mèches grises de ses cheveux. Armée d'une tige de fer dont l'extrémité supérieure se recourbait en forme de serpent et finissait en pointe de dard, elle s'agitait furieusement sur un tabouret et poussait des cris inhumains.

Le docteur Miracle nous avertit que la tige servait à conduire le fluide, et cette explication souffrait d'autant moins de difficultés, que le public n'était pas du tout inquiet de savoir quel pouvait être ce fluide. Quant au dard du serpent, j'en ignore l'utilité. Mais chacun en comprit le danger si on le laissait aux mains de cette vieille enragée. On l'y laissa. M. Jacolliot, qui représentait la Science chez le docteur Miracle (je vois encore sa bonne figure avenante et pleine de dignité), fut prié de s'asseoir sur un escabeau, tout contre la pythonisse. Celle-ci maniait la tige de fer avec une agilité redoutable, et M. Jacolliot avait assez à faire d'éviter que la pointe lui entrât dans les yeux. Pourtant ce n'était pas là sa seule occupation. Il lui était enjoint de saisir au passage les mots hindous que la pythonisse pourrait prononcer. Secoué sur son escabeau, les oreilles rompues par des hurlements inouïs, écartant d'une main le dard menaçant, épongeant de l'autre son front dégouttant de sueur, étourdi, effaré, écrasé, résigné, il « suivait le phénomène », selon l'heureuse expression du docteur. Enfin, après dix minutes d'agonie, il entendit *Rama* et se déclara satisfait. Rama! La pythonisse parlait le langage de Walmiki; elle n'en était plus à l'idiome primitif! Nous apprîmes du docteur que les pythonisses traversent les âges avec une notable rapidité, ce qui explique le phénomène. J'ai assisté à plusieurs autres expériences, où manquaient et le serpent de fer, et

M. Jacolliot, mais qui ne m'instruisirent pas plus avant dans les mystères d'outre-tombe. Plus tard, j'ai vu des femmes qui pleuraient leurs enfants et qui trompaient l'absence éternelle en interrogeant des tables; alors j'ai compris que le spiritisme était une religion et qu'il fallait le laisser aux âmes comme une illusion consolante. J'ai compris qu'il pouvait inspirer à l'artiste mieux qu'une satire sur la pitoyable crédulité des hommes et que le poète peut en tirer quelque chose d'humain, quelque chose d'intimement tragique ou de profondément doux. Au reste, il me souvient bien que M. Gilbert-Augustin Thierry a, dans sa sombre histoire de *Rediviva*, demandé aux expériences du docteur Miracle les secrets d'une épouvante nouvelle. Avant lui, Gautier n'avait-il pas conté avec élégance les amours d'un vivant et de sa fiancée, non point morte (les spirites nient la mort), mais désincarnée? Le conte s'appelait *Spirite* et c'était, je crois bien, un fort joli conte. Mais le bon Gautier répandait sur toutes choses une lumière égale. Personne n'avait moins que lui le sens de l'ineffable. Son style achevé ne donnait point l'idée de l'au delà. On ne sent pas dans son histoire de *Spirite* palpiter les ailes invisibles. Dans *un Caractère*, l'impression de l'occulte est beaucoup plus forte mais c'est surtout l'idée morale qui, à mon sens, fait le prix du livre de M. Léon Hennique. Essayons de l'indiquer.

Agénor, marquis de Cluses, a épousé dans les dernières années de la Restauration, Thérèse de Montégrier, une fine et douce créature, qu'il aime de toutes les forces de sa nature honnête, droite et bienveillante. Ce marquis de Cluses a l'esprit médiocrement étendu; le goût petit, mais délicat, une belle candeur d'âme et un cœur fidèle. Il fut pieux envers ses parents, dont il pleure encore la perte. Il a le culte des morts, le culte de la femme et le culte de son roi. Il est désintéressé et plein d'honneur. Petite tête et grand cœur, enfin c'est « un caractère ». L'excellent homme a des manies charmantes. Il aime tout ce qui caresse le regard et parle du passé : vieux meubles magnifiques, riches tapisseries, étoffes somptueuses. Il a meublé son château de Juvisy, dans l'Aisne, de toutes les merveilles du rococo, et il en a fait le palais de la Belle au bois dormant. C'est là qu'après un an de mariage sa femme meurt en couches. Elle lui laisse une petite fille, Berthe. Mais le pauvre Agénor, tout à son veuvage, ne songe point qu'il est père. Il n'a pas seulement regardé son enfant. Il vit enfermé dans la chambre de la morte, les volets clos, une seule bougie allumée. Et là, tout le jour, il sanglote, il prie, il appelle Thérèse. Sa tristesse « aiguisée à la solitude, aux veilles, au jeûne » est devenue prodigieusement fine et pénétrante. Pendant des jours et des jours il épie le retour impossible, mais certain, de la morte. Il la revoit enfin. C'est d'abord une ombre, qui peu à peu se colore. C'est elle! Et il la voit parce qu'il a mérité de la voir. C'est cette belle idée que M. Hennique a exprimée magnifiquement et qui donne à tout son livre un sens large et profond. Éternelle vérité des antiques théogonies : le désir a créé le monde, le désir est tout-puissant. Agénor le sait bien maintenant, que l'amour est plus fort que la mort.

Pour lui la parole de l'Évangile, « heureux ceux qui pleurent », s'est réalisée à la lettre. Il a goûté la consolation suprême de ceux qui, comme Rachel, ne veulent point être consolés, de ces âmes qui se plongent éperdûment dans leur douleur avec une insatiable volupté et qui retrouvent en elles-mêmes ceux-là qu'elles pleurent, parce qu'elles les y avaient mis tout entiers. Agénor a reconquis Thérèse. Il la voit, l'entend de nouveau, en récompense de cet amour qui n'avait jamais consenti à la perdre.

Après cette première vision, cette reprise héroïque sur la mort, se déroulent les phénomènes ordinaires du spiritisme. D'abord, dans le silence, trois coups frappés sur un miroir, « trois coups distincts, tenant de sons connus et n'y ressemblant point, bruits initiateurs, irréfragables témoignages, pour les nerfs, d'une présence occulte ».

Puis, « c'est la lampe, une haute lampe de bronze, allumée, qui fermement traverse l'air tranquille d'une nuit d'août, passe d'une crédence à la tablette d'un secrétaire, cliquette en se posant; ce sont des fleurs, un matin, mystérieusement apportées, « fleurs niellées d'azur, à pistil fantasque, fleurs naturelles inconnues », car les âmes renouvellent, au dire des spirites, le miracle de Dorothée, qui donna à ses bourreaux des fleurs du ciel. Enfin, c'est la morte saisissant la main du vivant et le forçant à écrire sous sa dictée : « C'est bien moi,

Thérèse, qui suis là. Je ne te quitterai plus... Je t'aime, toi seul. » Agénor avait pieusement gardé son veuvage, et son veuvage avait la douceur des fiançailles. Sans cesse sur lui des « caresses d'ange », des « mains fluettes venant tout à coup se modeler entre les siennes ». Chimères, illusions, dites-vous? Qu'importe! Agénor a vaincu la mort. Thérèse est près de lui. Voici qu'une nuit il la revoit près de son lit, belle, étrange, le regard triste, vivante de nouveau. Il l'appelle.

« Il a bientôt conscience qu'un corps aimant se glisse près du sien, brûle, palpite, s'abandonne. Puis une seconde d'oubli parfait, insondable, comme si la morte, prise de pitié, s'était enfin laissé corrompre. » Mais cette fois, il a péché contre l'idéal. Il a méconnu la loi du mystère, le *noli me tangere*. Il est puni; le fantôme s'est évanoui, le laissant accablé de remords et de honte. C'est fini, elle ne reviendra plus. Il sent qu'il l'a perdue par sa faute. Dans son veuvage posthume, il se demande en vain « quelle planète, là-bas, hors des limites visuelles, contient le doux être, femme sans tache, épouse bénie, ange, amour! »

Elle ne reviendra plus... Elle revient, elle a pardonné. Elle se manifeste de nouveau; mais gravement, solennellement, pour faire franchir au vivant un degré de l'initiation. Elle lui dicte ces paroles :

« L'époque approchant où te sera laissé le soin de me connaître sous d'autres traits, sous une forme nouvelle, je tiens à te sortir d'erreur, à te faire un certain nombre de révélations, afin que tu puisses les conserver, les relire et ne point douter, en les voyant tracées comme de ma main. »

Et elle lui communique un petit catéchisme enfantin et d'une extrême douceur, dans lequel les idées néo-chrétiennes d'une Providence universelle se mêlent au dogme de la métempsycose.

Depuis peu, la fille qu'elle a laissée sur la terre, et à laquelle Agénor n'a pu s'attacher, a épousé un M. de Prahecq. Un an après ce mariage, comme, par une matinée pure d'hiver, le veuf se promenait dans le parc couvert de neige, sa canne écrit malgré lui sur la page blanche étendue à ses pieds cet avis mystérieux : « Une fille va naître de Berthe. Je ne m'appartiens plus. »

Avec la naissance de cette fille, la petite Laure, le livre de M. Hennique prend une suavité charmante, se pare de mignardises délicieuses et tristes, se revêt des teintes les plus douces de la tendresse. Si ces pages n'étaient pas gâtées çà et là par des recherches d'art trop capricieuses, elles seraient vraiment adorables. L'amour du grand-père pour cette petite-fille exquise, comme lui tendre et fière, et qui ne vivra pas, a inspiré à M. Hennique des scènes ravissantes. « L'enfant a les yeux de Thérèse, les mêmes yeux de velours brun, le même regard, un teint pareil. » Et le bon Agénor, frappé de cette ressemblance, médite les paroles étranges par lesquelles la morte a pris congé de lui et il en conclut que « Laure ne peut être que Thérèse réincarnée ». Autrement, d'où lui viendrait « ce regard brun, inoublié », que Berthe n'eut jamais? Laure mourra au sortir de l'enfance, mais qu'importe ? Le vieillard vit avec les âmes : son amour pour la seconde fois aura vaincu la mort. Il a fondu en un même être tout ce qu'il aima dans cette vie, et cet être idéal vivra autant que lui, puisqu'il est en lui.

Voilà, dans son esprit et son essence, le livre de M. Hennique. Ce n'est pas l'œuvre assurément d'une âme vulgaire, c'est aussi un fait assez notable qu'un disciple de M. Zola, un des conteurs des *Soirées de Médan*, ait célébré avec un enthousiasme sympathique le triomphe de l'idéalisme le plus exalté.

LE POÈTE DE LA BRESSE[1]

M. GABRIEL VICAIRE

La hache a éclairci les épaisses forêts de la Bresse, où vivaient jadis le loup, le chat sauvage et le sanglier. Mais d'antiques châtaigniers s'élèvent encore au-dessus des haies vives qui séparent les champs et les prairies. Le bois est devenu bocage. Son âpre monotonie n'est pas sans beauté. On peut aimer jusqu'à la tristesse de ces étangs, couverts de renoncules flottantes, que bordent des lignes de noyers et qu'environnent de mélancoliques bouquets de bouleaux. Ceux qui sont nés sous les brouillards de la Dombes humide et plate, chérissent d'un grand cœur la terre qui les nourrit : ce sont de braves gens, buveurs et querelleurs comme les héros antiques, rudes au travail, lents, froids et résolus. La terre n'a pas partout le sein et l'haleine d'une amante; partout elle a pour ses fils la beauté d'une mère. M. Gabriel

---

1. *Émaux bressans*, nouvelle édition. — La légende de saint Nicolas.

Vicaire, issu d'une vieille famille bressane, a chanté avec amour son pays d'origine. Il a bien fait. Le patriotisme provincial est une bonne chose. C'est ainsi que la France, si diverse dans son indivisible unité, doit être célébrée pour ses montagnes et ses vallées, pour ses bois et ses rivages et ses fleuves. La religion de la patrie ne serait pas complète, si elle ne mêlait à ses dogmes sacrés ces superstitions charmantes qui donnent à tous les cultes la vie avec la grâce. Le patriotisme abstrait paraîtrait bien froid à certaines âmes qui, sensibles aux formes et aux couleurs, chérissent surtout de la terre natale ce que leurs regards en peuvent embrasser. A ce propos, je me rappelle une page vraiment belle et sincère, que M. Jules Lemaître a écrite il y a trois ou quatre ans :

Quand j'entends, disait notre ami, déclamer sur l'amour de la patrie, je reste froid, je renfonce mon amour en moi-même avec jalousie pour le dérober aux banalités de la rhétorique qui en feraient je ne sais quoi de faux, de vide et de convenu. Mais quand j'embrasse, de quelque courbe de la rive, la Loire étalée et bleue comme un lac, avec ses prairies, ses peupliers, ses îlots blonds, ses touffes d'osiers bleuâtres, son ciel léger, la douceur épandue dans l'air, et, non loin, dans ce pays aimé de nos anciens rois, quelque château ciselé comme un bijou qui me rappelle la vieille France, ce qu'elle a été dans le monde, alors je me sens pris d'une infinie tendresse pour cette terre maternelle où j'ai partout des racines si délicates et si fortes.

Que je voudrais avoir dit cela, et l'avoir dit ainsi! Du moins, l'ai-je senti vivement. C'est pourquoi mon patriotisme, d'accord en cela avec mon sens littéraire, s'accommode infiniment mieux des *Émaux bressans* de M. Gabriel Vicaire que des *Chants du soldat* de M. Paul Déroulède. M. Vicaire voit la Saône, comme M. Lemaître voyait la Loire. Il l'aime cette Saône « qui reluit au matin » sous un rideau de peupliers. Il aime

> L'enclos ensoleillé, plein de vaches bressanes,
> D'où l'on voit devant soi les merles s'envoler.

Il aime d'un grand cœur son pays bressan :

> O mon petit pays de Bresse, si modeste,
> Je t'aime d'un cœur franc; j'aime ce qui te reste
> De l'esprit des aïeux et des mœurs d'autrefois;
> J'aime les sons traînants de ton langage antique
> Et ton courage simple, et cette âme rustique
> Qu'on sent frémir encore au fond de tes grands bois.
>
> J'aime tes hommes forts et doux, tes belles filles,
> Tes dimanches en fêtes avec leurs jeux de quilles
> Et leurs ménétriers assis sur un tonneau,
> Tes carrés de blé d'or qu'une haie environne,
> Tes vignes en hautains que jaunira l'automne,
> Tes villages qu'on voit se regarder dans l'eau.

Moins heureux que Brizeux qui trouva encore en Bretagne les mœurs et les costumes antiques, M. Gabriel Vicaire n'a pu voir qu'une Bresse renouvelée et décolorée. Le département de l'Ain a oublié ses traditions et ses usages. Les filles n'y portent plus le petit chapeau rond d'où pendait un voile de dentelle, le corset lacé par devant, le tablier de soie et le cotillon court qui les faisaient ressembler à des Suissesses. Les jeunes gens n'y chôment plus les grandes fêtes à la mode des aïeux. Le jour des rois, ils ne 'vont point de porte en porte, dans les villages, demandant « le droit de Dieu » et recevant du pain et des fruits. Le dimanche qui suit le mardi gras, ils ne célèbrent plus la fête des Brandons en allumant des torches de paille dans les vergers. Et les vieillards moroses disent que, depuis qu'on ne suit plus cet usage, les arbres fruitiers sont mangés par les chenilles. Quand les nouveaux époux rentrent à la maison, personne ne répand plus sur eux des grains de blé en signe d'abondance et de fécondité. La bonne femme qui veille le mort, qui fut jeune et qu'elle aima, ne lui met plus dans la bouche, à l'insu du curé, une pièce de monnaie pour le grand voyage, et la jeune mère ne glisse plus dans la main glacée du petit enfant qui devait lui survivre, une bille, un hochet, une poupée, pour adoucir au pauvre petit les ennuis du cercueil. Elle ne sait plus, la jeune mère, que les saints innocents eux-mêmes, que le cruel Hérode fit mourir dans leur première fleur, restent simples après leur glorification et jouent avec les palmes et les couronnes de leur glorification.

> *Aram sub ipsam simplices,*
> *Palma et coronis luditis.*

Enfin, si la jeunesse bressane fait encore les feux de la Saint-Jean, peut-être ignore-t-elle l'origine de ces feux telle que la rapportaient les hommes d'âge, selon le témoignage de M. Charles Guillon. Voici cette origine vénérable : Saint Jean avait une ferme et de nombreux domestiques, qui ne pouvaient le faire enrager, tant sa patience était grande. Ils lui jouaient beaucoup de méchants tours et ne parvenaient pas à le mettre en colère. Un beau jour du mois de juin, comme il faisait très chaud, ils imaginèrent d'allumer devant sa porte un grand feu, semblable à celui devant lequel Pierre se chauffait avec les servantes le jour du jugement inique. Mais Jean sortit de la maison en se frottant les mains et dit : « Voilà qui est bien fait, mes enfants. Le feu est bon en toute saison. » Telle est l'origine des feux de la Saint-Jean. La Bresse a semblablement oublié ses vieilles chansons ; et c'est sur les lèvres des mendiants chenus et des vieilles édentées que M. Julien Tiersot ou M. Gabriel Vicaire lui-même recueille péniblement les couplets de la fille qui fait la morte pour son honneur garder, de la belle qui demande au rossignol la manière comment il faut aimer, l'aventure des trois galants et la complainte du pauvre laboureur, vêtu de toile « comme un moulin à vent ».

Les conscrits chantent-ils encore à Bourg la chanson des « pauvres républicains » qui vont sur la mer combattre les Prussiens ?

> Tout c' que je regrette en partant,
> C'est l' tendre cœur de ma maîtresse,
> Après l'avoir aimée
> Et tant considérée
> Dans tout's ses amitiés,
> C'est à présent qu'il me faut la quitter.

Non. Mais si la Reyssouse et les coteaux de Revermont n'entendent plus ces vieilles mélodies populaires, le cœur des bons Bressans n'est pas changé : on le retrouve joyeux et brave dans les vers de M. Gabriel Vicaire, comme au temps où leur compatriote, le général Joubert, disait des recrues de l'Ain : « Ce sont des hommes d'une bravoure tranquille, mais sûre, et, pour peu qu'ils soient animés, on peut compter sur leur brillante impétuosité. »

Ces vers de notre poète furent publiés pour la première fois il y a environ quinze ans, et l'auteur vient d'en donner une nouvelle édition, fort à propos pour me fournir un agréable sujet de causerie. Le recueil s'appelle *Émaux bressans*. Vous savez que la ville de Bourg fait commerce de saboterie et de bijouterie. Ces bagues et ces croix de Jeannette qu'on fabrique dans le pays et que Nanon achète, le jour du marché, non sans y avoir longtemps rêvé à l'avance, ce sont des émaux bressans, bijoux rustiques, qui n'ont ni le paillon brillant ni la pureté lucide des chefs-d'œuvre du Limousin, mais qui, bien portés, font honneur à une belle fille, et la rendent brave pour danser le dimanche à la « vogue ». Quand c'est le prétendant qui donne à sa prétendue la croix ou l'agrafe émaillée, le bijou n'en a que plus de prix :

> Certes, ce n'est pas grand' chose,
> Ce gage d'un simple amour ;
> Un peu d'or et, tout autour,
> Du bleu, du vert et du rose.

> D'accord, messieurs, mais au cou
> De la gentille fermière
> Rien ne rit à la lumière
> Comme cet humble bijou.

M. Gabriel Vicaire a pris ces joyaux galants et rustiques pour emblèmes de ses petits poèmes paysans, d'une jovialité parfois attendrie. Et il y a beaucoup de croix de Jeannette dans ces bijoux poétiques. Le poète a beaucoup de goûts pour ses payses. A l'en croire, elles sont toutes adorables ; la petite Claudine, Jeanne avec sa mère grand, Marie, Nanon, dont les yeux, qui sont bleus comme le manteau de la sainte Vierge, font à la maison la pluie et le beau temps, la Grande Lise, Fanchette, Jeanne, qui dansent aux vogues de si belles bourrées, Annette, la rose du pays bressan, voilà ses bonnes amies. Et il en a d'autres encore, dont madame Barbecot, qui donne à boire le bon vin du cru, et la fille à Jean Lemoine, laquelle sert au cabaret et n'est point farouche. Enfin, c'est l'amoureux des trente-six mille vierges bressanes. Mais on sent bien qu'il les aime en chansons et que son amour, comme on dit, ne leur fait point de mal. A l'en croire, il est aussi grand buveur et grand mangeur qu'il est vert-galant. Comme son confrère et ami Maurice Bouchor, il se rue en cuisine.

Il loue fort son compatriote le poète Faret, celui-là même qui, au dire de Nicolas, en compagnie de Saint-Amant

> Charbonnait de ses vers les murs d'un cabaret.

Et ce dont il le félicite en de jolis triolets, c'est non pas d'avoir bien rimé, mais d'avoir beaucoup bu :

> Il ne te sert que d'avoir bu ;
> Tout le reste est vaine fumée.
> Puisque ton Pégase est fourbu,
> Il ne te sert que d'avoir bu.
> Adieu le joli clos herbu
> Où tu baisais ta bien aimée.
> Il ne te sert que d'avoir bu ;
> Tout le reste est vaine fumée.

Il nous apprend qu'on trouve chez la mère Gagnou un petit vin du cru qui sent la fraise et le muscat. Il célèbre, comme Monselet, mais avec plus de grâce, la poularde et le chapon. S'il plaint le gros cochon qu'on a tué sans pitié et qui ne montrera plus à tout venant « son cher petit groin rose », il se réjouit à l'idée du beau réveillon qu'on fera dans la métairie :

> Et, braves gens, que de joie,
> Lorsqu'en forme de boudin
> Ressuscitera soudain
> Le bon habillé de soie !

Mais cette grand' faim, cette grand' soif, on sent bien qu'elle est symbolique comme la corne d'abondance, qu'elle est une figure de ce pays de Bresse où les mariages se concluent le verre à la main, où les enterrements sont suivis d'un repas où l'on célèbre, en vidant les bouteilles, les vertus du défunt. Bien mieux : il est visible que cette goinfrerie idéale exprime la sympathie humaine, glorifie la terre nourricière. C'est pour tout dire, la débauche du

sage Rabelais. M. Gabriel Vicaire n'a soif et faim que
d'images et d'idées. C'est un grand rêveur. Ses orgies
sont les saintes orgies de la nature. Au fond, il est triste,
il l'avoue :

C'est crainte de pleurer bien souvent que je ris.

Et voici que tout à coup son rire s'éteint. Il pleure la
pauvre Lise, qui vient de trépasser. La pauvre Lise avait
risqué son âme dans les vogues, en dansant avec les
garçons, au son de la vielle et de la cornemuse. Ces
danses, yeux baissés, bras pesants, pieds lourds, n'ont
rien, à ce qu'il nous semble, de voluptueux ni d'emporté. Mais c'est une idée chrétienne et peut-être consolante, qu'on peut se damner partout et qu'il est aussi
facile aux bergères qu'aux duchesses d'offenser le dieu
jaloux et de pécher mortellement. Bref, la pauvre Lise
est en grand danger de porter dans l'enfer la chemise de
soufre.

> Elle est au milieu de l'église
> Sur un tréteau qu'on a dressé.
>
> Elle est en face de la Vierge,
> Elle qui pécha tant de fois.
>
> A ses pieds fume un petit cierge
> Dans un long chandelier de bois.
> . . . .
> Seul, à genoux, près de la porte,
> Je regarde et n'ose entrer.
>
> Je pense aux cheveux de la morte
> Que le soleil venait dorer;
>
> A ses yeux bleus de violette
> Si doux alors que je l'aimais

A sa bouche, aujourd'hui muette,
Et qui ne rira plus jamais.

. . . .

Dis-moi, pauvre âme abandonnée,
As-tu déjà vu le bon Dieu?

Au puits d'enfer es-tu damnée?
As-tu mis la robe de feu?

. . . .

S'il ne te faut qu'une neuvaine
Pour sortir du mauvais chemin,

Pour vêtir la cape de laine,
Je n'attendrai pas à demain.

Traversant forêts et rivières,
Les pieds saignants, le cœur navré

A Notre-Dame de Fourvières,
Pénitent noir, je m'en irai.

. . . .

Je lui donnerai pour sa fête,
Manteau d'hiver, manteau d'été;

Et quand viendra la grande foire,
Je veux offrir à son Jésus

Un moulin aux ailes d'ivoire
Pour qu'il rie en soufflant dessus.

Le poète qui s'est fait une âme rustique comprend, partage quand il veut, la foi des simples. Le curé de son village, bon homme, pas très savant, s'embrouille parfois dans son sermon. Mais en bon chrétien, M. Vicaire se réjouit de voir tous les paroissiens écouter docilement la parole de vie :

Voici la mère Jeanne au premier rang des femmes;
Après tant de vaillants combats, d'obscur labeur,
Elles ont grand besoin, ces pauvres vieilles âmes,
D'un instant de repos dans la paix du Seigneur.

Dans le secret de son cœur, il est inquiet, plein de rêves et de troubles. Ses deux sentiments profonds et forts sont pour son pays et pour l'amitié. Il a çà et là exprimé discrètement, avec une sorte de pudeur, son attachement à ses amis. Ne dit-il pas dans son *Rêve de bonheur?*

> Vêtu du sarrau bleu, coiffé du grand chapeau,
> Parmi les paysans, je vivrais comme un sage,
> Attrapant chaque jour une rime au passage.
> Et que d'humbles plaisirs antiques, mais permis
> Dont je ne parle pas! Avec de bons amis,
> Tous au même soleil, comme on serait à l'aise!
> Le soir sous la tonnelle on porterait sa chaise.
> . . . .

Ces vers et surtout la petite pièce qui finit ainsi : « Ce qui ne change pas en moi, c'est l'amitié », me font songer, malgré moi, à l'éloge que fait Xénophon de deux généraux grecs qui périrent par trahison chez les Perses. « Agias d'Arcadie et Socrate d'Achaïe furent mis à mort. Irréprochables envers leurs amis, ils ne furent jamais traités de lâches dans le combat. Tous deux étaient âgés d'environ trente-cinq ans. »

Louange exquise et touchante, qu'on ne peut entendre sans être ému!

Nous avons vu ce qu'était M. Gabriel Vicaire, poète de la Bresse. Nous l'avons vu le plus exquis, le plus charmant des rustiques. Depuis quelques années, il va cherchant la fleur d'or des légendes. Il a mis bien joliment en vers ce conte pieux, si populaire dans la vieille France, de saint Nicolas et des trois enfants dans le saloir. « Cette tentative, a dit justement M. Paul Sébillot, démontre que, si nous n'avons pas le trésor des poèmes populaires de nos voisins, c'est la faute, non du génie de notre idiome, mais des poètes qui ont dédaigné cette source d'inspiration. »

Ce poème de M. Vicaire a le parfum de la fraise des bois. Rien de plus suave que les vers qui représentent les trois petites victimes dont le saint évêque a miraculeusement conservé l'existence dans le vieux saloir qui devait être leur cercueil :

> La mort n'a pas flétri cette fleur d'innocence ;
> Ils dorment aussi purs qu'au jour de leur naissance.
> Le songe de leur vie est à peine achevé
> Et sur leur bouche encor flotte un dernier *Ave*.

Saint Nicolas aime les enfants et les poètes, qui sont les uns et les autres pleins d'innocence. Il se rend à leurs prières. Il a inspiré des vers adorables à M. Vicaire. Mais le bon saint n'est point sans rancune, et il venge les offenses faites à son nom. Je n'en veux pour preuve que l'histoire que voici. Je la rapporte sur la foi de dom Mabillon.

Dans la ville de la Charité-sur-Loire florissait jadis un monastère placé sous le vocable de la Sainte-Croix. La fête de saint Nicolas étant proche : « Quel office chanterons-nous? demandèrent les moines au prieur. Nous avons un grand désir de chanter l'office propre de ce grand saint Nicolas. » Le prieur ne le leur permit point, donnant pour raison qu'on ne le chantait pas à

Cluny. Les moines alléguèrent qu'ils n'étaient point tenus de suivre le rit de Cluny et ils s'enfoncèrent dans le propos de chanter le propre du bienheureux évêque de Myre. Pour leur en ôter l'envie et les ramener à l'obéissance, le prieur leur fit donner la discipline. Cette action ne resta pas impunie. Car, la nuit étant venue et dom prieur s'étant couché sur son lit, il vit entrer dans sa cellule saint Nicolas en personne qui, le frappant d'un martinet, lui donna la discipline à son tour et ainsi l'obligea à entonner l'antienne qu'il n'avait pas voulu permettre qu'on chantât. Le fouet aidant, le prieur chanta si haut et si clair que les religieux, réveillés au bruit, accoururent dans sa cellule. Il les renvoya et leur tourna le dos, de fort méchante humeur. Le lendemain il reconnut, à la douleur qu'il ressentait tout le long du dos, la réalité des visions de la nuit; mais il s'imagina qu'il avait été fouetté par ses moines. Cette opinion prouve son endurcissement. Combien M. Vicaire a-t-il été mieux inspiré que le prieur de la Croix!

LE BARON DENON[1]

Il y avait à Paris, sous le règne de Louis XVIII, un homme heureux. C'était un vieillard. Il habitait sur le quai Voltaire, la maison qui porte aujourd'hui le numéro 9 et dont le rez-de-chaussée est actuellement occupé par le docte Honoré Champion et sa docte librairie. La tranquille façade de cette demeure, percée de hautes fenêtres légèrement cintrées, rappelle, dans sa simplicité aristocratique, le temps de Gabriel et de Louis. C'est là qu'après la chute de l'Empire, Dominique-Vivant Denon, ancien gentilhomme de la chambre du roi, ancien attaché d'ambassade, ancien directeur général des beaux-arts, membre de l'Institut, baron de l'Empire, officier de la Légion d'honneur, s'était retiré avec ses collections et ses souvenirs. Il avait rangé dans des armoires, faites par l'ébéniste Boule pour Louis XIV,

---

1. *Point de lendemain*, conte (par le baron Denon) illustré de treize compositions de Paul Avril. Paris, P. Rouquette, éditeur.

les marbres et les bronzes antiques, les vases peints, les
émaux, les médailles recueillies pendant un demi-siècle
de vie errante et curieuse ; et il vivait souriant au milieu
de ces nobles richesses. Aux murs de ses salons étaient
suspendus quelques tableaux choisis, un beau paysage de
Ruysdael, le portrait de Molière par Sébastien Bourdon,
un Giotto, un fra Bartolomeo, des Guerchin, fort estimés
alors. L'honnête homme qui les conservait avait beaucoup de goût et peu de préférences. Il savait jouir de
tout ce qui donne quelque jouissance. A côté de ses vases
grecs et de ses marbres antiques, il gardait des porcelaines de Chine et des bronzes du Japon. Il ne dédaignait
même pas l'art des temps barbares. Il montrait volontiers
une figure de bronze, de style carolingien, dont les yeux
de pierre et les mains d'or faisaient crier d'horreur les
dames à qui Canova avait enseigné toutes les suavités
de la plastique. Denon s'étudiait à classer ces monuments de l'art dans un ordre philosophique et il se proposait d'en publier la description ; car, sage jusqu'au
bout, il trompait l'âge en formant de nouveaux desseins.
Il était trop un homme du XVIIIe siècle pour ne point
faire dans ses riches collections la part du sentiment.
Possédant un beau reliquaire du XVe siècle, dépouillé
sans doute pendant la Terreur, il l'avait enrichi de reliques nouvelles dont aucune ne provenait du corps d'un
bienheureux. Il n'était point mystique le moins du monde
et jamais homme ne fut moins fait que lui pour comprendre l'ascétisme chrétien. Les moines ne lui inspiraient que du dégoût. Il était né trop tôt pour goûter,

en dilettante, comme Chateaubriand, les chefs-d'œuvre de la pénitence. Son profane reliquaire contenait un peu de la cendre d'Héloïse, recueillie dans le tombeau du Paraclet; une parcelle de ce beau corps d'Inès de Castro, qu'un royal amant fit exhumer pour le parer du diadème; quelques brins de la moustache grise de Henri IV, des os de Molière et de La Fontaine, une dent de Voltaire, une mèche des cheveux de l'héroïque Desaix, une goutte du sang de Napoléon, recueillie à Longwood [1].

Et sans chicaner sur l'authenticité de ces restes, il faut convenir que c'était bien là les reliques chères à un homme qui avait beaucoup aimé en ce monde la beauté des femmes, assez compati aux souffrances du cœur, goûté en délicat la poésie alliée au bon sens, estimé le courage, honoré la philosophie et respecté la force. Devant ce reliquaire, Denon pouvait, du fond de sa vieillesse souriante, revoir toute sa vie et se féliciter de l'emploi riche, divers, heureux, qu'il avait su donner à tous ses jours. Petit gentilhomme de forte sève bourguignonne, né sur cette terre légère du vin où les cœurs sont naturellement joyeux, il avait sept ans, quand une bohémienne qu'il rencontra sur un chemin lui dit sa bonne aventure; « Tu seras aimé des femmes; tu iras à la cour; une belle étoile luira sur toi. ». Cette destinée s'accomplit de point en point; Denon alla tout jeune chercher fortune à Paris. Il fréquentait les coulisses de

---

[1]. *La relique de Molière du cabinet du baron, vivant Denon*, par M. Ulric Richard-Desaix. Paris, Vignères, 1880, pp. 11 et 12.

la Comédie-Française et toutes les actrices raffolaient de lui. Elles voulurent jouer une comédie qu'il avait faite pour elles et qui n'en valait pas mieux [1]. Cependant il se tenait sans cesse sur le passage du roi.

— Que voulez-vous? lui demanda un jour Louis XV.
— Vous voir, sire.

Le roi lui accorda l'entrée des jardins. Sa fortune était faite. Il devint bientôt le maître à graver de madame de Pompadour qui s'amusait à tailler des pierres fines. Car il faut dire qu'il dessinait lui-même et gravait très joliment. Louis XV aimait l'esprit, parce qu'il en avait. Denon le charma en lui faisant des contes. Il le nomma gentilhomme de la chambre. Il lui disait à tout événement :

— Contez-nous cela, Denon.

Et comme Shéhérazade, Denon contait toujours, mais ses contes étaient d'un ton plus vif que ceux de la sultane. Et l'on enrageait de voir que, plaisant aux femmes, il plaisait aussi aux hommes. Après la mort de la marquise, il se fit envoyer à Saint-Pétersbourg, puis à Stockholm, comme attaché d'ambassade; enfin, à Naples, où il resta, je crois, sept ans. Là il se partagea entre la diplomatie, les arts et la belle société. On peut se le figurer, jeune, d'après un portrait à l'eau-forte où il s'est représenté un crayon à la main, sous une architecture à la Piranèse. Son chapeau de feutre aux bords souples, sa large collerette, son manteau vénitien, son air souriant et rêveur lui donnent l'air de sortir d'une

---

[1]. *Le bon père*, comédie, Paris, 1769, in-12.

fête de Watteau. Les cheveux bouffants, l'œil vif et noir, le nez un peu retroussé, carré du bout, les narines friandes, la bouche en arc et creusée aux coins, les joues rondes, il respire une gaieté aimable et fine, avec je ne sais quoi d'attentif et de contenu. Il gravait alors de nombreuses planches dans la manière de Rembrandt et même il fut reçu de l'Académie de peinture sur l'envoi d'une *Adoration de bergers*, qu'on dit médiocre. A ses grandes planches d'après le Guerchin ou Potter on préfère aujourd'hui les compositions de style familier où il montra son esprit d'observation avec une pointe de fine malice. En ce genre, le *Déjeuner de Ferney* est son chef-d'œuvre : courtisan de Louis XV, il s'honora en se faisant le courtisan de Voltaire. Il se présenta à Ferney et, comme on hésitait à le recevoir, il fit dire au philosophe qu'étant gentilhomme ordinaire il avait le droit de le voir; c'était traiter Voltaire en roi. Il rapporta de cette visite la planche dont nous parlons, où Voltaire apparaît si vivant et si étrange sous sa coiffe de nuit, vieux squelette agile, aux yeux de feu, en robe de chambre et en culotte. Et Denon retourne sous le beau ciel de l'Italie où il goûte en délicat la grâce des femmes et la splendeur des arts. La Révolution éclate. Il ne s'émeut guère et dessine sous les orangers.

Tout à coup il apprend que son nom est sur la liste des émigrés, que ses biens sont mis sous séquestre. Il n'hésite pas. Ce voluptueux n'a jamais craint le danger : il rentre en France hardiment. Et il n'a pas tort de se fier en son adroite audace.

A peine est-il à Paris qu'il a mis David dans ses intérêts et gagné les membres du Comité de salut public. On lui rend ses biens; on lui commande des dessins de costumes. Il est aimé, protégé, favorisé, comme aux jours de la marquise.

Et le voilà traversant la Terreur, sans bruit, observant tout, ne disant rien, tranquille, curieux. Il passe de longues heures au tribunal révolutionnaire, crayonnant dans le fond de son chapeau, d'un trait mordant, les accusés, les condamnés. Aujourd'hui Danton, calme dans sa vulgarité robuste. Demain Fouquier larmoyant et Carrier étonné. Quelques-uns de ses dessins, gracieusement prêtés par M. Auguste Dide, figuraient à l'exposition de la Révolution organisée par M. Etienne Charavay dans le pavillon de Flore. Quand on les a vus une fois, on ne peut les oublier, tant ils ont de vérité et d'expression, tant ils sont frappants. Denon regardait, attendait. Le 9 thermidor lui fit perdre des protecteurs qu'il ne regretta point. La bohémienne lui avait prédit l'amitié des femmes et les faveurs de la cour. Et il avait été aimé, il avait été favorisé. La bohémienne lui avait annoncé enfin une étoile éclatante. Cette dernière promesse devait s'accomplir aussi. L'étoile se levait sur l'heureux déclin de cette vie fortunée. En 1797, il rencontre, dans un bal, chez M. de Talleyrand, un jeune général qui demande un verre de limonade. Denon lui tend le verre qu'il tient à la main. Le général remercie; la conversation s'engage, Denon parle avec sa grâce ordinaire et gagne en un quart d'heure l'amitié de Bonaparte.

Il plut tout de suite à Joséphine et devint de ses familiers. L'année suivante, comme il était dans le cabinet de toilette de la créole, se chauffant à la cheminée, car l'hiver durait encore :

— Voulez-vous, lui dit-on, faire partie de l'expédition d'Égypte?

Les savants de la commission étaient déjà en route. La flotte devait mettre à la voile dans quelques jours.

— Serai-je maître de mon temps et libre de mes mouvements?

On le lui promit.

— J'irai.

Il était âgé de plus de cinquante ans. Dans toute la campagne, il montra une intrépidité charmante. Le portefeuille en bandoulière, la lorgnette au côté, les crayons à la main, au galop de son cheval, il devançait les premières colonnes pour avoir le temps de dessiner en attendant que la troupe le rejoignît. Sous le feu de l'ennemi, il prenait des croquis avec la même tranquillité que s'il eût été paisiblement assis à sa table, dans son cabinet. Un jour que la flottille de l'expédition remontait le Nil, il aperçut des ruines et dit : « Il faut que j'en fasse un dessin ». Il obligea ses compagnons à le débarquer, courut dans la plaine, s'établit sur le sable et se mit à dessiner. Comme il achevait son ouvrage, une balle passe en sifflant sur son papier. Il relève la tête, et voit un Arabe qui venait de le manquer et rechargeait son arme. Il saisit son fusil déposé à terre, envoie à l'Arabe une balle dans la poitrine, referme son portefeuille et regagne la barque.

Le soir, il montra son dessin à l'état-major. Le général Desaix lui dit :

— Votre ligne d'horizon n'est pas droite.

— Ah! répond Denon, c'est la faute de cet Arabe. Il a tiré trop tôt.

A deux ans de là il était nommé par Bonaparte directeur général des musées. On ne peut refuser à cet habile homme le sens de l'à-propos et l'art de se plier aux circonstances. Il avait quitté sans regret le talon rouge pour les bottes à éperon. Courtisan d'un empereur à cheval, il suivit de bon cœur son nouveau maître dans ses campagnes, en Autriche, en Espagne, en Pologne. Autrefois il expliquait des médailles à Louis XV dans les boudoirs de Versailles. Maintenant, il dessinait au milieu des batailles sous les yeux de César et charmait les vétérans de la Grande Armée par son mépris élégant du danger. A Eylau, l'empereur vint lui-même le tirer du plateau balayé par la mitraille.

Il n'avait presque point quitté l'empereur pendant la campagne de 1805; à Schœnbrunn il eut l'idée de la colonne triomphale qui s'éleva bientôt sur la place Vendôme. Il en dirigea l'exécution et surveilla soigneusement l'esquisse de cette longue spirale de bas-reliefs qui tourne autour du fut de bronze. C'est à un peintre, et à un peintre obscur, Bergeret, qu'il demanda ces compositions dont il avait réglé lui-même toute l'ordonnance. Le style en est monotone et tendu. Les figures manquent

10.

de vie et de vérité : mais c'est un petit inconvénient, puisqu'on ne les distingue pas à la hauteur où elles sont placées et qu'on n'en peut voir les détails que dans la gravure en taille douce d'Ambroise Tardieu [1].

En 1815, Denon résista vainement aux réclamations des alliés qui mirent la main sur le Louvre enrichi des dépouilles de l'Europe. Ce musée Napoléon, trophée de la victoire, fut impérieusement réclamé : il fallut tout rendre, ou presque tout. Denon ne pouvait rien obtenir et il le savait : car il n'était point homme à nourrir de folles illusions. Mais il s'honora en tenant tête aux réclamants armés. Quand l'étranger emballait déjà statues et tableaux, M. Denon négociait encore. Ami des arts, bon patriote, fonctionnaire exact, il fut parfait. Il ne sauva rien, mais il se montra honnête homme, ce qui est bien quelque chose. Il fut ferme avec politesse et gagna la sympathie des négociateurs alliés.

Et quelles sympathies pouvaient se refuser à ce galant homme ? Il ne déplaisait pas au roi, et il ne tenait qu'à lui d'achever dans la faveur de Louis XVIII une existence qui avait eu la faveur de tant de maîtres divers. Mais il avait un tact exquis, le sentiment de la mesure, l'instinct de ne jamais forcer la destinée. Il garda son poste au Louvre tout le temps qu'il y eut une œuvre d'art à disputer aux puissances. Puis quand la dernière

---

1. *La colonne de la Grande Armée, gravée par Tardieu*, s. d., in-f°, avertissement.

toile, le dernier marbre fut emballé, il remit sa démission au roi [1].

A partir de novembre 1815, il se repose et son unique affaire est de vieillir doucement. Toujours aimable, toujours aimé, causeur plein de jeunesse, il reçoit toutes les célébrités de la France et du monde dans son illustre retraite du quai Voltaire.

L'âge a blanchi la soie légère de ses cheveux et creusé son sourire dans ses joues. Il est le septuagénaire charmant que Prud'hon a peint dans le beau portrait conservé au Louvre. Le baron sait bien que sa vie est une espèce de chef-d'œuvre. Il n'oublie ni ne regrette rien; son burin, parfois un peu libre, rappelle dans des planches secrètes les plaisirs de sa jeunesse. Ses causeries aimables font revivre tour à tour la cour de Louis XV et le Comité de salut public.

Aujourd'hui c'est lady Morgan, la belle patriote irlandaise, qui lui rend visite, traînant avec elle sir Charles, son mari, grave et silencieux.

M. Denon montre à la jeune enthousiaste les trésors de son cabinet. Elle admire pêle-mêle les vases étrusques, les bronzes italiens et les tableaux flamands; les propos du vieillard qui vit tant de choses l'enchantent. Tout à coup elle découvre dans une vitrine un petit pied de momie, un pied de femme.

— Qu'est-ce cela ?

---

[1]. *Le Louvre en 1815*, par Henry de Chenevières, *Revue Bleue*, 1889, nos 3 et 4.

Et le vieillard lui apprend qu'il a trouvé ce petit pied dans la nécropole tant de fois violée de la Thèbes aux Cent Portes.

— C'était sans doute, dit-il, le pied d'une princesse, d'un être charmant, dont la chaussure n'avait jamais altéré les formes et dont les formes étaient parfaites. Quand je le trouvai, il me sembla obtenir une faveur et faire un amoureux larcin dans la lignée des Pharaons [1].

Et il s'anime à l'odeur de la femme. Il admire avec tendresse la courbure élégante du cou-de-pied, la beauté des ongles teints de henné, comme en sont teints encore les pieds des modernes Égyptiennes. Et suivant le fil de ses souvenirs, il raconte l'histoire d'une indigène qu'il a connue à Rosette.

« Sa maison était en face de la mienne, dit-il, et comme les rues de Rosette sont étroites, nous eûmes bien vite fait connaissance. Mariée à un *roumi*, elle savait un peu d'italien. Elle était douce et jolie. Elle aimait son mari, mais il n'était pas assez aimable pour qu'elle ne pût aimer que lui. Il la maltraitait dans sa jalousie. J'étais le confident de ses chagrins : je la plaignais. La peste se déclara dans la ville. Ma voisine était si communicative qu'elle devait la prendre et la donner. Elle la prit en effet de son dernier amant et la donna fidèlement à son mari. Ils moururent tous trois. Je la

---

1. *Voyage dans la basse et la haute Égypte, pendant les campagnes du général Bonaparte*, par Vivant Denon, an X, in-12, t. II, pp. 244, 245.

regrettai; sa singulière bonté, la naïveté de ses désordres, la vivacité de ses regrets m'avaient intéressé [1]. »

Mais lady Morgan, qui va d'une vitrine à l'autre, promenant parmi les débris des temps sa tête vive et brune, pousse un cri. Elle a vu, pendu au mur, le masque en plâtre de Robespierre.

— Le monstre! s'écrie-t-elle.

Le bon baron n'a pas de ces haines aveugles. Pour lui, Robespierre fut un maître qu'il a conquis comme les deux autres, Louis XV et Napoléon. Il conte à la belle indignée comment il s'est rencontré une nuit avec le dictateur. Il était chargé de dessiner des costumes. On lui manda de se présenter, pour cet effet, devant le comité qui s'assemblait aux Tuileries à deux heures du matin.

« Je me rendis au palais à l'heure dite. Une garde armée veillait dans les antichambres à peine éclairées. Un huissier me reçut, puis s'éloigna, me laissant seul dans une salle que la lueur d'une seule lampe laissait aux trois quarts dans l'ombre. Je reconnus l'appartement de Marie-Antoinette, où, vingt ans auparavant, j'avais servi comme gentilhomme ordinaire de Louis XV. Pendant que je buvais ainsi dans la coupe amère du souvenir, une porte s'ouvrit doucement, et un homme s'avança vers le milieu du salon. Mais, apercevant un étranger, il recula brusquement : c'était Robespierre.

---

1. Denon, *loc. cit.*, t. I, pp. 149, 150. — On me pardonnera, pour la femme du roumi comme pour le pied de momie, d'avoir mis dans la bouche de Denon, ce qu'en réalité j'ai trouvé dans sa relation

A la faible lueur de la lampe je vis qu'il mettait la main dans son sein, comme pour y chercher une arme cachée. N'osant lui parler, je me retirai dans l'antichambre où il me suivit des yeux. J'entendis qu'il agitait violemment une sonnette placée sur la table.

« Ayant appris de l'huissier accouru à cet appel qui j'étais et pourquoi je venais, il me fit faire des excuses et me reçut sans tarder. Pendant tout l'entretien, il garda dans ses manières et dans ses paroles un air de grande politesse et de cérémonie, comme s'il eût voulu ne pas se montrer en arrière de courtoisie avec un ancien gentilhomme de la chambre. Il était vêtu en petit maître ; son gilet de mousseline était bordé de soie rose. »

Lady Morgan boit les paroles du vieillard ; elle retient tout, pour tout écrire fidèlement, sauf les dates qu'elle embrouille ensuite, selon la coutume de tous ceux qui écrivent des Mémoires.

Avant de prendre congé, elle veut témoigner à M. Denon toute son admiration. Elle lui demande par quel secret il a acquis tant de connaissances.

— Vous devez, lui dit-elle, avoir beaucoup étudié dans votre jeunesse?

Et M. Denon lui répond :

— Tout au contraire, milady, je n'ai rien étudié, parce que cela m'eût ennuyé. Mais j'ai beaucoup observé, parce que cela m'amusait. Ce qui fait que ma vie a été remplie et que j'ai beaucoup joui [1].

---

1. *La France,* par lady Morgan ; traduit de l'anglais, par A. J. B. D. Paris, 1817, t. II, pp. 307 et suiv.

Ainsi le baron Denon fut heureux pendant plus de soixante-dix ans. A travers les catastrophes qui bouleversèrent la France et l'Europe et précipitèrent la fin d'un monde, il goûta finement tous les plaisirs des sens et de l'esprit. Il fut un habile homme. Il demanda à la vie tout ce qu'elle peut donner, sans jamais lui demander l'impossible. Son sensualisme fut relevé par le goût des belles formes, par le sentiment de l'art et par la quiétude philosophique ; il comprit que la mollesse est l'ennemie des vraies voluptés et des plaisirs dignes de l'homme. Il fut brave et goûta le danger comme le sel du plaisir. Il savait qu'un honnête homme doit payer à la destinée tout ce qu'il lui achète. Il était bienveillant. Il lui manqua sans doute ce je ne sais quoi d'obstiné, d'extrême, cet amour de l'impossible, ce zèle du cœur, cet enthousiasme qui fait les héros et les génies. Il lui manqua l'au delà. Il lui manqua d'avoir jamais dit : « Quand même ! » Enfin, il manqua à cet homme heureux l'inquiétude et la souffrance.

En descendant l'escalier du quai Voltaire, la jeune Irlandaise, qui avait beaucoup sacrifié à la patrie et à la liberté, murmura ces paroles :

« Les habitudes de sa vie ne lui permirent de prendre les armes pour aucune cause. »

Elle avait touché le défaut de cette existence heureuse [1].

---

[1]. J'ai passé une grande partie de mon enfance et de mon adolescence dans cette maison où Denon, un demi siècle auparavant, coulait sa vieillesse élégante et ornée.

Tel fut le baron Dominique-Vivant Denon. Nous avons ravivé sa mémoire à propos d'un petit conte intitulé : *Point de lendemain* que la librairie Rouquette vient de réimprimer à peu d'exemplaires, avec de jolies gravures. On ne s'avise point de tout. Je songe un peu tard que ce conte, qui est un bijou, est peut-être un bijou indiscret qu'il faut laisser sous la clef fidèle des armoires de nos honnêtes bibliophiles. Je dirai seulement que je ne partage pas les incertitudes du nouvel éditeur qui ne sait trop s'il faut attribuer *Point de lendemain* à Denon ou à Dorat.

Ce léger chef-d'œuvre est, assurément de Vivant Denon. Je m'en rapporte sur ce point à Quérard et à Poulet-Malassis qui n'en doutaient point. M. Maurice Tourneaux, que je consultais hier, n'en doute pas davantage. Ce sont là de grandes autorités.

J'ai gardé un souvenir charmé de ce beau quai Voltaire, où j'ai pris le goût des arts, et c'est pour cela peut-être que j'ai si grande envie d'étudier en détail la vie et l'œuvre du baron Denon. Je m'en donnerai, quand je pourrai, le plaisir. En attendant, si quelque personne a sur ce sujet des documents inédits, qu'elle ne veuille point employer elle-même, je lui serais infiniment obligée de m'en faire part.

MAURICE SPRONCK[1]

Dans un livre intitulé *les Artistes littéraires*, M. Maurice Spronck étudie quelques excellents écrivains du XIXe siècle qui ne cherchèrent jamais dans la parole écrite autre chose qu'une forme du beau et dont les œuvres furent conçues d'après la théorie de l'art pour l'art.

Théophile Gautier apporta le premier le précepte et l'exemple. C'est aussi ce maître placide que M. Maurice Spronck étudie le premier. Puis il interroge tour à tour les écrivains artistes qui parurent presque en même temps, vers 1850, et il s'efforce de leur arracher le secret de leur tristesse et de leur isolement. Ce sont Charles Baudelaire, Edmond et Jules de Goncourt, Leconte de Lisle, Gustave Flaubert et Théodore de Banville. De ces hommes, dont on peut dire que l'art fut

---

1. *Les Artistes littéraires*. — *Études sur le* XIXe *siècle*. (Calmann Lévy, éditeur).

leur seul amour et prit leur vie entière, trois seulement vivent encore aujourd'hui ; les autres les ont précédés dans le repos. Morts et vivants, M. Maurice Spronck les a tous examinés avec la froide sévérité de la science et, ne prenant souci que de la vérité, il a traité les vivants comme les morts. Cette vertu est peut-être excessive. M. Maurice Spronck, qui est en pleine jeunesse, montre des rigueurs inflexibles. Sans doute il est d'une âme honnête d'aller droit à la vérité. Mais sommes-nous jamais sûrs de l'atteindre, cette divine vérité? Craignons que, dans notre course trop emportée à sa poursuite, il ne nous arrive de blesser involontairement les admirateurs d'un vieux maître. Et puis, il y a tant de manières de dire ce qu'on pense! La plus rude façon n'est pas toujours la meilleure. Certain chapitre du livre de M. Maurice Spronck nous a inspiré ces réflexions. Mais il faut considérer que la critique de notre auteur est une sorte d'anatomie psychologique. Il nous apporte ces planches d'écorchés dont parle M. Bourget dans une de ses préfaces. Or, les « écorchés » n'offrent en eux-mêmes rien de flatteur. M. Maurice Spronck appartient à l'école de la critique scientifique où, dès ses débuts, il prend à la suite de M. H. Taine, le maître incontesté, un rang de péril et d'honneur. Ces anatomistes de l'âme sont exempts des faiblesses qui nous troublent quand nous conversons des choses de la pensée.

Il y a toutes sortes de critiques. M. Maurice Spronck a ce bonheur d'avoir trouvé tout de suite le genre qui convenait à son tempérament. Il était doué pour ces études physiologiques et pathologiques des fonctions de l'âme, et destiné à professer dans ces cliniques du génie qui exigent un sens droit, l'esprit scientifique, une observation pénétrante et froide, des méthodes sûres.

Ces cliniciens nés sont terribles. Ils aiment les maladies. Pinel ne connaissait rien de plus beau qu'une belle fièvre typhoïde. M. Maurice Spronck a du goût pour les affections rares ou profondes de l'intelligence. Il trouve, lui aussi, qu'il y a de la beauté dans les troubles de la pensée; il se montre fort agile à diagnostiquer la névrose des grands hommes, et je le soupçonne même de décrire avec une sorte de plaisir les symptômes les plus alarmants et les lésions les plus horribles des sujets qu'il admire.

Reconnaissons pourtant que les littérateurs qu'il étudie comme les plus parfaits représentants de l'art dans la seconde moitié du XIXe siècle, sans former un groupe parfaitement distinct, offrent quelques caractères communs, dont le plus saillant est peut-être le trouble profond des nerfs. Je ne parle ni de M. de Banville ni de M. Leconte de Lisle. Mais Flaubert, on le sait, était épileptique. Baudelaire est mort atteint d'aphasie, Jules de Goncourt a succombé tout jeune à la paralysie générale. Pour les autres, en qui la névrose est moins caractérisée, M. Maurice Spronck se plaît encore à révéler sur quelque point la lésion cachée. C'est ainsi que, dès son premier chapitre, il rattache à la physiologie morbide un des caractères les plus généraux de l'esthétique actuelle, ce trait qu'il appelle *le goût de la transposi-*

tion. « Cette tendance — c'est lui-même qui parle — consiste à intervertir les rôles, à appliquer de force, en dépit de la logique, les attributs d'un genre à tel autre genre qui lui sera parfois absolument contradictoire. La musique, par exemple, s'efforcera de se faire descriptive, concrète, exacte dans l'expression, impossible pour elle, des formes et des attitudes, tandis que la peinture ou la statuaire, suivant des errements semblables, se laisseront dévier de leur destination primitive et abandonneront le simple culte de la ligne pour se tourner vers les études de mœurs ou les symboles philosophiques. La littérature, loin d'éviter cette anomalie, y glissera en l'accentuant encore davantage, et nous aurons de prétendus tableaux, des statues, des mélodies, où les différents vocables, selon leur phonétique, leur contexture et la disposition qui leur sera donnée, devront remplacer les couleurs, le marbre ou les notes de la gamme. »

En soi, le souci de peindre par le langage ou de produire des effets musicaux par un mélodieux arrangement des syllabes n'est ni très extraordinaire, ni même tout à fait nouveau. On en trouverait des exemples dans toutes les littératures. Ce soin, M. Spronck commence à le trouver suspect quand Théophile Gautier proclame que son seul mérite consiste à être « un homme pour qui le monde visible existe » et lorsque MM. de Goncourt définissent l'œil « le sens artiste de l'homme ». L'indice de la lésion mentale lui devient enfin manifeste chez Flaubert. Il s'agit là d'une affection observée et décrite par la neurologie sous le nom d'*audition colorée* et qui consiste « en ce que deux sens distincts sont simultanément mis en activité par une excitation produite sur un seul de ces sens, ou, pour parler autrement, en ce que le son de la voix ou d'un instrument se traduit par une couleur caractéristique et constante pour la personne possédant cette propriété chromatique [1] ». Cette affection, M. Spronck en reconnaît les caractères chez l'écrivain, selon lui, « le plus achevé de notre littérature », celui qui disait :

« J'ai la pensée, quand je fais un roman, de rendre une coloration, une nuance. Par exemple, dans mon roman carthaginois, je veux faire quelque chose pourpre. Dans *Madame Bovary*, je n'ai eu que l'idée d'un ton, cette couleur de moisissure de l'existence des cloportes. L'histoire, l'aventure d'un roman, ça m'est bien égal. »

Il est impossible de ne pas relier par la pensée cet aveu du bon Gustave Flaubert aux formules de nos jeunes symbolistes sur la couleur des vocables. Cette fois, il n'y a pas à s'y tromper ; nous tenons la névrose et nous pouvons, comme Pinel, admirer une belle maladie.

M. Maurice Spronck ne dit point que le génie est une des formes de la névrose ; mais il semble bien qu'il travaille à le démontrer. Dans son étude sur Baudelaire, une des meilleures du livre, qui en compte d'excellentes, il ne lui a été que trop facile de signaler les incohérences

---

[1]. (Cf. J. Baratoux, le *Progrès médical* du 10 décembre 1887).

d'un esprit volontairement halluciné, épris de l'artificiel avec une sorte d'appétit maladif, attiré vers le mal par un goût désintéressé, et mourant à quarante-sept ans pour avoir « cultivé son hystérie avec jouissance et terreur ».

Chez MM. de Goncourt, on nous montre l'hyperesthésie de la sensibilité et aussi un trait commun à plusieurs de leurs contemporains et bien étrange chez des petits-fils de Jean-Jacques, nés en plein romantisme : l'horreur de la nature.

Ils disent :

« La nature pour moi est ennemie.

« ... Rien n'est moins poétique que la nature.

« C'est l'homme qui a mis, sur toute cette misère et ce cynisme de matière, le voile, l'image, le symbole, la spiritualité ennoblissante. »

Ainsi la nature déchue n'est plus le modèle de toute beauté, la source de tout bien, la consolatrice des misères et des hontes de l'humanité. Cette déchéance à laquelle, ne craignons point de le dire, la philosophie et la science modernes consentent avec une grave mélancolie, n'est-il pas singulier de l'entendre proclamer par ces artistes épris de vérité et tout frémissants de sensations vives, de perceptions nettes, de visions immédiates, enfin ivres, furieux et frénétiques de naturel, renversant le sentimentalisme séculaire. C'est en regardant l'homme qu'ils se reposent du spectacle horrible de la nature.

Le même instinct inspire à Baudelaire, moins intelligent mais plus tourmenté, ses paradoxes sur l'excellence de l'artificiel, le tourne vers ces contrastes violents que n'a jamais la réalité nue, l'incline à ces recherches pénibles et troublantes « de créations dues tout entières à l'art et d'où la nature est complètement absente ».

M. Maurice Spronck nous le montre « non content d'avoir construit des univers fantaisistes à côté du nôtre, s'ingéniant encore à détruire le réel, tout au moins à le modifier autant qu'il le pourra dans le sens de ses principes », déclarant que « la femme est naturelle, donc abominable », élucubrant avec un goût singulier une théorie du maquillage auquel il désigne pour objet « non pas de corriger les rides d'un visage flétri et de le faire rivaliser avec la jeunesse, mais de donner à la beauté le charme de l'extraordinaire, l'attrait des choses contre nature ».

Ce n'est pas que cela même soit bien choquant. Il ne faut jamais compter sur la nature qui n'a ni esprit ni cœur. Ne l'aimons point, car elle n'est point aimable. Mais ne nous donnons point la peine de la haïr, car elle n'est point haïssable. Elle est tout. C'est un grand embarras que d'être tout. Cela empêche d'avoir du goût, de la finesse, de l'agrément, de la délicatesse et de l'à-propos. Cela empêche aussi d'avoir des idées ou bonnes ou mauvaises. Cela vous donne en tout une lourdeur effroyable. Dans notre intérêt et pour notre repos, pardonnons à cette nature le mal qu'elle nous fait par mégarde et par indifférence. Ainsi, dit-on, faisait le vieux M. Fagon, parce qu'il était physicien. Il pardonnait à la nature; cette clémence adoucit les souffrances de ses derniers jours. Mais ni Gautier, ni Jules de Goncourt, ni Baudelaire n'étaient de bons physiciens, occupés, comme M. Fagon, à étiqueter les plantes médicinales du Jardin du Roi. On goûte à faire des étiquettes une douceur qui se répand dans tout l'être, tandis qu'à forger des vers, à assembler des mots, au contraire, on respire d'âcres et sombres vapeurs qui désolent toute l'économie animale. Malades, nos artistes de lettres ont répandu sur la nature l'aigreur et la tristesse de leur maladie. Gautier, Baudelaire, les frères Goncourt, Flaubert proclament que la vie est mauvaise.

Seul, un cinquième se lève et nous dit : « Dans cette vie qui vous semble amère, je n'ai vu que des coupes d'or couronnées de roses, des ceintures flottantes, des chevelures d'hyacinthe, des lis et la lyre-poète. Amis, écoutez mes chants et croyez aux Nymphes des bois et des montagnes. »

Ainsi par le cinquième poète. Mais ingrats que nous sommes, ô Maurice Spronck, nous lui répondons : « Poète riche et facile, heureux Théodore de Banville, vous êtes le plus mélodieux des chanteurs. Mais votre joie nous attriste plus encore que la tristesse des autres. Ne pensez pas nous réconcilier avec la nature. Vous nous la montrez légère. Nous l'aimons mieux féroce. » Que cela est injuste !

Est-ce avec de telles paroles et d'un cœur aussi dur que l'on congédie le poète de la lumière et de la joie, le doux rossignol des Muses.. En résumé, le livre solide et sérieux de M. Maurice Spronck, cette étude méthodique fortement documentée, savante, profonde, laisse le lecteur sous une impression de tristesse et d'inquiétude. En fermant le livre, on songe :

— Ainsi donc, le mal qui éclate aujourd'hui couvait depuis plus de trente ans. La névrose, la folie qui envahit la jeune littérature était en germe dans les œuvres encore belles, si séduisantes, et qui semblaient pures, dont nous avons nourri notre jeunesse.

UNE FAMILLE DE POÈTES[1]

BARTHÉLEMY TISSEUR
JEAN TISSEUR. — CLAIR TISSEUR

I

Il y eut à Lyon, quatre frères Tisseur, Barthélemy, Jean, Alexandre et Clair. Trois d'entre eux sont poètes et le quatrième, Alexandre, a un vif sentiment de la poésie et de l'art. Ils vécurent modestes et honorés dans leur ville. Barthélemy mourut jeune en 1843. Jean passa en faisant le bien. Il fut, pendant quarante ans, secrétaire de la chambre de commerce de Lyon. Alexandre et Clair vivent encore. Ce dernier est architecte. C'est le meilleur poète de cette rare famille. Il a écrit avec une abondante simplicité la vie de son frère Jean. Celui-ci

---

1. *Poésies* de Barthélemy Tisseur, *Poésies* de Jean Tisseur, recueillies par ses frères, 1 vol. — Clair Tisseur, *Pauca Paucis*. — Consultez aussi le livre de M. Paul Mariéton. *Joséphin Soulary et la pléiade lyonnaise*, 1884, in-18. M. Mariéton a beaucoup fait pour les lettres lyonnaises.

avait, dans ses vieux jours, commencé la biographie de Barthélemy, laquelle fut terminée par Alexandre. Ces vies d'hommes obscurs et bons ont un charme exquis. On y respire un parfum de sympathie et je ne sais quoi de doux, de simple, de pur, qui ne se sent point dans les biographies des personnages illustres. Les âmes ont une fleur que la gloire efface. Ces récits fraternels touchent par un air de vérité, et si parfois la louange y coule trop abondamment, on se plaît à la voir ainsi répandue par une main pieuse, comme, sur un tombeau, une offrande domestique. Il faudrait que ces livres de famille fussent plus nombreux. Il faudrait que nous prissions soin de conserver le souvenir de nos morts intimes. C'est là que les temps et les lieux se peignent avec fidélité; c'est par là qu'on pénètre le cœur des choses humaines.

L'aîné des frères Tisseur, Barthélemy, naquit à Lyon au moment où la Grande Armée périssait en Russie. Impétueux et mélancolique, ce fut un enfant du siècle. Toutes les aspirations de la France romantique et libérale gonflaient son cœur. De frêle apparence, petit, myope, il portait au front, comme un signe, une large veine qui devenait noire dans les moments de colère. Et ce qui l'irritait, c'était la vulgarité, la médiocrité, le « juste milieu », enfin le train ordinaire des choses. La soif de l'idéal le dévorait. Il aspirait au jour prochain de l'émancipation des peuples et de la fraternité universelle. Il croyait au progrès indéfini. Par un beau jour de sa vingtième année, comme il allait d'Aix à l'étang de

Berre, ardent, généreux, ivre du thym des collines et des rayons du soleil, il attira l'attention bienveillante d'un compagnon de route, qui portait un carrick jaune à cinq collets, et était homme de bien. Celui-ci, tout émerveillé, lui demanda :

— Êtes-vous négociant?
— Non point, répondit Barthélemy.
— Artiste?
— Pas davantage.

L'homme au carrick réfléchit un moment, puis :

— Vous n'êtes point artiste, dit-il. En ce cas, vous êtes Polonais. Ne vous en cachez point. J'aime les Polonais.

Et il n'en voulut pas démordre. En dépit de toutes les dénégations, il persista à tenir Barthélemy pour un brave Polonais.

En un certain sens, l'homme au carrick ne se trompait pas. Il y avait du polonais dans Barthélemy Tisseur. Il y avait du polonais dans toute la jeunesse d'alors.

Les lettres écrites par Barthélemy à ses frères pendant ses promenades romantiques de la vingtième année en Provence révèlent une âme d'une pureté ardente, pleine de poésie et de vague. Ses adieux à la ville d'Arles, qu'on nous a conservés, donnent l'idée d'un Edgar Quinet adolescent :

Adieu, petite vallée de Josaphat, terre imprégnée de cendres et de larmes humaines, toi qui réunis Rome et le moyen âge; toi dont les femmes sont si belles, fille aimée de Constantin, si mélancolique sous le ciel flamboyant du Midi, toi qui serais avec tes ruines et tes tombeaux le théâtre le plus sublime de l'amour. Adieu! adieu! Aliscamps; dormez, ombres désolées.

Comme il se trouvait à Aix, il rencontra au théâtre un jeune homme échevelé, l'œil sombre, le front inspiré. C'était Victor de Laprade. Ils parlèrent naturellement de la poésie et de l'art. Après quelques minutes d'entretien, ils s'aimaient de toute leur âme. Ils avaient mêlé leurs enthousiasmes. Ils avaient récité des vers. Barthélemy pâle, les cheveux en coup de vent, avait sans doute exposé avec une ardeur candide sa théorie de l'inspiration. Il avait dit :

« On ne fait pas de vers; en réalité ils reposent de toute éternité sous l'œil de Dieu, dans l'urne de l'absolu ; le grand poète est celui qui a la main heureuse et qui rencontre les bons; il serait impossible à Dieu, à nous, de les refaire. »

Laprade avait répondu très probablement par les accents d'un panthéisme grandiose. Et ils se comprenaient. En ce temps-là Dieu expliquait tout. Depuis, quelques-uns ont remplacé Dieu par le protoplasma et par la cellule germinative. Et les voilà satisfaits. C'est un grand soulagement que de changer de temps à autre le nom de l'inconnaissable.

Il faut rendre cette justice aux parents de Barthélemy Tisseur, qu'ils renoncèrent à le destiner au négoce ou à l'industrie. Ils résolurent d'en faire un avocat et l'envoyèrent étudier le droit à Paris.

Le pauvre enfant s'y trouva bien seul, orphelin et

perdu. Il habitait rue des Fossés-Saint-Victor une chambre sous les toits; mais son cœur battait à la pensée qu'il n'était séparé de Michelet que par un mur mitoyen, et, comme il se levait de bonne heure, il voyait, de sa mansarde, au milieu d'un océan de toits, le Panthéon resplendir dans les feux du matin. Ardent au travail, il suivait assidûment les cours de l'École de droit et ceux du Collège de France, où s'élevaient alors les voix séduisantes des maîtres de la jeunesse. Il fréquentait un cabinet de lecture du quartier. On ne dit pas si c'était celui de la bonne madame Cardinal. Mais on peut penser qu'il y dévorait *Valentine* et *Lélia*. Cet établissement était fréquenté par les étudiants; toute l'École de médecine y venait lire. Les carabins y apportaient des bras et des jambes qui traînaient sur les tables parmi les livres et les journaux. Des squelettes pendaient avec les parapluies dans tous les coins. Le mysticisme chrétien du jeune Lyonnais voyait dans ces débris humains les restes du temple qu'une âme avait habitée et s'offensait de ces profanations. Pendant que les étudiants, le béret sur l'oreille, faisaient des plaisanteries macabres, il murmurait la parole de Lactance : *Pulcher hymnis Dei homo immortalis*. Son plus vif plaisir était d'aller au théâtre applaudir, du parterre, madame Dorval, Bocage ou Frédérick. La scène retentissait alors des rugissements et des soupirs du drame romantique, et Barthélemy Tisseur y venait dévorer des yeux avec délices les larmes de Katy Bell.

Ce noble jeune homme était soutenu dans les tristesses et dans les inquiétudes de sa vie solitaire par ce sentiment de l'admiration qui fait le charme et le prix des belles jeunesses. Un jour qu'il assistait à une séance publique des cinq Académies, il eut la joie de contempler son poète bienaimé, Lamartine. A l'issue de la réunion il s'attacha pieusement aux pas du grand homme, et puis, le soir, radieux, il écrivit à ses frères son heureuse fortune.

« Au sortir de la séance, dit-il, je l'ai suivi une demi-heure jusque dans la rue de Grenelle-Saint-Germain, 73, où il est entré. Il est grand, maigre ; une main dans la poche, marchant à grand pas, sûrement, cavalièrement, en remuant un peu les épaules de gauche à droite. On aurait dit que, pour la séance d'apparat, il s'était exprès habillé le plus négligemment possible. Nombre d'académiciens avaient l'habit brodé ; lui simplement en habit noir, pantalon gris bleuâtre, des bottes et des éperons. »

Et il ajoute avec une candeur digne d'envie :

« Lamartine est malade. Dieu le conserve pour la poésie !... Je ne sais ; mais je crains qu'il ne vive pas très longtemps. C'est un homme que sa poésie domine, et qui est tué par elle. »

Une nuit Barthélemy alla au bal de l'Opéra que la poésie et l'art consacraient alors. Il n'y porta pas la philosophie ironique de Gavarni ; il promena sur les chicards et les débardeuses un regard sombre et désolé. Leur danse lui sembla « la ronde d'une chaîne de damnés accomplissant sous la verge des démons une pénitence infernale ». Telles sont les sévérités d'un cœur vierge. Dans sa farouche innocence, il maudissait les joies faciles et les plaisirs vulgaires. Il souffrait de la solitude et de ses rêves. Comme saint Augustin, il aimait à aimer. Avec une sincérité dont on ne sourit qu'à demi, il disait à vingt-deux ans : « Ma première jeunesse est passée. » Il était las; le vague des désirs l'accablait. Un jour il prit le bateau, ce bateau de Saint-Cloud, vieux complice des folies du printemps. Il y vit une jeune dame. Il n'osa pas lui parler; mais il toucha sa robe, et le soir, encore troublé, il confia au papier cette aventure d'amour.

Dans la mansarde sublime où il vivait si près du grand Michelet, il avait pour voisine une grisette qui, se sentant du goût pour lui, le lui montrait ingénument. Les occasions ne manquaient pas, puisqu'ils logeaient sur le même palier.

Mais l'austère jeune homme ne voulait rien voir et dédaignait l'amour que la pauvre fille lui tendait comme une branche de lilas. Ce n'était pas le lilas des guinguettes, c'était le lis immarcessible des autels dont il désirait les parfums. L'amour était, pour Barthélemy, un sentiment très vague et très pur. Il le concevait avec une spiritualité si excessive, que son ami Victor de Laprade lui-même, le poète de l'idéal, refusait d'admettre tant d'idéalisme dans le sentiment. Tisseur définissait l'amour « un état supérieur de l'âme », et il y voyait « la recherche de l'infini ».

« Nous comprenons cent fois mieux l'infini, disait-il,

avec le cœur qu'avec l'intelligence. Celle-ci ne comprend l'infini que comme la négation du fini. Le cœur le comprend en lui-même. Il y a dans un amour inépuisable, qui poursuit toujours et n'est jamais satisfait, qui meurt, mais pour revivre et s'attacher à quelque chose de plus haut, il y a là-dedans la plus glorieuse compréhension de l'infini. »

Cela, si je ne me trompe, est de la métaphysique et même de la métaphysique lyonnaise, qui n'est pas la meilleure. Le bon Ballanche se déclarait peut-être dans ce style à madame Récamier. Mais la grisette de la rue des Fossés-Saint-Victor y aurait sans doute trouvé quelque obscurité. Fidèle à ses maximes, Tisseur cueillait des fleurs sur les tombes des jeunes femmes inconnues, et à la seule pensée des dames du xviii° siècle, qui, pour plus grande sûreté, firent leur paradis en ce monde, la veine de son front se gonflait, toute noire. Seul, triste, las, il tomba malade dans sa mansarde. Une fièvre muqueuse l'accabla. Sorti de sa stupeur, il vit une femme à son chevet. Il reconnut son idéal. Il aima. Ce n'était point une jeune fille, ce n'était point une très jeune femme. Comme cette dame que célébra Sainte-Beuve et dont les premiers cheveux blancs semblaient

> Quelques brins de jasmin dans la sombre ramure,

l'inconnue, en qui Barthélemy chercha l'infini, avait déjà sur le front des fils d'argent. Elle était blonde, avec des yeux bleus, grande et plutôt majestueuse au dire d'un témoin. Barthélemy se plaisait à la retrouver dans les traits de la *Françoise de Rimini* d'Ary Scheffer. Mais il faut se rappeler qu'il était myope et poète, et ses frères l'ont soupçonné de n'avoir jamais vu très distinctement celle qu'il aimait éperdument. Il ne semble pas qu'au moral elle ressemblât à l'ardente et douce Italienne qui, vaincue et fière de sa défaite, ne regrettait rien dans la mort et dans la damnation. C'était, au contraire, à ce qu'il semble, une personne très sûre d'elle-même, éloquente, un peu déclamatoire, idéaliste et virile. Il lui faisait des vers et l'appelait Béatrice. On nous a conservé quelques fragments de lettres où cette Béatrice maternelle montre moins la tendresse de son cœur que l'éclat de son imagination :

« Quand je le regarde, dit-elle en parlant de Barthélemy, qu'elle nomme Stenio (car elle aussi avait lu George Sand), quand je le regarde, je me sens tout inondée d'une vapeur suave, spirituelle. Je ne sais comment exprimer ce qui pénètre dans mon être entier. Je sens pour lui, dans mon cœur, une douce lueur qui m'éclaire jusqu'au ciel. »

A certains indices, on peut croire que ce fut Béatrice elle-même qui hâta l'heure du sacrifice. Ce ne fut pas faiblesse ni entraînement de sa part. Elle ne cédait pas aux sens qui la sollicitaient mollement. Mais elle était jalouse de s'offrir; elle fit le don qui sacrait alors les Lélia et toutes les héroïnes de la poésie et de l'art. Barthélemy, chrétien comme Eudore, succomba comme Eudore dans la nuit et dans la tempête :

> Et j'ai vu les trésors de sa beauté parfaite,
> J'ai respiré l'encens qu'exhalent ses cheveux,
> Et j'ai vu sa pudeur étonnée et muette,
> Et j'ai rougi d'amour, et j'ai baissé les yeux.

Il avait cette ressource du péché à laquelle les fidèles et les saints eux-mêmes recourent quand il leur est nécessaire. Par raffinement il y ajouta le blasphème qui, à tout prendre, est un grand acte de foi. Il comparait les paroles de son amante au vin du calice après la consécration :

> C'est un breuvage à boire en un transport pieux,
> Comme le sang du Christ, qui nous ouvre les cieux.

Qu'est-ce à dire, sinon que toutes les croyances ne servent qu'à charmer les troubles des sens et que le mysticisme répand sur la volupté les plus suaves parfums ?

Stenio manqua son examen de licence en 1837. C'était l'effet de l'amour de Béatrice. Mais l'année suivante il était avocat.

Barthélemy Tisseur a adressé à sa Béatrice des sonnets et des stances que ses frères ont pris soin de recueillir après sa mort. Il est aujourd'hui bien difficile de juger ces vers qui expriment un état d'âme presque inconcevable pour les générations nouvelles.

Avocat, il avait le code en horreur. Appelé en 1841, sur la recommandation de Ballanche, à la chaire de littérature française à Neuchâtel, il professa, non sans éclat, un idéalisme transcendant. Son sentiment pour celle à qui nous laissons le nom de Béatrice dura après la séparation. A Neuchâtel, où il travaillait sur sa table de bois blanc quatorze heures par jour, il écrivait tous les soirs, pour l'absente, un journal qu'il expédiait chaque semaine. Il avait trouvé sa voie, quand une catastrophe vint terminer brusquement cette existence où tout devait rester confus et inachevé. Le 28 janvier 1843, par un brouillard épais, il tomba dans le lac et s'y noya, à quelques pas de sa maison. Le hasard seul fit ce malheur ; mais on y voit une sorte de fatalité quand on songe que ce jeune homme aimait le danger, appelait le péril et qu'il était un des fils spirituels de ce René qui invoquait « les orages désirés ». Le lendemain de sa mort une lettre de Béatrice arriva à Neuchâtel. Il n'était âgé que de trente et un ans.

II

Jean Tisseur, de deux ans plus jeune que Barthélemy, naquit à Lyon le 7 janvier 1814. Quelques jours plus tard les coureurs du général autrichien Bubna se montraient aux portes de la ville.

Je ne sais si ces souvenirs qu'on rappelait sans cesse en même temps que ceux de sa naissance contribuèrent à lui inspirer l'horreur de la guerre et le mépris de ces grandeurs de chair dont parle Pascal, mais il montra toute sa vie un bel amour des travaux de la paix, et les seules conquêtes qui touchaient son cœur étaient celles de l'industrie et de la civilisation.

Bien différent de son frère Barthélemy, qu'il chérissait, il avait en tout le sentiment de la mesure. Il était modéré, et l'idée du possible ne le quittait jamais. Comme il était dans les convenances de sa famille qu'il devînt homme de loi, il prit une charge d'avoué avec la satisfaction suffisante, pour un esprit aussi bon que le sien, d'accomplir un devoir. Mais on ne pouvait pas l'accuser de se faire une trop haute idée de l'importance de ses fonctions. Il disait plaisamment que les avoués n'avaient été institués que pour dire à l'audience : « Monsieur le président, je demande le renvoi à huitaine. » Pour le surplus, ajoutait-il, on connaissait facilement les avoués les plus forts en droit de ceux qui l'étaient moins. Un avoué mettait-il au bas d'un exploit : « Sous réserves », ce n'était pas un mauvais avoué ; s'il mettait : « Sous toutes réserves », c'était déjà un avoué distingué ; s'il mettait : « Sous toutes réserves quelconques », c'était un avoué de premier ordre ; mais s'il mettait : « Sous toutes réserves de droit généralement quelconques », alors il n'y avait plus de termes assez forts pour exprimer sa science juridique. Tisseur mêlait alors la poésie à la procédure, comme en témoigne la minute d'une lettre retrouvée dans ses papiers et dont voici la teneur :

Monsieur,

Me Munier, votre avoué, a dû vous prévenir que M. Jacquemet avait fixé au mercredi 3 avril, à midi, au Palais de Justice, la comparution des parties dans l'affaire du compte de tutelle Debeaume.

> Lorsque sur un pavé d'azur
> Marche une reine orientale,
> Elle n'a pas à sa sandale
> Une escarboucle au feu plus pur.

C'est ainsi qu'il est question dans ce document de M. Munier, actuellement sénateur, et de la lune.

Jean Tisseur vendit sans regret son étude, en 1848, après la révolution. Il devint ensuite secrétaire de la chambre de commerce de Lyon et pendant trente ans il appliqua l'ingénieuse exactitude et l'élégante probité de son esprit aux questions de navigation, de chemins de fer, de postes et télégraphes, de douanes, de traités de commerce, de législation industrielle et commerciale, de monnaie, de banque, d'expositions, enfin à toutes les questions d'affaires. Il portait dans toutes ses entreprises les délicatesses d'une conscience cultivée et le goût du bien faire. Qu'il composât un grand poème comme le *Javelot rustique* ou qu'il rédigeât le bulletin commercial du *Salut public*, il s'efforçait de finir et de parfaire.

Sa poésie se ressent de cette inclination naturelle; elle est achevée, fine et parfois un peu courte. De son vivant, il cachait ses vers à ses compatriotes, qui, de leur côté, ne sont guère curieux de poésie, dit-on.

On assure, peut-être avec un peu de malignité, que dans la ville de Laprade et de Soulary un seul poète est célèbre, Sarrasin, qui vendait des olives dans les brasseries, et que plus d'un bourgeois de Lyon, voyant passer le char funèbre de Laprade, escorté de chasseurs à cheval et suivi des robes jaunes de la Faculté des lettres, pouvait demander comme la bonne femme :

— Qui est-ce qui est mort?
— M. de Laprade.
— Que faisait-il?
— Il était poète.
— Est-ce lui qui vendait des olives?

Pourtant il y a des poètes lyonnais et même une poésie lyonnaise, poésie précise et précieuse, dont les caractères se retrouvent dans les sonnets de Soulary et dans les poèmes de Jean Tisseur. Ceux-ci sont en petit nombre. Jean était difficile, un peu dégoûté, volontiers paresseux. Il écrivait peu, et à ceux qui lui reprochaient de ne pas produire davantage il répondait par cette maxime de la poétesse de Tanagra : « Il faut ensemencer avec la main, et non à plein sac. »

Certes, le peu qu'il a laissé n'est pas sans prix. Le *Javelot rustique* est, à sa façon et dans le goût symbolique, un petit chef-d'œuvre. La visite au *Tombeau de Jacquard* résulte sans doute d'une des meilleures rencontres de la poésie et de l'industrie. A en juger par tout ce que je lis, tout ce que je devine de lui, Jean Tisseur fut exquis par nature, un des meilleurs arbres du verger. Sa bonté avait la grâce sans laquelle aucune vertu n'est aimable. Son esprit était ironique et son âme était tendre. Il eut, comme l'abeille, le miel et l'aiguillon.

M. Paul Mariéton, qui connaissait Jean Tisseur, a

écrit sur cet homme excellent quelques lignes qui sont un témoignage cordial :

« C'était, dit Mariéton, le plus charmant esprit. Dans ces douces flâneries de la parole et de la pensée, si fructueuses au dire de Töpffer, et qui ont toujours retenu, groupé et lié les poètes, Jean Tisseur sut rapprocher Soulary, le profond humoriste, le maître virtuose, Laprade, le doux penseur, le philosophe chrétien, Chenavard, le grand peintre, un autre philosophe, et former avec eux cet incomparable quatuor d'artistes lyonnais dont parleront nos descendants. L'âme de ces réunions, le lien de ces amitiés d'élite, c'était Jean Tisseur. »

Je lis ailleurs : « Lyon eut la bonne fortune, de notre temps, de posséder quatre causeurs hors pair. C'étaient Laprade, Buy, Chenavard et Jean Tisseur. »

Dans la vie si simple que je rappelle ici en peu de lignes, je ne sais quoi fait songer à la beauté morale telle que les Grecs la concevaient; n'est-ce pas parce qu'on y trouve la mesure, la sagesse, la modestie, le culte de l'amitié et ce noble dessein de faire de la vie même une belle œuvre. C'est cela, je crois, qui, dans cette existence obscure tout unie et si proche de nous, semble majestueux et pur comme l'antique. Tisseur fut de ceux qui travaillent sans cesse à la beauté de leur âme et qui font de leur vie un jardin comme celui du vieillard de Tarente.

« La conscience, disait-il, non moins que l'esprit, a besoin de culture. Les vertus, l'amour du bien, le dévouement, la délicatesse, la résignation mêlée de courage, ne fleurissent pas tout seuls ; il y faut des soins ; une conscience d'élite est aussi rare qu'un esprit d'élite. » A mesure qu'il avança dans la vie, sa culture morale l'occupa davantage, la plus grande tristesse de sa vieillesse fut le sentiment de l'impuissance de l'homme à faire le bien. On peut lui appliquer la définition qu'il faisait lui-même de l'homme tel qu'il doit se façonner et se sculpter lui-même : « Une conscience ornée. »

III

Jean Tisseur est mort laissant deux frères, l'abbé Alexandre, dont les *Voyages littéraires* sont, au dire de M. Paul Mariéton, très estimés des Lyonnais, et Clair Tisseur, l'auteur de *Pauca paucis,* qui rappelle Jean par plus d'un trait, mais qui lui est supérieur par le style et par la culture. Un grand métaphysicien, qui aime ardemment la poésie, M. Renouvier, a bien voulu me faire connaître ces *Pauca paucis* que l'auteur tenait cachés. Il regarde aussi Clair Tisseur comme le meilleur poète de la famille. Il vante avec raison, dans ces vers d'un sage, « la sincérité de l'accent et le maniement souvent heureux de rythmes nouveaux ».

Clair Tisseur, dans sa vie déjà longue, n'a écrit que peu de vers pour quelques amis, mais ces vers, c'est lui-même, ce sont ses souvenirs et ses sentiments. Il s'y montre tranquille et modéré comme son frère Jean et stoïque avec douceur. Je crois qu'il est architecte de profession ; dans ses vers il est surtout helléniste et rustique. Il semble, à le lire, qu'en ce monde ce qu'il a le mieux aimé après la vertu, c'est l'odeur de la lavande et des pins, le cri de la cigale et les épigrammes de l'Anthologie.

Le poète a dédié son livre aux Grâces décentes :

> Il ne demande point en don l'or indien,
> Ni la blanche Chrysé, ni les troupeaux qu'engraisse
> Dans ses riches sillons, la vieille Argos, ni rien
> Que la mesure en tout de l'aimable sagesse.
> Charités aux cœurs purs, écoutez mes prières !

Comme on le voit par cette invocation, Clair Tisseur a, comme André Chénier, revêtu ses pensées du vêtement antique. A ceux qui le lui reprocheraient comme un déguisement il répond que, pour exprimer une belle idée, il faut un beau symbole et que les plus beaux symboles ont été ceux de la Grèce, et qu'enfin il a vécu à l'ombre des myrtes sur une terre qui rappelle la Grèce. Ajoutons que sous ces formes antiques un sentiment sincère s'exprime aisément.

Ce qui me plaît surtout dans les vers de Clair Tisseur, ce sont les idylles et les paysages. Il a composé quelques tableaux domestiques d'une élégante simplicité. Le dernier surtout me charme par cette tristesse harmonieuse dont le secret semble pris à Properce :

> Phydilé, Phydilé, quand je ne serai plus,
> Un frère, des amis garderont ma mémoire.
> Mais toi, tu gémiras ; tu ne voudras pas croire
> Que l'Océan sans bords, dans l'éternel reflux,

Ait englouti l'ami sur qui, tendre et farouche,
Tu veillas si longtemps. . . . .
. . . .
Surtout (je te connais) que devant toi personne
N'outrage ma mémoire! ou bien levant ton bras
Pour porter témoignage, alors tu défendras
Celui qui te fut cher, ainsi qu'une lionne
Défend son lionceau. Déjà, déjà je vois
Éclater ton regard, j'entends trembler ta voix.
Et le sein soulevé, pleurante et tout émue,
Tu rediras s'il fut envieux ou méchant;
Du pauvre, hôte des dieux, s'il détourna la vue;
S'il fut un ami sûr; si jamais, le sachant,
Il commit l'injustice ou trahit sa parole;
Si l'avide et grossier Mammon fut son idole.
Toi qui me vis de près diras ce que je fus,
Phydilé, Phydilé, quand je ne serai plus.

N'aimez-vous point cette tristesse douce et cadencée comme la joie? Pour donner quelque idée du talent poétique de Clair Tisseur, je citerai un de ces tableaux de nature provençale tracés avec une sécheresse élégante et fine : un poème sur la naissance de la « cigale », de la cigale, que, par malheur, de ce côté de la Loire nous confondons volontiers avec la sauterelle, mais dont le chant infatigable est également cher à l'antique Méléagre et à notre Paul Arène.

La cigale encor tendre, engourdie, étonnée
De ce monde nouveau, semble d'un long sommeil
S'éveiller faiblement sous le rayon vermeil.
L'élytre, diaphane et de réseaux veinée,

Tout humide à ses flancs est collée; et des grains
D'un rouge vif et clair la piquent aux aisselles,
Comme si l'on voyait le sang à travers elles,
Fluide s'épancher en canaux purpurins.

Mais demain le soleil, de ses rayons tenaces,
Aura durci son aile et desséché ses flancs :
Le virtuose noir fait, sous les cieux brûlants,
De cymbales de fer retentir les espaces.

Heureux sous ses oliviers, le bon Clair Tisseur! Pour orner la vie, quelles richesses, quels honneurs valent la poésie et les arts [1]?

---

1. Il n'est que juste d'ajouter que M. Clair Tisseur est, sous le nom du Nizier du Puitspelu, une gloire lyonnaise. Tout le monde connaît à Lyon ses *vieilleries lyonnaises*. Mais je n'ai voulu, dans cette esquisse, indiquer que le poète.

RÊVERIES ASTRONOMIQUES[1]

M. Camille Flammarion, qui s'est voué tout entier à l'astronomie, a toutes les qualités imaginables pour vulgariser la science ; d'abord, il sait. Il fait depuis longtemps des calculs et des observations. Et puis il a l'enthousiasme, l'imagination. Enfin, il ne craint ni la mise en scène ni le coup de théâtre. Il ne néglige rien pour nous rendre le ciel intéressant, dramatique, romantique, pittoresque, amusant et moral. Son livre, dédié à la plus grave des Muses, Uranie, est une sorte de poème de la science, où la philosophie se mêle à l'astronomie. On me croira peut-être si je dis que la philosophie de M. Camille Flammarion est moins sûre que sa science. C'est dommage, car c'est une aimable philosophie. M. Flammarion nous promet une immortalité bienheureuse. A l'en croire, notre âme, après la mort, volera d'astre en astre

---

1. Camille Flammarion, *Uranie*. Illustrations de Bieler, Gambard et Myrbach (collection Guillaume, in-8º).

et goûtera sans fin la volupté d'aimer et de connaître; nous serons des papillons méditatifs. Il nous restera de la faiblesse humaine ce qu'il faut pour être tendre, et de notre ignorance ce qu'il faut pour être curieux. Nous aurons des sens; mais ils seront puissants et exquis et propres à nous donner peu de souffrance avec beaucoup de plaisir. J'avoue qu'il m'est impossible de concevoir une meilleure organisation de la vie future. Il y a quelques années, je fus appelé auprès d'une vieille parente qui se mourait dans une petite ville normande où elle avait vécu pendant quatre-vingt-dix ans.

Faute de pouvoir vivre davantage, elle se disposait à aller voir, comme disait la comtesse de P..., si Dieu gagne à être connu. Je trouvai à son chevet une religieuse qui était la plus tranquille et la plus simple créature du monde. Elle avait l'air, comme Mariamne, d'être conservée dans du miel. Je l'admirai tout de suite. Mais il s'en fallait de beaucoup que je lui inspirasse les mêmes sentiments.

M'ayant vu plusieurs fois occupé à lire et à écrire, elle me prit pour un savant et, comme elle était une sainte, elle me laissa voir toute la pitié que je lui inspirais. Un jour même, elle s'en expliqua avec moi. Car elle parlait volontiers et toujours gaiement :

— Que cherchez-vous, me dit-elle, dans ces gros livres?

— Ma sœur, lui répondis-je, j'y cherche l'histoire des premiers hommes qui vivaient dans des cavernes, au temps du mammouth et du grand ours.

Et il était vrai qu'alors j'amusais mes rêveries avec des silex taillés et des bois de renne couverts de figures d'animaux.

En entendant cette réponse, ma religieuse tout debout et toute petite, les mains dans ses manches, entêtée et douce, sourit :

— Vous n'espérez donc pas aller au ciel? me dit-elle. A quoi bon étudier en ce monde ce que nous saurons dans l'autre? Pour moi, j'attends que Dieu m'instruise. Il le fera d'un seul coup, mieux que tous vos livres.

Cette excellente créature ne songeait point que ce serait là nous rendre un bien mauvais service et que, si nous connaissions tous les secrets de l'univers, nous tomberions aussitôt dans un incurable ennui. M. Camille Flammarion ménage mieux notre curiosité; il nous promet, pour occuper notre éternité, des spectacles infinis. Le paradis, pour cet astronome, est un observatoire indestructible et merveilleusement outillé.

Voilà qui, au premier abord, me tente plus que la révélation subite et totale en laquelle la petite sœur avait foi. Avec M. Flammarion nous aurons toujours quelque chose à ignorer et quelque chose à désirer. C'est le grand point. Il nous annonce que dans nos métempsycoses nous nous promènerons d'astre en astre; il nous fait espérer que nous y porterons les deux vertus qui rendent la vie supportable, l'ignorance et le désir, et qu'enfin nous serons toujours des hommes, ce qui est bien quelque chose. Mais il me vient un doute. Je crains que ces voyages ne donnent pas tout l'agrément qu'il en attend. J'ai peur d'être déçu, et ma défiance, hélas! est assez naturelle. Hommes, nous ne savons que trop ce que c'est qu'un astre : nous en habitons un. Nous ne savons que trop ce que c'est que le ciel : nous y sommes autant qu'il est possible d'y être. Ce monde-ci me gâte par avance tous les autres. J'ai trop lieu de craindre qu'ils ne lui ressemblent; et c'est un assez grand reproche à leur faire.

L'univers que la science nous révèle est d'une désespérante monotonie. Tous les soleils sont des gouttes de feu et toutes les planètes des gouttes de boue.

Les aérolithes qui sont tombés sur notre globe avec un grand fracas n'y ont introduit aucun corps nouveau. L'analyse spectrale a constaté l'unité de composition des mondes. Partout l'oxygène, l'hydrogène, l'azote, le sodium, le magnésium, le carbone, le mercure, l'or, l'argent, le fer. Et quand on sait ce que l'hydrogène et le carbone ont produit dans ce monde sublunaire, on n'est point tenté d'aller voir ce qu'ils ont fait ailleurs. Ce que l'astronomie nous révèle n'est pas pour nous rassurer et l'on peut dire que le spectacle de l'univers nous étale l'universalité du mal et de la mort.

La Lune, cette fille unique de la Terre, n'est plus qu'un cadavre, dont la masse aride, desséchée, sillonnée de fissures profondes, va bientôt se réduire en poussière. Quelques planètes, sœurs de la Terre, Vénus, Mercure et Mars, semblent, comme elle, abriter encore la vie et l'intelligence. Mais nous savons à n'en point douter qu'elles sont inclémentes. Je n'en veux pour preuve que cet axe incliné sur lequel elles tournent autour du soleil pour le supplice de leurs habitants, lesquels, à cause de cette inclinaison, sont comme nous et plus encore que nous, gelés et grillés tour à tour et se demandent sans doute, comme nous, quel malicieux démon a ainsi lancé obliquement dans l'espace la toupie qu'ils habitent, afin d'en rendre le séjour insupportable.

Encore un pas dans l'espace et nous rencontrons une planète éclatée en mille morceaux et dont un fragment, entré dans l'orbite de Mars, menace d'effondrer la planète en s'y précipitant. Ces ruines effroyables sont semées sur des millions de lieues. On prétend, il est vrai, que ce sont non des débris, mais des matériaux qui n'ont pu s'assembler, par la faute de l'énorme Jupiter dont la masse agissait puissamment à distance; ce n'en est pas moins un désastre [1].

Et si, sortant de notre imperceptible système, nous contemplons l'armée des étoiles, là encore que découvrons-nous, sinon les perpétuelles vicissitudes de la vie et de la mort? Sans cesse il naît des étoiles et sans cesse il en meurt. Blanches dans leur ardente jeunesse, comme Sirius, elles jaunissent ensuite, ainsi que notre soleil et prennent, avant de mourir, une teinte d'un rouge sombre. Enfin elles vacillent comme une chandelle qui se meurt. Aujourd'hui, les astronomes regardent l'η du Navire

---

[1]. Décidément les planètes télescopiques ne sont pas les débris d'un grand astre éclaté. M. F. Tisserand a démontré mathématiquement dans l'*Annuaire des longitudes* pour 1891, que ces astéroïdes n'ont jamais été réunis.

lutter ainsi dans l'agonie. Une des étoiles de la Couronne boréale est en train de mourir. Et toutes, jeunes ou vieilles ou mortes, courent éperdument dans l'espace. C'est qu'à vrai dire rien ne meurt dans l'univers. Tout se meut et se transforme, tout est dans un perpétuel devenir. Il faut en prendre notre parti : nous ne nous reposerons jamais. Sur quelque point de l'espace que nous soyons jetés, vivants ou morts, âme ou cendre, immortelle pensée ou fluides subtils, nous travaillerons toujours; toujours nous serons agités, toujours, épars ou conscients, nous accomplirons d'incessantes métamorphoses.

Que M. Flammarion me le pardonne, je ne crois pas que nous puissions de si tôt visiter en touristes curieux ce brillant Sirius, plus grand, dit-on, un million de fois, que notre Soleil. Je crois qu'attachés à la planète Terre, nous y resterons aussi longtemps qu'elle saura nous garder. Je crois que notre destinée est liée à la sienne. Ses travaux seront les nôtres et tout ce qui est en elle travaillera éternellement. Luther était un mauvais physicien quand il enviait les morts parce qu'ils se reposent; les morts ont beaucoup à faire : ils préparent la vie. Notre Soleil nous emporte avec tout son cortège vers la constellation d'Hercule, où nous arriverons dans quelques milliards de siècles. Il sera mort en route et la Terre avec lui. Alors nous servirons de matière à un nouvel univers, qui sera peut-être meilleur que celui-ci, mais qui ne durera pas non plus. Car être c'est finir, et tout est mouvement, tout s'écoule et passe. Nous referons indéfiniment la création. Ni le temps ni l'espace ne nous manqueront. Tel astre qui n'existe plus depuis dix mille ans nous apparaît encore. Il est mort laissant en chemin les rayons qui nous arrivent aujourd'hui.

Voilà qui donne une idée accablante des distances sidérales. Mais chaque fois que nous admirons l'immensité des cieux, il faut admirer en même temps notre propre petitesse : la grandeur de l'univers en dépend. Par lui-même, l'univers n'est ni grand ni petit. S'il était réduit tout à coup aux dimensions d'une tête d'épingle, il nous serait impossible de nous en apercevoir. Et, dans cette hypothèse, comme l'idée de temps est dépendante de l'idée d'espace, tous les soleils de la Voie lactée et des nébuleuses s'éteindraient aussi vite qu'une étincelle de cigarette, sans que, pour les générations innombrables des vivants, les travaux et les jours, les joies, les douleurs fussent abrégés d'une seconde.

Le temps et l'espace n'existent pas. La matière n'existe pas non plus. Ce que nous nommons ainsi est précisément ce que nous ne connaissons pas, l'obstacle où se brisent nos sens. Nous ne connaissons qu'une réalité : la pensée. C'est elle qui crée le monde. Et si elle n'avait pas pesé et nommé Sirius, Sirius n'existerait pas.

Pourtant l'inconnaissable nous enveloppe et nous étreint. Il a grandi terriblement depuis deux siècles. L'astronomie physique ne nous a rien révélé de la réalité objective des choses; mais elle a changé toutes nos illusions, c'est-à-dire notre âme même. En cela elle a opéré une telle révolution dans l'idéal des hommes, qu'il est impossible que les vieilles croyances subsistent plus longtemps sans transformations.

C'en est fait du rêve de nos pères! Les hommes du moyen âge, un saint Thomas d'Aquin par exemple, se figuraient le ciel à peu près comme une grande horloge. Pour eux, une simple voûte semée de clous d'or les séparait du royaume de Dieu. L'enfer, le purgatoire, la terre et le ciel, composaient tout leur univers. Les échafauds à trois étages sur lesquels on jouait les mystères en donnaient une image sensible. En bas, les diables rouges et noirs; au centre, la terre, séjour de l'Église militante; au-dessus, Dieu le père dans sa gloire. Un escalier permettait aux anges de franchir les étages, et c'était un va-et-vient continuel de la terre aux cieux.

Les figures savantes des astrologues étaient presque aussi naïves. On y voyait l'intérieur de la terre avec cette inscription « *Inferi* » et tout autour de la terre des cercles marquant la sphère des éléments, les sept sphères des planètes, puis le firmament ou ciel fixe, au-dessus duquel s'étendaient le neuvième ciel où quelques-uns avaient été ravis, le *Primum mobile* et le *Cœlum empyreum*, séjour des bienheureux. Au XVIe siècle encore, avant Copernic, on concevait ainsi le monde, et même au XVIIe. Il faut songer que Pascal est mort sans avoir rien su des découvertes de Galilée. Tout à coup, le *Cœlum empyreum* s'est effondré. La terre s'est vue jetée comme un grain de poussière dans l'espace, ignorée, perdue. C'est le plus grand événement de toute l'histoire de la pensée humaine; il s'est accompli presque sous nos yeux et nous ne pouvons pas encore en découvrir toutes les conséquences. J'ai connu, étant enfant, le dernier défenseur de la vieille cosmogonie sacrée. C'était un prêtre nommé Mathalène, qui ressemblait de visage à M. Littré. Il était géomètre et avait écrit un livre pour démontrer par le calcul que les étoiles tournent autour de la terre immobile et que le soleil n'a en réalité que le double de son diamètre apparent. Ce livre ayant été imprimé vers 1840, l'abbé Mathalène fut désapprouvé par ses supérieurs. Il résista et finalement fut interdit. Je l'ai connu très vieux et très pauvre, plein de foi, de douleur et de surprise, ne concevant pas que l'Église l'eût frappé pour avoir combattu Galilée qu'elle avait condamné.

M. MAURICE BOUCHOR

ET L'HISTOIRE DE TOBIE [1]

Après avoir joué du Shakespeare, de l'Aristophane, du Cervantès et du Molière, les marionnettes de la rue Vivienne ont demandé à M. Maurice Bouchor de mettre pour elles sur la scène la vieille histoire de Tobie. Les poupées poètes furent bien inspirées quand elles eurent ce désir. *Tobie* est un conte charmant qui rappelle à la fois l'*Odyssée* et les *Mille et une Nuits*. Cette fleur tardive de l'imagination juive, éclose au IIIe siècle avant Jésus-Christ, est d'une grâce fine et d'un parfum délicat. L'esprit du conteur est un peu étroit, mais si pur ! Ce bon juif ne connaissait au monde que la tribu de Nephtali.

Tous les personnages de son histoire, les deux Tobie, Anna, Raguel, Edna, la douce Sara et Gabelus lui-même sont tous issus de Jacob et de Sara. Et ils ont tous

---

[1]. Légende biblique en vers, en cinq tableaux, par Maurice Bouchor. Pièce représentée par les marionnettes du Petit-Théâtre.

comme un air de famille : ils sont candides, innocents et simples; et ils vivent longtemps. Ils croient en Dieu, qui protège la tribu de Nephtali. Le vieux Tobie, captif à Ninive, ensevelit les morts et médite l'Écriture. Il loue le Seigneur qui l'a éprouvé en lui ôtant la vue. C'est un homme de bien, qui imite avec subtilité les mœurs des patriarches. Ayant demandé à Dieu de mourir, il veut laisser ses affaires en ordre. Se rappelant qu'autrefois il a prêté, sur reçu, *sub chirographo,* une somme de dix talents d'argent à un parent pauvre nommé Gabelus ou Gabaël, il envoie le jeune Tobie, son fils unique, à Ragès de Médie, où habite le débiteur devenu solvable, et qui, selon toute apparence, s'est enrichi chez les Mèdes.

L'enfant obéissant part sous la conduite de Raphaël, un des sept anges qui présentent au Dieu saint les prières des saints, et qui, pour accompagner Tobie, prend les traits d'un beau jeune homme de la tribu de Nephtali, *juvenem splendiduum.* Tobie et son guide céleste parviennent heureusement à Ragès et reçoivent de Gabelus les dix talents d'argent. Comme ils suivaient les bords du Tigre, ils rencontrèrent, échoué sur le rivage, un gros poisson que dom Calmet croit être un brochet et auquel ils arrachèrent le foie, qui possédait des vertus surprenantes. Puis, songeant qu'il avait des parents à Ecbatane, le jeune Tobie résolut d'aller les voir. En effet, Raguel, de la tribu de Nephtali, vivait chez les Mèdes avec Edna, sa femme, et Sara, sa fille. Le jeune homme et l'ange entrèrent ensemble dans la maison Raguel, et

Tobie, voyant que Sara était belle, l'aima et la demanda en mariage. Bien que sept fois mariée, Sara était vierge, et elle craignait de le rester toujours, car le démon Asmodée, qui l'aimait, ne souffrait point qu'elle fût possédée par un homme, et il étranglait ses maris à mesure qu'ils s'approchaient d'elle. Il en avait déjà tué sept. La jeune fille en concevait un douloureux étonnement. Et elle baissait la tête quand les servantes de la maison la raillaient de son virginal veuvage, l'accusaient de suffoquer (*quod suffocaret*) ses maris, et même l'accablaient de coups, en lui criant : « Va donc les rejoindre, tes époux, sous la terre ! »

Quand le jeune Tobie apprit ces choses, il tomba dans un grand abattement, et il parla en ces termes à l'ange son compagnon :

« J'ai entendu dire que cette jeune fille a été donnée à sept hommes et qu'ils ont tous péri dans la chambre nuptiale.

» Maintenant donc je suis fils unique de mon père, et je crains qu'en entrant je ne meure comme les premiers, parce qu'un démon l'aime et ne fait du mal qu'à ceux qui s'approchent d'elle ; maintenant donc je crains que je ne meure. »

Mais Raphaël le rassura.

« Ceux, dit-il, qui s'engagent dans le mariage de manière qu'ils bannissent Dieu de leur cœur et de leur esprit, et qu'ils ne pensent qu'à satisfaire leurs désirs, comme les chevaux et les mulets, ceux-là sont au pouvoir du démon. Mais pour toi, Tobie, après que tu auras épousé cette fille, étant entré dans la chambre, vis avec elle en continence pendant trois jours et ne pense à autre chose qu'à prier Dieu avec elle. »

Il enseigna ensuite au fiancé craintif qu'en brûlant sur de la braise le foie du poisson qu'ils avaient ramassé sur la berge du Tigre, il ferait fuir le jaloux Asmodée.

Tobie rassuré épousa Sara. Enfermé avec elle dans la chambre nuptiale, il lui souvint des conseils de l'ange.

« Sara, dit-il, lève-toi et prions Dieu, aujourd'hui et demain et après-demain. Et pendant ces trois jours nous devons nous unir à Dieu, car nous sommes enfants des saints et nous ne devons pas nous marier comme les païens qui ne connaissent point Dieu. »

Vaincu par la vertu de la prière et par l'odeur du foie grillé, le démon s'enfuit, laissant les époux en paix, et le lendemain matin Tobie se montra à Raguel, étonné, qui pendant la nuit avait creusé une huitième fosse dans son jardin, car c'était un homme prudent et soumis à la volonté divine.

Tobie emmena Sara, sa femme, à Ninive. Ce qui restait du foie du poisson rendit la vue au vieux Tobie.

Le bon juif qui écrivit cette histoire suivait un roman babylonien, d'une prodigieuse antiquité, que des savants allemands ont à peu près restitué. On y voit un petit être blanc, qui n'est autre que l'âme d'un mort, accompagnant dans un voyage long et périlleux l'homme qui lui a rendu les devoirs de la sépulture. Il est convenu que le vivant et le mort partageront le gain du voyage. Une belle jeune fille venant à faire partie de ce gain, le partage devient délicat. Comment les voyageurs y procédèrent-ils, je ne sais. M. Renan qui nous contait un jour cette aventure babylonienne n'a point terminé son récit. J'ignore si c'est comme Scheherazade par un habile artifice, ou parce que le texte chaldéen manque tout à coup.

Ce conte enfantin et vénérable, M. Maurice Bouchor l'a dialogué et mis en vers pour les marionnettes. Il s'y est pris avec une simplicité heureuse, un beau naturel, et a fait un mélange unique d'enthousiasme et de bouffonnerie. Son poème nous a tous ravis; on ne sait ce que c'est, et c'est délicieux. Le poète passe de la joyeuseté grasse au lyrisme sublime avec cette aisance de demi-dieu ivre, qui nous émerveille et nous étourdit quand nous lisons Aristophane ou Rabelais.

Comment a-t-il pu mêler ainsi la poésie biblique à l'humour d'un rimeur qui dîne gaiement? Je ne sais et ne saurai jamais au fond de quelle bouteille le poète a trouvé cette mixture prodigieuse de sagesse et de folie, je ne saurai jamais dans quel rêve il a entendu ce concert inouï de harpes, de psaltérions et de casseroles. Je sais seulement qu'on rit et puis qu'on est ému, et qu'on rit encore et qu'on est ému encore.

Toutes les fois que M. Maurice Bouchor fait parler l'archange, on croit entendre l'âme grave et pure de l'antique Israël. Au jeune Tobie qui demande s'il peut aimer, selon la loi, la vierge Sara, issue, comme lui de Nephtali, Raphaël répond :

>..... Cet amour est permis.
> Mais, ô candide enfant, si l'Eternel a mis
> Dans l'âme et dans le corps des vierges tant de grâce,
> Ce n'est pas seulement pour un plaisir qui passe.
> Vous devez — et l'amour rend bien doux ce devoir —
> Perpétuer la race élue, afin de voir
> Vos filles et vos fils, conçus parmi la joie,
> Grandir pour le Seigneur et marcher dans sa voie.
> Il faut que sur la bouche en fleur des épousés
> La prière du soir chante avec les baisers.
> Enfant, le mariage est une sainte chose.
> Afin que le regard de l'Éternel se pose
> Avec tranquillité sur l'épouse et l'époux,
> Gardez bien la pudeur comme un voile entre vous.

Même gravité douce dans les conseils que Raphaël donne aux époux en vue de cette nuit nuptiale qui fut pour sept époux une nuit éternelle :

> Passez en prières ferventes
> La nuit qui va venir, nuit pleine d'épouvantes ;
> Que les subtils parfums, les musiques de l'air
> Ne vous entraînent pas aux œuvres de la chair ;
> Et l'ange du Seigneur, pour vous tirant son glaive
> Dont vous ne verrez point les spirales de feu,
> Chassera l'être impur et rendra gloire à Dieu.

Quant au jaloux Asmodée, M. Maurice Bouchor ne l'a point pris au sérieux. Il en a fait un personnage absolument ridicule, alléguant que la Bible elle-même prêtait un rôle assez comique au démon amoureux qui, dans cette histoire, est quelque chose comme le chien du jardinier. Il est à propos de rappeler que *Tobie* n'est point un livre canonique. D'ailleurs, le poète a pris beaucoup de libertés à l'endroit d'Asmodée. Faute d'avoir dans sa troupe deux lecteurs capables de dire les deux rôles d'Asmodée et du poisson — car le poisson parle — il imagina que le poisson n'était autre qu'Asmodée lui-même. Ce n'est pas la première fois au théâtre qu'une nécessité de ce genre produit une beauté qu'on attribue au libre génie du poète. Et si M. Maurice Bouchor, qui est la candeur même, n'avait pas donné ses raisons, j'aurais attribué cette identification à sa sagesse profonde.

Cet Asmodée dont nous rions fut, en son temps, un démon considérable qui l'emportait en puissance sur Astaroth, Cédon, Uriel, Belzébuth, Aborym, Azazel, Dagon, Magog, Magon, Isaacharum, Accaron, Orphaxat et Beherit, qui sont pourtant des diables qu'on ne méprisait point. Il avait les femmes pour complices. C'est ce qui faisait sa force en ce monde et spécialement chez les peuples où elles sont blanches. On le reconnaît, disent les démonologistes, à ce qu'une de ses jambes est en manière de patte de coq. Quant à l'autre, elle est comme elle peut, avec des griffes au bout. Son portrait, dessiné par Collin de Plancy, fut approuvé par l'archevêque de Paris. Pourtant je doute qu'il ressemble.

Et puis, il est constant qu'Asmodée prend diverses formes pour apparaître aux hommes; l'ange Gabriel le lia dans une caverne au bord du Nil, où le malheureux démon demeura longtemps. Car il s'y trouvait encore en 1707, quand un orfèvre de Rouen, nommé Paul Lucas, remontant le Nil pour aller au Faïoum, le vit et lui parla, comme il l'assure lui-même dans la relation de son voyage qui fut publié en 1719 et forme trois volumes in-12, avec cartes et figures. Peu de faits sont mieux attestés. Toutefois ce point ne laisse pas d'être embarrassant. Car il est certain, d'autre part, qu'Asmodée était en personne à Loudun le 29 mai 1624; il écrivit à cette date, sur le registre de l'église de Sainte-Croix, une déclaration par laquelle il s'engageait à tourmenter madame de Belciel, qu'il tourmenta en effet. La pièce est conservée à la Bibliothèque nationale, dans le département des manuscrits, où chacun peut la voir. Il est également certain qu'en 1635, dans la même ville de Loudun, il posséda sœur Agnès, qui fut prise de convulsions en présence du duc d'Orléans. Elle refusa de baiser le ciboire et se tordit sur elle-même au point que ses pieds touchaient sa tête et qu'elle formait parfaitement une roue. Cependant, elle proférait d'horribles blasphèmes. A cette époque, Asmodée comparut devant l'évêque de Poitiers et, puisque Paul Lucas le retrouva en Égypte soixante-douze ans plus tard, il faudrait croire que ce diable sortait quand il voulait de sa caverne et que l'ange Gabriel ne l'avait pas bien attaché.

Au reste, n'oublions pas que saint Augustin explique la manière dont les démons peuvent être liés ou déliés. Ces termes signifient, selon lui, qu'ils perdent ou recouvrent la liberté de nuire aux homme. *Alligatio diaboli est non permitti*, etc., etc.

Après l'édit de Colbert, qui fit défense aux diables de tourmenter les dames, Asmodée ne parut plus en

13.

France qu'en la compagnie de l'excellent Le Sage, l'auteur de *Gil Blas*. Il y perdit sa théologie, mais il y devint homme d'esprit. Il faisait encore un assez vilain métier; du moins le faisait-il gaiement. Voici comment il s'explique sur sa profession :

> Je fais des mariages ridicules : j'unis des barbons avec des mineures, des maîtres avec leurs servantes et des filles mal dotées avec de tendres amants qui n'ont point de fortune. C'est moi qui ai introduit dans le monde le luxe, la débauche, les jeux de hasard et la chimie. Je suis l'inventeur des carrousels, de la danse, de la musique, de la comédie et de toutes les modes nouvelles de France.... Je suis le démon de la luxure, ou, pour parler plus honorablement, le dieu Cupidon.

L'épreuve imposée aux jeunes époux, Sara et Tobie, a été réduite par M. Maurice Bouchor de trois nuits à une seule, en considération de l'art du théâtre qui veut que les circonstances soient resserrées dans un petit espace de temps. Avec notre poète, Asmodée se pique de littérature, et il est tout imbu des idées de notre cher maître Francisque Sarcey sur « la scène à faire » et sur « l'art des préparations ».

Invisible à Sara comme à Tobie, il entre avec eux dans la chambre nuptiale, afin de les tenter et c'est un dessein qu'il annonce au public en ces termes :

> Messieurs, vous le voyez, c'est bien la scène à faire.
> Prendrai-je ces amants dans mes rêts ténébreux?
> Je n'en sais rien. Ils ont un archange pour eux !...

Dieu même, là-dessus, pense des choses vagues;
Ou bien le libre arbitre est la pire des blagues.
Mais tout cela, messieurs, j'ai dû vous le narrer,
Puisque l'art du théâtre est l'art de préparer.

Je supplie mon cher maître Sarcey de considérer qu'il y a là, ce qu'on appelle, une situation. Asmodée aime Sara; il l'aime « luxurieusement », c'est le poète qui le dit. Or, le pauvre diable n'a aucun pouvoir sur son rival, tant que celui-ci prie Dieu à genoux. Pour le vaincre il est obligé de le rendre sensible à la beauté de Sara et cette sensibilité, qu'il a lui-même inspirée, lui cause dès qu'elle se montre une douleur cuisante. Ce qui est charmant dans cette scène comme l'a traitée M. Bouchor, c'est le contraste de ce diable bouffon et sensuel et de ces deux chastes enfants.

Cela est d'une grâce singulière et d'une suave fantaisie. L'autre nuit, en quittant le petit théâtre du passage Vivienne, l'âme enivrée de cette poésie de buveur mystique, les yeux pleins de ces petites marionnettes, charmantes comme des figurines de Tanagra, revoyant encore les paysages de rêve que donnèrent pour décors à ces poupées augustes les peintres Georges Rochegrosse, Henri Lerolle et Lucien Doucet, l'oreille contente d'avoir entendu des vers dits par des poètes (car ce sont de vrais poètes qui parlent pour les marionnettes de M. Signoret), heureux enfin, je songeais à la belle scène des noces de ces deux pieux époux, qui semblent, dans l'ancienne loi, l'image des époux chrétiens. Et tout à coup l'histoire des deux « amants d'Auvergne » me revint en mémoire. Laissez-moi vous la dire; elle est exquise. Je la rapporte à peu de chose près comme elle est dans Grégoire de Tours, qui l'a prise sans doute à quelque hagiographe plus ancien. Une seule circonstance est tirée, comme on verra, d'une autre source.

HISTOIRE
DES DEUX AMANTS D'AUVERGNE

En ce temps-là, qui était le iv° siècle de l'ère chrétienne, le jeune Injuriosus, fils unique d'un sénateur d'Auvergne (on appelait ainsi les officiers municipaux) demanda en mariage une jeune fille du nom de Scolastica, unique enfant comme lui d'un sénateur. Elle lui fut accordée. Et la cérémonie du mariage ayant été célébrée, il l'emmena dans sa maison et lui fit partager sa couche. Mais elle, triste et tournée contre le mur, pleurait amèrement.

Il lui demanda :

— De quoi te tourmentes-tu, dis-moi, je te prie?

Et, comme elle se taisait, il ajouta :

— Je te supplie, par Jésus-Christ, fils de Dieu, de m'exposer clairement le sujet de tes plaintes.

Alors elle se retourna vers lui.

— Quand je pleurerais tous les jours de ma vie, dit-elle, je n'aurais pas assez de larmes pour répandre la douleur immense qui remplit mon cœur. J'avais résolu de garder toute pure cette faible chair et d'offrir ma virginité à Jésus-Christ. Malheur à moi, qu'il a tellement abandonnée que je ne puis accomplir ce que je désirais! O jour que je n'aurais jamais dû voir! Voici que, divorcée d'avec l'époux céleste qui me promettait le paradis pour dot, je suis devenue l'épouse d'un homme mortel, et que cette tête, qui devait être couronnée de roses immortelles, est ornée ou plutôt flétrie de ces roses déjà effeuillées! Hélas! ce corps qui, sur le quadruple fleuve de l'agneau, devait revêtir l'étole de pureté, porte comme un vil fardeau le voile nuptial. Pourquoi le premier jour de ma vie n'en fut-il pas le dernier? O heureuse! si j'avais pu franchir la porte de la mort avant de boire une goutte de lait! et si les baisers de mes douces nourrices eussent été déposés sur mon cercueil! Quand tu tends les bras vers moi, je songe aux mains qui furent percées de clous pour le salut du monde.

Et, comme elle achevait ces paroles, elle pleura amèrement.

Le jeune homme lui répondit avec douceur :

— Scolastica, nos parents, qui sont nobles et riches parmi les Arvernes, n'avaient, les tiens qu'une fille et les miens qu'un fils. Ils ont voulu nous unir pour perpétuer leur famille, de peur qu'après leur mort un étranger ne vînt à hériter de leurs biens.

Mais Scolastica lui dit :

— Le monde n'est rien; les richesses ne sont rien; et

cette vie même n'est rien. Est-ce vivre que d'attendre la mort? Seuls ceux-là vivent qui, dans la béatitude éternelle, boivent la lumière et goûtent la joie angélique de posséder Dieu.

En ce moment, touché par la grâce, Injuriosus s'écria :

— O douces et claires paroles! La lumière de la vie éternelle brille à mes yeux! Scolastica, si tu veux tenir ce que tu as promis, je resterai chaste auprès de toi.

A demi rassurée et souriant déjà dans les larmes :

— Injuriosus, dit-elle, il est difficile à un homme d'accorder une pareille chose à une femme. Mais si tu fais que nous demeurions sans tache dans ce monde, je te donnerai une part de la dot qui m'a été promise par mon époux et seigneur Jésus-Christ.

Alors, armé du signe de la croix, il dit :

— Je ferai ce que tu désires.

Et, s'étant donné la main, ils s'endormirent.

Et par la suite ils partagèrent le même lit dans une incomparable chasteté.

Après dix années d'épreuves, Scolastica mourut. Selon la coutume du temps, elle fut portée dans la basilique en habits de fête et le visage découvert, au chant des psaumes, et suivie de tout le peuple. Agenouillé près d'elle, Injuriosus prononça à haute voix ces paroles :

— Je te rends grâce, Seigneur Jésus, de ce que tu m'as donné la force de garder intact ton trésor.

A ces mots, la morte se souleva de son lit funèbre, sourit et murmura doucement :

— Mon ami, pourquoi dis-tu ce qu'on ne te demande pas?

Puis elle se rendormit du sommeil éternel.

Injuriosus la suivit de près dans la mort. On l'ensevelit non loin d'elle, dans la basilique de Saint-Allire. La première nuit qu'il y reposa, un rosier miraculeux, sorti du cercueil de l'épouse virginale, enlaça les deux tombes de ses bras fleuris. Et le lendemain, le peuple vit qu'elles étaient liées l'une à l'autre par des chaînes de roses. Connaissant à ce signe la sainteté du bienheureux Injuriosus et de la bienheureuse Scolastica, les prêtres d'Auvergne signalèrent ces sépultures à la vénération des fidèles. Mais il y avait encore des païens dans cette province évangélisée par les saints Allire et Népotien. L'un d'eux, nommé Silvanus, vénérait les fontaines des Nymphes, suspendait des tableaux aux branches d'un vieux chêne et gardait à son foyer des petites figures d'argile représentant le soleil et les déesses Mères.

A demi caché dans le feuillage, le dieu des jardins protégeait son verger. Silvanus occupait sa vieillesse à faire des poèmes. Il composait des églogues et des élégies d'un style un peu dur, mais d'un tour ingénieux et dans lesquels il introduisait les vers des anciens chaque fois qu'il en trouvait le moyen. Ayant visité avec la foule la sépulture des époux chrétiens, le bonhomme admira le rosier qui fleurissait les deux tombes. Et, comme il était pieux à sa manière, il y reconnut un signe céleste. Mais il attribua le prodige à ses dieux et il ne douta pas que le rosier n'eût fleuri par la volonté d'Eros.

« La triste Scolastica, se dit-il, maintenant qu'elle n'est plus qu'une ombre vaine, regrette le temps d'aimer et les plaisirs perdus. Les roses qui sortent d'elle et qui parlent pour elle, nous disent : Aimez, vous qui vivez. Ce prodige nous enseigne à goûter les joies de la vie, tandis qu'il en est temps encore. »

Ainsi songeait ce simple païen. Il composa sur ce sujet une élégie que j'ai retrouvée par le plus grand des hasards dans la bibliothèque publique de Tarascon, sur la garde d'une bible du xi° siècle, cotée : fonds Michel Chasles, Fn, 7439, 17° bis. Le précieux feuillet, qui avait échappé jusqu'ici à l'attention des savants, ne compte pas moins de quatre-vingt-quatre lignes d'une cursive mérovingienne assez lisible, qui doit dater du vii° siècle. Le texte commence par ce vers :

Nunc piget; et quæris, quod non aut ista voluntas,
Tunc fuit...

et finit par celui-ci :

Stringamus mœsti carminis obsequio.

Je ne manquerai pas de publier le texte complet dès que j'en aurai achevé la lecture. Et je ne doute point que M. Léopold Delisle ne se charge de présenter lui-même cet inestimable document à l'Académie des inscriptions.

JOSÉPHIN PÉLADAN[1]

M. Joséphin Péladan est occultiste et mage. Cela ne laisse pas de m'embarrasser un peu. Je ne sais que répondre à qui me parle de « pentaculer l'arcane de l'amour suprême ». Le mage, selon la définition de M. Péladan lui-même, c'est le grand harmoniste, le maître souverain des corps, des âmes et des esprits. Cette définition n'est pas pour m'encourager à en user à son endroit avec une honnête liberté, familièrement, en toute franchise, selon les privilèges que confère le commerce des lettres. Et puis, il faut bien que je l'avoue : il m'inspire une vive jalousie.

Ce doit être bien amusant d'être mage. On commande à la nature et l'on flotte librement dans l'espace en corps astral. Je pense bien que le plus mage des mages n'en fait pas autant qu'il en dit, mais c'est déjà une joie que de rêver ces merveilles. Je suis persuadé que M. Joséphin

1. *La Victoire du mari,* avec commémoration de Jules Barbey d'Aurevilly. (Ethopée **VI** de la décadence latine.)

Péladan s'en donne l'illusion, et qu'il vit dans un songe prodigieux. Heureux, trois fois heureux ce magique dormeur! Il est seulement regrettable qu'il ait contract pendant son sommeil un mépris trop hautain de la réalité vulgaire. Les sociétés humaines lui inspirent un insurmontable dégoût. Il ne conçoit pas, par exemple, qu'on puisse s'intéresser à la sûreté et à la gloire de la patrie.

Il me permettra, tout mage qu'il est, de lui en exprimer ma tristesse sincère. Ce dédain des soins imposés par la nature même des choses, ce détachement des formes les plus augustes et les plus simples du devoir, ne sont que trop, aujourd'hui, dans les habitudes de la jeune littérature. Nos raffinés trouvent le patriotisme un peu vulgaire. Il est vrai que c'est le sentiment qui, sans nul doute, a inspiré le plus de bêtises et le plus de laideurs, parce que c'est le sentiment le plus accessible aux imbéciles. Mais dans une âme affinée, cette religion se prête à toutes les délicatesses et s'accommode même d'une pointe de dandysme. Que ces messieurs essayent! Qu'ils se mettent à aimer la patrie comme elle veut être aimée, et ils s'apercevront bientôt qu'on peut mettre dans cet amour toutes les subtilités de l'esthétique moderne. M. Joséphin Péladan nous parle avec admiration des vieux Florentins. Ils aimaient Florence. Auguste Barbier vante ce peintre catholique qui s'endormit dans la mort « en pensant à sa ville ». Ces grands Italiens, poètes, peintres, philosophes, vivaient et mouraient tous dans cette pensée. C'est une image de l'âme italienne au moyen âge que ce bon saint François, à sa dernière heure, bénissant sa ville d'Assise. Et pourtant c'étaient des hommes subtils. Non, il n'est pas digne du talent de M. Joséphin Péladan de croire que le patriotisme doit être laissé au vulgaire comme un reste de barbarie.

Il n'est peut-être pas non plus très sage de maudire la démocratie, et c'est ce qu'on fait volontiers dans la nouvelle école. M. Joséphin Péladan n'a pas, dans son riche vocabulaire, de termes assez violents pour rejeter ce qu'il appelle « la charognerie égalitaire inaugurée en 1789 ».

Il est orgueilleux et n'a point le cœur simple. Il souffre d'être coudoyé par la foule. Il en veut au vulgaire d'être vulgaire, ce qui pourtant est dans l'ordre et selon la nature. Et comment ne voit-il point que son orgueil l'abaisse à de pitoyables puérilités? Que lui sert d'insulter au prodigieux effort des sociétés modernes qui essayent depuis cent ans, avec un génie et des succès divers, de s'organiser d'une manière équitable et rationnelle? Je veux bien qu'il n'admire point ce grand mouvement et qu'il garde un culte aux formes du passé. Encore doit-il sentir ce que de telles transformations ont d'inéluctable et de grand. Ce moyen âge qu'il nous oppose sans cesse et qu'il admire exclusivement, ce magnifique XIIIe siècle, qu'a-t-il donc accompli, sinon ce que nous entreprenons nous-mêmes aujourd'hui, c'est-à-dire la meilleure organisation possible de la société? Son œuvre a duré quelques centaines d'années pendant lesquelles la vie a été sinon heureuse, du moins possible, et c'est assez pour que nous parlions avec respect de ce monde féodal qui s'est épanoui majestueusement comme le chêne royal de Vincennes. La maison avait été bâtie à grand labeur. C'était une haute maison à créneaux, flanquée de tours. Nos pères y vivaient; mais un jour elle s'est écroulée épouvantablement. Il fallait bien en construire une autre. Il fallait bien gâcher du plâtre en dépit des dégoûtés. C'est ce qu'on a fait. L'édifice n'est pas, sans doute, d'une symétrie auguste; il n'abonde pas en sculptures symboliques; je le trouve, pour mon goût, un peu plat. Mais il est logeable, et c'est le grand point. L'autre était-il donc parfait? Je crois que son grand mérite à vos yeux est de ne plus exister. C'est une jouissance d'artiste que de vivre par l'imagination dans le passé; mais il faut bien se dire que le charme du passé n'est que dans nos rêves et qu'en réalité le temps jadis, dont nous respirons délicieusement la poésie, avait dans sa nouveauté ce goût banal et triste de toutes les choses parmi lesquelles s'écoule la vie humaine. Je crois que M. Joséphin Péladan, dans ses haines comme dans ses amours, est la victime de son imagination artiste. Il est vrai qu'il a une politique qui est précisément celle de Grégoire VII. Il est pour le sacerdoce contre l'empire. Et ce violent théocrate soutient encore que la pierre a donné le diadème à Pierre, qui l'a donné à Rodolphe. *Petra dedit Petro*, etc. Mais M. Joséphin Péladan ne considère point assez que Grégoire VII n'a pas réussi et qu'il est mort.

M. Péladan affirme « que la pensée catholique est la seule qui ne soit pas une bourde stérile ». Il est catholique à la manière de Barbey d'Aurevilly, c'est-à-dire avec beaucoup de superbe. Dans une notice éloquente consacrée à la mémoire de celui qu'il vénérait comme un aïeul et comme un maître, il reproche très âprement à l'archevêque de Paris de n'avoir pas suivi avec tout son clergé le cercueil de l'auteur des *Diaboliques*. Il érige ce vieux Barbey en père de l'Église et le tient pour le dernier confesseur de la foi. C'est là une opinion singulière et pleine de fantaisie.

Le hasard m'a mis entre les mains un numéro récent d'une Revue dirigée par les R. P. jésuites. Sans me flatter, et pour le dire en passant, je m'y vis fort malmené. Les petits pères m'ont traité sans douceur, tout comme ils traitent le Père Gratry et le Père Lacordaire. Je trouvai là un article où Barbey d'Aurevilly était au contraire fort ménagé. On lui tenait compte très largement d'avoir professé dans plusieurs articles le catholicisme le plus romain et insulté M. Ernest Renan, ce qui est œuvre pie. On ne lui en reprochait pas moins sa légèreté, son étourderie et son peu de catéchisme. On voit que les petits pères ne pensent pas exactement sur Barbey d'Aurevilly comme M. Péladan. Je n'hésite pas à dire que ce sont les petits pères qui ont raison. Barbey d'Aurevilly fut un catholique très compromettant. M. Joséphin Péladan est plus dangereux encore pour ceux qu'il défend. Peut-être blasphème-t-il moins que le vieux docteur des *Diaboliques*, car le blasphème était pour celui-là l'acte de foi par excellence. Mais il est encore plus sensuel et plus orgueilleux. Il a plus encore le goût du péché. Ajoutez à cela qu'il est platonicien et mage, qu'il mêle constamment le grimoire à l'Évangile, qu'il est hanté par l'idée de l'hermaphrodite qui inspire tous ses livres ; et qu'il croit sincèrement mériter le chapeau de cardinal ! Tout cela semblera bizarre. Mais enfin le sens commun n'est pour un artiste qu'un mérite secondaire, et M. Joséphin Péladan est un artiste. Il est absurde si vous voulez, et fou tant qu'il vous plaira. Cependant il a beaucoup de talent.

Avec d'effroyables défauts et un tapage insupportable de style, il est écrivain de race et maître de sa phrase. Il a le mouvement et la couleur. Qu'on lui passe ses manies bruyantes, qu'on lui pardonne sa rage de fabriquer des verbes comme *luner, rener, ceinturer*, et l'on rencontrera çà et là, dans son nouveau livre, des pages d'une poésie magnifique.

Je me garderai bien de raconter ce livre. C'est une sorte de poème magique dont les épisodes sembleraient absurdes s'ils étaient exposés froidement et si le merveilleux du style ne soutenait plus le merveilleux du sujet. Il s'agit de deux époux, Adar, jeune mage comme M. Péladan lui-même, « saturnien vénusé », et une enfant trouvée élevée par un prêtre romain, la merveilleuse Izel, en qui la nature atteint les finesses de la statuaire florentine. Ce couple exquis promène son ardente lune de miel à Bayreuth dans une des saisons théâtrales consacrées à Wagner et que M. Péladan compare à la trêve de Dieu qu'inventa la charité catholique au moyen âge. Là, le désir d'Izel et d'Adar, exalté par le mysticisme sensuel du duo de *Tristan et Yseult*, se déchaîne comme un mal divin, éclate en crises nerveuses, devient un nirvâna d'amour, un érotisme bouddhique, une euthanésie. Toute cette partie du livre est d'un sensualisme mystique dont le caractère est suffisamment exprimé par une sorte d'hymne d'une poésie étrange et profonde, qui célèbre chrétiennement la réhabilitation de la chair. Je citerai le morceau, non point dans son entier, mais en supprimant quelques formes trop particulières à la langue de M. Joséphin Péladan et qui eussent embarrassé des lecteurs mal préparés. Car les mages ont cela de terrible que leurs œuvres sont ésotériques et ne veulent être comprises que des initiés.

Voici ces stances en prose :

O chair calomniée, chair admirable et triste, étroite compagnonne de notre cœur dolent, dolente comme lui — plus que lui pitoyable, ô toi qui pourriras.
Si tu n'es que d'un jour, si tu n'es que d'une heure, glorieux est ce jour, féconde cette heure....
Ce sont les yeux qui lisent les symboles avant l'esprit...
Ce sont les mains qui peinent et qui prient.
Ce sont les pieds qui montent.
Tu m'as fait malheureuse, Dieu juste, fais-moi grande : le Beau pour moi, c'est le Salut.

C'est affaire à M. Péladan d'accorder la glorification de la chair avec la doctrine chrétienne qu'il professe. Je n'ai qu'à signaler l'élégante mélancolie de cette prose d'artiste et de poète.

Après la saison de Bayreuth, Adar et Izel vont chercher à Nuremberg les impressions du passé. Là, dans cette ville où le temps semble s'être arrêté et qui montre intactes les formes de la vie familière et bizarre des aïeux, l'attitude d'Izel n'exprime plus l'idéalisme voluptueux. Le pur bronze florentin se déhanche comme ces figurines de dinanderie du xve siècle, qui, dans leur ingénuité contournée, font la joie des amateurs. Une nuit, au clair de lune, comme il rêvait à sa fenêtre, le docteur Sexthental a vu sur un mur l'ombre d'un joli bas de jambe, pendant qu'Izel remettait sa jarretière. Il n'y a pas grand mal si l'on considère seulement l'âge et la figure du docteur, qui s'est desséché dans les bouquins. Mais ce qui donne à l'aventure une gravité singulière, c'est que Meister Sexthental est un mage très puissant qui, maître des éléments, peut à son gré quitter son corps visible et traverser « en corps astral » les murs les plus épais. Or, l'ombre d'un pied sur le mur l'a embrasé d'amour. Comme incube il satisfera sa passion. On sait qu'une femme ne peut pas se défendre d'un incube. Izel succombe dans des bras invisibles. Désormais l'infâme docteur Sexthenthal est entre elle et cet Adar qu'elle aimait si éperdument. Je ne vous dirai pas comment Adar trouve dans les sciences magiques le moyen de tuer l'incube aux pieds d'Izel. Ayant ainsi vengé son honneur, il croit avoir reconquis sa femme. Mais l'occulte le possède tout entier. Penché sans cesse sur ses fourneaux, il s'abîme dans des recherches sans nom ; la soif de connaître le dévore. Izel délaissée se détache de lui. Étranger à tout ce qui l'entoure, il poursuit l'œuvre, quand tout à coup il apprend qu'Izel, lasse de sa solitude et de son abandon, est prête à se donner à un amant dont elle est adorée. Cette fois Adar se réveille. Il renonce à la science pour retourner à l'amour. Il va s'efforcer de reconquérir Izel, tandis qu'il en est temps encore.

Il invoque une dernière fois les esprits de l'air, que son art tenait asservis, mais c'est pour qu'ils l'aident à regagner cette épouse qu'il a perdue par sa faute, dont en ce moment il guette la venue et qu'il vient surprendre comme un amant furtif.

Je transcris cette magnifique invocation presque tout entière. La page est presque sans tache :

«

O nature, mère indulgente, pardonne ! Ouvre ton sein au fils prodigue et las.

J'ai voulu déchirer les voiles que tu mets sur la douleur de vivre, et je me suis blessé au mystère... Œdipe, à mi-chemin de deviner l'énigme, jeune Faust, qui regrette déjà la vie simple et du cœur, j'arrive repentant, réconcilié, ô menteuse si douce !

Fais ton charme, produis les mirages ; je viens m'agenouiller devant ton imposture et demander ma place de dupe heureuse. Vous, forces sidérales qui m'avez obéi, Ariels, mes hérauts, je viens vous délivrer. J'abdique le pentacle auguste du macrocosme ; ma double étoile est éclipsée ; vous êtes libres, gnomes, sylphes, ondins et salamandres.

Une dernière fois, servez celui qui vous libère, Elémentals, larves de mon pouvoir! Avant de vous dissoudre, un verbe, un verbe encore !

Sylphes nocturnes, phalènes du désir, agacez-la du velours de vos ailes, celle qui va venir...

Rosée de minuit, humidité des fleurs, susurrement de l'eau, fluence du nuage et buée de la lune! O douce pollution de la nature en rêve, baptise de désir celle qui va venir!

Cette invocation ne vous rappelle-t-elle pas les adieux de Prospero au monde magique? « Vous, Elfes des collines, des ruisseaux, des lacs dormants et des bosquets... et vous, petits êtres qui au clair de lune tracez en dansant des cercles qui laissent l'herbe amère et que la brebis ne broute pas, et vous dont le passe-temps est de faire naître à minuit les champignons... lorsque je vous aurai ordonné de faire un peu de musique céleste pour opérer sur les sens de ces hommes, je briserai ma baguette de commandement, je l'enfouirai à plusieurs toises sous la terre, et plus avant que n'est encore descendu la sonde, je plongerai mon livre sous les eaux. »

Ces livres de M. Joséphin Péladan, il faut les prendre pour ce qu'ils sont, des féeries sans raison, mais pleines de poésie. Ces féeries sembleront parfois bien compliquées; elles manquent de naïveté, de candeur, de bonhomie. C'est la faute de l'auteur qui est éloquent et somptueux à l'excès. C'est aussi notre faute. Un merveilleux plus simple nous semblerait insipide, et l'on nous ennuierait si l'on nous contait Aladin, par exemple, ou les trois Calenders borgnes.

SUR JEANNE D'ARC[1]

I

Il y a de la piété dans le sentiment qui attire chaque soir les spectateurs, j'allais dire les fidèles, au théâtre où se joue le mystère de Jeanne d'Arc. Par l'exaltation sourde et puissante de la pensée populaire, Jeanne devient peu à peu la sainte et la patronne de la France. Une douce religion nous fait communier en elle; le récit de ses miracles et de sa passion est un évangile auquel nous croyons tous. Ses vertus sont sur nous.

Elle est l'exemple, la consolation et l'espérance. Divisés comme nous le sommes d'opinions et de croyances, nous nous réconcilions en elle. Elle nous réunit sous cette bannière qui conduisit ensemble à la victoire les

---

[1]. Ceci fut écrit à propos des représentations du drame de M. Jules Barbier sur le théâtre de la porte Saint-Martin. Depuis M. Joseph Fabre nous a donné un « mystère » de Jeanne, plus vrai et plus touchant

chevaliers et les artisans, et ainsi la bonne créature achève d'accomplir sa mission. Elle est l'arche d'alliance ; tout en elle signifie union et fraternité.

La candeur de sa foi chrétienne touche ceux de nous qui sont restés catholiques sincères, tandis que son indépendance en face des théologiens la recommande aux esprits qui professent le libre examen des Écritures. Car il est à peine exagéré de dire qu'elle est à la fois la dernière mystique et la première réformée, et qu'elle tend une main, dans le passé, à saint François d'Assise et l'autre main, dans l'avenir, à Luther.

Et par-dessus tout elle était simple ; elle resta toujours si près de la nature que ceux qui ne croient qu'à la nature sourient à cette fleur des champs, à cette fraîche tige sauvage et parfumée, en sorte qu'elle fait encore les délices de ceux qui, dans leur philosophie, s'en tiennent aux apparences et craignent que tout ne soit illusion.

La loyauté avec laquelle elle servit son roi va droit au cœur de ceux-là, bien rares, qui gardent le deuil de l'ancienne monarchie. Elle vécut, s'arma, mourut pour la France, et c'est ce qui nous la rend chère à tous indistinctement. Étant d'humble naissance et pauvre, elle fit ce que n'avaient pu faire les riches et les grands. Dans la gloire et dans la victoire, elle aima les humbles comme des frères ; par là, elle nous est douce et sacrée. Notre démocratie moderne ne peut que vénérer la mémoire de celle qui a dit : « J'ai été envoyée pour la consolation des pauvres et des indigents. » *Dicens quod erat misa pro consolatione pauperum et indigentium.*

Ce n'est pas tout encore. Il y avait en elle des contrastes charmants qui la rendent aimable à tous ; elle était guerrière et elle était douce ; elle était illuminée et elle était sensée ; c'était une fille du peuple et c'était un bon chevalier ; dans cette sainte féerie qui est son histoire, la bergère se change en un beau saint Michel. Comme Jésus et saint François d'Assise, ses patrons, elle fait descendre le ciel sur la terre, elle apporte au monde le rêve de l'innocence supérieure au mal et de la justice triomphante. Elle est la préférée des croyants et des simples, des artistes épris de symboles, des délicats, qui recherchent la forme achevée et parfaite.

Voilà ce que sent confusément la foule qui écoute chaque soir le drame de Jeanne d'Arc, ou, comme nous disions, le mystère ; je crois que le mot est sur l'affiche. Entre nous, M. Jules Barbier n'était peut-être pas le poète qu'il fallait pour écrire le mystère de Jeanne d'Arc. Pour ma part, j'y aurais voulu plus de naïveté, plus de candeur, un art plus religieux, plus mystique. J'y aurais voulu un pinceau plus fin, trempé dans l'or et l'outremer des vieux enlumineurs. Je rêvais, sur un dessin un peu grêle à force de pureté, toutes les richesses d'un trésor d'église. Je rêvais le parfum de l'hysope et le chant des harpes célestes. Je rêvais des saintes qui fussent des dames, et des anges jouant du luth et tout à fait dans le goût de ce xve siècle dont l'art fait songer à une forêt qui n'a encore que des bourgeons. Enfin, que ne rêvais-je pas?... J'aurais aimé surtout à voir Jeanne sous l'arbre des Fées. C'était un hêtre, j'y ai bien souvent pensé, un hêtre merveilleux, qui répandait une belle et grande ombre. On le nommait l'arbre des Fées ou l'arbre des Dames, car les fées étaient des dames aussi bien que les saintes; mais des dames voluptueusement parées et ne portant pas comme madame sainte Catherine une lourde couronne d'or. Elles aimaient mieux porter des chapeaux de fleurs. Or, ce hêtre était très vieux, très beau et très vénérable. On l'appelait aussi l'arbre aux Loges-les-Dames, l'arbre charminé [1], l'arbre fée de Bourlemont et le beau Mai. Comme les divinités grandes ou petites, il avait beaucoup de noms, parce qu'il inspirait beaucoup de pensées. Il s'élevait près d'une fontaine qu'on nommait la fontaine des Groseilllers et où, jadis, les fées s'étaient baignées, et une vertu était restée aux eaux de cette fontaine : ceux qui en buvaient étaient guéris de la fièvre. C'est pourquoi on la nommait aussi la bonne fontaine Aux-Fées-Notre-Seigneur, vocable ingénieux et doux, qui plaçait sous la protection de Jésus les petites personnes surnaturelles que ses apôtres avaient si rudement poursuivies sans pouvoir les chasser de leurs forêts et de leurs sources natales. Non loin de la source et de l'arbre, cachée sous un coudrier, une mandragore chantait. Toutes les magies rustiques étaient réunies dans ce petit coin de terre; un

---

1. Quicherat met *charmine*, dont je ne puis découvrir le sens. Ne faut-il pas lire *charminé*, *carminata*?

innocent paganisme y renaissait sans cesse avec les feuilles et les fleurs.

Chaque année, le dimanche de *Lætare*, ou dimanche des Fontaines, qui est celui de la mi-carême, les filles et les garçons du village allaient en troupe manger du pain et des noix sous l'arbre des Fées, puis ils buvaient à la fontaine des Groseilliers, dont l'eau n'était pas bonne que pour les malades; les fées ont plus d'un secret. La marraine de Jeanne, de son nom Jeanne, femme d'Aubery, le maire, avait vu de ses yeux ces dames mystérieuses, et elle le confessait à tout venant. Pourtant elle était bonne et prude femme, point devineresse ni sorcière.

L'une de ces fées avait un bel ami, le seigneur de Bourlemont. Elle lui donnait des rendez-vous, le soir. Les fées sont femmes; elles ont des faiblesses. On fit un roman des amours de la fée et du chevalier et une autre marraine de Jeanne, dont le mari était clerc à Neufchâteau, avait entendu lire ce merveilleux récit qui, sans doute, ressemblait à l'histoire bien connue de Mélusine. Les fées avaient leur jour d'audience; quand on voulait les voir en secret, on y allait le jeudi. Mais elles se montraient peu. Une bonne chrétienne de Domrémy, la vieille Béatrix, disait innocemment :

— J'ai ouï conter que les fées venaient sous l'arbre, dans l'ancien temps. Pour nos péchés, elles n'y viennent plus.

La veille de l'Ascension, à la procession où les croix sont portées par les champs, le curé de Domrémy allait sous l'arbre des Fées et à la fontaine des Groseilliers, et il y chantait l'évangile de saint Jean. Faisait-il ces stations pour exorciser l'arbre et la source? Renouvelait-il, à son insu, les rites sacrés des païens? C'est ce qu'on ne peut pas bien démêler dans ce mélange de croyances ingénues. Je crois pourtant que ce prêtre chassait les fées.

Jeanne faisait avec les autres, une fois l'an, « ses fontaines », comme on disait. On goûtait, on dansait, on chantait. Avec ses compagnes, elle suspendait aux branches du hêtre sacré des guirlandes de fleurs. Elle ne savait pas qu'elle renouvelait ainsi les pratiques des ancêtres païens qui sacrifiaient aux fontaines, aux arbres et aux pierres et qui ornaient le tronc antique des chênes de tableaux et de statuettes votives. Elle ne savait pas qu'elle imitait ces vierges de la Gaule, prophétesses comme elle. Rien ne me touche à vrai dire comme ce paganisme inconscient. Notre mystère, qui décidément ne ressemblerait pas à la pièce de M. Jules Barbier, montrerait tout d'abord en Jeanne la jeune fille des champs, l'éternelle Chloé, célébrant le culte éternel de la nature.

Dans le mystère tel que je le rêve, et qui restera le chef-d'œuvre inconnu, les fées parleraient.

Pour le plaisir de ceux qui voudraient les entendre, disons qu'un poète ingénieux les a déjà fait parler au bord de cette fontaine des Groseilliers; rappelons que M. Ernest Prarond a, dans *la Voie sacrée*, fait entendre le chant alterné des fées et des saintes.

Que ne pouvons-nous à notre tour exprimer en

paroles rythmées la pensée profonde de ces dames de l'arbre et de la source, de ces dryades et de ces nymphes restées antiques dans l'âme sous leurs atours de châtelaines et dans la grêle mignardise qui sied aux belles amies du sire de Bourlemont?

Elles disaient à Jeanne :

— Jeannette, vois, la terre est fleurie; le ciel est léger. La nature t'est douce; sois douce à la nature. Aime. Crois-en les fées. Aime. C'est nous qui faisons pousser l'aubépine sur la chair décomposée des morts. Tout passe. Hors le plaisir, tout est illusion. Crois-en notre éternelle jeunesse. Aime. Rien au monde ne vaut un sacrifice. Nous avons bien ri à la barbe du vieil ermite qui vint nous exorciser au temps du roi Dagobert. Nous sommes le frémissement du feuillage, le rayon de la lune, le parfum des fleurs, la volupté des choses, l'ivresse des sens, le frisson de la vie, le trouble de la chair et du sang... Tu es belle, ô Jeannette. Ta jeunesse est en fleur. Aime!

Les fées parleraient ainsi, et on les verrait flotter dans l'air semblables aux vapeurs qui montent des prairies dans les soirs d'été. Mais les dames sainte Catherine et sainte Marguerite apparaîtraient au bord de la fontaine, lumineuses comme des figures de vitrail et portant des couronnes d'or, et elles diraient :

— Jeanne, sois bonne fille!

Et notre mystère suivrait pas à pas les chroniques. Mais toutes les images épanouies dans la pensée humaine, toutes les formes de nos rêves, de nos craintes et de nos espérances seraient visibles et parlantes dans un costume du xv⁰ siècle. On y verrait Dieu le père en habit d'empereur, la vierge Marie, les anges, les vertus théologales, les neufs preuses, la Sibylle de Cumes, Deborah, Lucifer, les sept péchés capitaux, tous les diables, enfin la terre, le ciel et l'enfer. Et des milliers de scènes nous conduiraient en cent et une journées au bûcher de Rouen. S'il faut être juste, s'il le faut absolument, je ne reprocherai point à M. Jules Barbier de n'avoir pas conçu son ouvrage sur ce plan. D'abord, il n'aurait pas pu : c'est trop difficile. Et puis, si, par impossible, il était parvenu à le faire, on n'aurait pu le jouer et c'eût été dommage. Nous n'aurions pas vu madame Sarah Bernhardt en Jeanne d'Arc. Elle y est la poésie même. Elle porte sur elle ce reflet de vitrail que les apparitions des saintes avaient laissé — du moins nous l'imaginons — sur la belle illuminée de Domrémy.

II

Madame Sarah Bernhardt est à la fois d'une vie idéale et d'un archaïsme exquis; elle est la légende animée. Si sa belle voix a paru trop faible par moments, c'est la faute du poème, — je crois qu'on dit le *poème*, en langage de théâtre. Si l'on avait mieux suivi la simple vérité, madame Sarah Bernhardt n'aurait pas à enfler sa voix pour débiter des tirades vibrantes. Jeanne ne déclamait jamais. Beaucoup de ses paroles nous ont été conservées ; elles sont tantôt d'une brièveté héroïque, tantôt d'une finesse souriante. Aucune ne prête à de grands éclats de voix. Ceux qui l'ont entendue disent qu'elle avait la voix douce, une voix de jeune fille. Je citerai à ce propos une page intéressante d'un livre récent, la *Jeanne d'Arc* du très regretté Henri Blaze de Bury [1]. C'est une histoire écrite avec une bonne foi parfaite, un tour poétique et singulier, un enthousiasme qui ne lasse jamais parce qu'il n'est jamais banal, et aussi une certaine fantaisie dont la page qu'on va lire donnera l'idée.

Après avoir rappelé, comme nous venons de faire, que Jeanne, au dire de ceux qui vivaient près d'elle, avait la voix jeune et pure, l'historien ajoute :

Remarquons la vibration particulière de sa voix : *Vox infantilis*, quelque chose d'immaculé, de virginal ; et notons, à trois siècles de distance, le même phénomène chez une autre héroïne de notre histoire. Charlotte Corday avait également cette limpidité d'accent, cet enchantement de la voix. Un peintre allemand nommé Hauer, qui crayonna ses traits *in extremis* et ne la quitta qu'au marchepied de la charrette infâme, a constaté ce don exquis, et sans établir de parallèle entre la grande libératrice du sol national au xve siècle et celle que Lamartine appelait l'Ange de l'assassinat, encore est-il permis de relever un signe d'ineffable pureté, commun à ces deux belles âmes.

J'ai lu jadis, je ne sais plus trop dans quel grimoire, que l'alchimiste Albert le Grand avait à son service une jeune fille qu'il avait prise uniquement sur la garantie de sa voix dont le timbre disait aussi pureté, candeur, virginité. Un beau matin, le maître l'envoie chercher un

---

[1]. Un vol. in-8°.

pot de vin chez le tavernier du voisinage; vingt minutes s'écoulent, elle rentre. Albert, du fond de son cabinet et toujours plongé dans ses livres, adresse à la servante une question; elle y répond de la porte, et lui, sans même l'avoir vue, sans autre indice que la simple résonance phonique : « Ribaude, s'écrie-t-il, fille à soldats, va-t'en, je te chasse! » Que s'était-il passé? Juste ce que le vieux savant reprochait à sa servante. Et que lui reprochait-il? De ne plus être maintenant ce qu'elle était encore tantôt.

> La faim, l'occasion, l'herbe tendre et, je pense,
> Quelque diable aussi.....

le diable, ou quelque lansquenet aventureux et de belle mine. Le fait est que la jouvencelle n'en revenait pas, mettant tout sur le compte de la sorcellerie. Qui serait venu lui dire que le timbre instantanément altéré de sa voix l'avait seul trahie, l'eût à coup sûr bien étonnée. *Vox infantilis*, signe mystérieux, auquel les anges du ciel et de la terre se reconnaissent, et que la Pucelle conserva jusqu'à la fin.

Henri Blaze de Bury a laissé dans son récit une certaine place au merveilleux. Il ne croit pas que, dans une telle histoire, tout puisse s'expliquer humainement. Il veut bien, selon une image qui lui appartient, mettre un peu de jour dans la forêt enchantée sans cesse accrue avec les âges. Mais il ne rompt point le charme. Je crois, pour ma part, que rien dans la vie de Jeanne d'Arc ne se dérobe, en dernière analyse, à une interprétation rationnelle. Là, comme ailleurs, le miracle ne résiste pas à l'examen attentif des faits. Le tort de ses biographes est de trop isoler cette jeune fille, de l'enfermer dans une chapelle. Ils devraient, au contraire, la placer dans son groupe naturel, au milieu des prophétesses et des voyantes qui foisonnaient alors : Guillemette de la Rochelle, que Charles V fit venir à Paris, vers 1380, la bienheureuse Hermine de Reims, sainte Jeanne-Marie de Maillé, la Gasque d'Avignon, conseillère de Charles VI, les pénitentes du frère Richard et quelques autres encore qui eurent en commun avec Jeanne les visions, les révélations et le don de prophétie. Vallet de Viriville, le plus perspicace des historiens de Jeanne, a montré la voie.

Il faudrait rechercher ensuite par quel lent et profond travail l'âme chrétienne se forma l'idée de la puissance de la virginité et comment le culte de Marie et les légendes des saintes préparèrent les esprits à l'avènement d'une Catherine de Sienne et d'une Jeanne d'Arc. Notre Jeanne ne perdrait rien à être expliquée de la sorte. Elle n'en paraîtrait ni moins belle ni moins grande, pour avoir incarné le rêve de toutes les âmes, pour avoir été véritablement celle qu'on attendait. On peut dire à cet égard que l'histoire ne détruira pas la légende.

III

Il me reste un mot à dire du livre nouveau de M. Ernest Lesigne [1]. L'auteur nie que Jeanne d'Arc ait été brûlée à Rouen. Et, pour soutenir cette thèse, il

---

1. *La Fin d'une légende. Vie de Jeanne d'Arc (de 1409 à 1440, sic)*, par Ernest Lesigne, 1 vol. in-18.

identifie à la vraie Jeanne cette fausse Jeanne dont nous avons raconté ailleurs l'histoire incroyable, cette Claude ou Jeanne qui parut en Lorraine l'an 1436, se fit reconnaître par les frères de Jeanne d'Arc et par les bourgeois d'Orléans, épousa Robert des Armoises et, après les aventures les plus singulières, mourut dans son lit, entourée de la vénération des siens. Cela est étrange, en effet. Mais, d'un autre côté, la mort de Jeanne est attestée par des témoins qui déposèrent au procès de 1455. Aucun fait historique, aucun n'est mieux établi que celui-là. M. Lesigne nous promet de s'expliquer sur ce point dans un nouvel ouvrage. Je suis curieux de voir comment il se tirera d'affaire. Car il s'est mis dans une situation vraiment difficile.

SOUS
LES GALERIES DE L'ODÉON

19 janvier.

I

Je passais sous les galeries de l'Odéon. Un vieux poète, un maître d'études et deux étudiants y feuilletaient des livres non coupés. Sans souci des courants d'air froid qui leur glissaient sur le dos, ils lisaient ce que le hasard et le pli des feuilles leur permettaient de lire. En les observant, je songeais à ce livre que rêve M. Stéphane Mallarmé, à ce récit merveilleux qui présentera trois sens distincts et superposés, et qui offrira une fable intéressante, exactement suivie, à ceux mêmes qui liront sans couper les pages. Je me figurais mon vieux poète, mon maître d'étude et mes deux étudiants promenant avec ivresse sur un tel livre leur nez rougi par le froid, et je louais en mon cœur le poète ingénieux d'avoir, dans sa bonté, préparé un aliment aux pauvres lecteurs qui, comme les moineaux, vivent en plein air et qui se nourrissent de littérature aux étalages des bouquinistes. Mais, en y songeant mieux, je doute si le plaisir de ces doux vagabonds n'est pas plus délicieux tel qu'ils le goûtent, et s'il n'y a pas un charme pour eux, le charme du mystère, dans ces brusques suspensions du sens qu'apportent les pages que le couteau de bois n'a pas encore détachées. Ces liseurs en plein air doivent avoir beaucoup d'imagination. Tout à l'heure, ils s'en iront par les rues froides et noires, achevant dans un rêve la phrase interrompue. Et sans doute ils la feront plus belle qu'elle n'est en réalité. Ils emporteront une illusion, un désir, tout au moins une curiosité. Il est rare qu'un livre nous en laisse autant quand nous le lisons tout entier, à loisir.

Je voudrais bien les imiter quelquefois et lire aussi certains livres sans les couper. Mais mon devoir s'y oppose. Hélas! il est si agréable de picorer dans les livres! J'ai pour ami un commissionnaire du quai Malaquais; et cet homme simple est un grand exemple du charme qui s'attache aux lectures interrompues. De temps à autre, il m'apportait une crochetée de bouquins. Ces relations lui permirent de m'apprécier, et il jugea, après deux ou trois visites, que je n'étais pas fier, ayant d'ailleurs peu sujet de l'être, puisque je prenais toute ma science dans les livres. De fait, il portait sur son dos plus de savoir que je n'en porte dans ma tête. Son assurance s'en accrut justement et un jour il me dit, en se grattant l'oreille :

— Monsieur, il y a quelque chose que je voudrais bien savoir. Je l'ai demandé à plusieurs personnes qui n'ont pas su me le dire. Mais vous le savez, vous. Oh! c'est une chose qui me tourmente depuis bientôt cinq ans.

— Quelle chose?

— Il n'y a pas d'indiscrétion?...

— Parlez, mon ami.

— Eh bien! monsieur, je voudrais bien savoir ce qu'est devenue l'impératrice Catherine?

— L'impératrice Catherine?

— Oui, monsieur, je donnerais bien quelque chose pour savoir si elle a réussi.

— Réussi?...

— Oui, j'en suis resté au moment où les conjurés veulent tuer l'empereur Pierre, et ils ont bien raison! J'ai lu l'histoire sur un cornet de tabac. Vous comprenez : il n'y avait pas la suite.

— Eh bien, mon ami, l'empereur Pierre a été étranglé et Catherine fut proclamée impératrice.

— Vous en êtes sûr?

— Parfaitement sûr.

— Oh! tant mieux! j'en suis bien content.

Et, reprenant son crochet, il me souhaita le bonsoir.

Je l'envoyai à l'office boire un verre de vin à la santé de la grande Catherine. C'est de ce jour que date notre amitié.

Nos liseurs des galeries de l'Odéon n'en étaient point restés, comme mon commissionnaire, à la conspiration de la princesse Daschkoff. Mais ils ne feuilletaient rien de bien neuf, et je soupçonne le maître d'études d'avoir dévoré plusieurs pages du *Tableau de l'amour conjugal*. Il soulevait de ses gros doigts les feuillets fermés de trois côtés et il y fourrait le nez comme un cheval dans sa musette.

L'étalage était triste, fané; on n'y respirait pas la bonne odeur du papier frais. On n'y voyait pas des piles de livres jaunes, avec cette mention imprimée sur une bande de papier : *Vient de paraître.*

Les gens du monde ignorent ce que c'est que *la pile*. Les gens du monde lisent les romans nouveaux dans la *Revue des Deux Mondes*. Ils ne les achètent jamais en volume. Ils n'en ont nulle envie; mais le voudraient-ils qu'ils ne le pourraient pas. Ce n'est pas leur faute; ils ne savent point. Quand une dame, par extraordinaire, veut se procurer un livre récent, elle l'envoie demander au papetier voisin, qu'elle prend, de bonne foi, pour un libraire. Le papetier, qui n'a jamais vu de sa vie d'autres ouvrages que ceux de MM. Ohnet et de Montépin, est fort embarrassé quand on lui demande *la Chèvre d'or* de Paul Arène. Mais il est trop habile pour laisser voir son ignorance. Aussi bien inspiré que le gargotier de la butte Montmartre, à qui mon ami Adolphe Racot demandait une aile de phénix et qui répondait : « Nous venons de servir la dernière », ce rusé papetier déclare que : « *la Chèvre d'or*, il n'y en a plus! » On porte cette réponse à la belle liseuse, qui ne lira pas *la Chèvre d'or*, faute de l'avoir découverte. Ce qui, d'ailleurs, est souverainement juste; car la véritable beauté ne doit se montrer qu'aux initiés. On n'imagine pas combien il est difficile aux gens du monde de se procurer un petit volume in-18 jésus de trois francs cinquante. Je sais deux ou trois salons littéraires où tout le monde lit ce qu'il est convenable de lire ; mais où personne ne serait capable de se procurer en vingt-quatre heures un de ces livres qu'il « faut » avoir lus. Un exemplaire qui vient de l'auteur ou d'une gare de chemin de fer, fait le tour du salon et sert à soixante personnes. On se le prête comme une chose unique ; et c'est une chose unique, en effet. Le papetier du faubourg Saint-Honoré a dit qu'il n'y en avait plus. Après avoir passé pendant trois mois par les plus belles mains du monde, il est pitoyable à voir, fripé, bâillant du dos, encorné à merveille, et comme l'Hippolyte de Racine, sans forme et sans couleur. On se le passe encore. Il rend l'âme, et, tout expirant, il faut qu'il satisfasse à la curiosité intellectuelle et aux plaisirs moraux de la baronne N..., de la comtesse de N.... Il y a des gens du monde qui rencontrent M. Paul Hervieu tous les soirs et qui ne seraient pas capables de découvrir dans tout Paris un seul volume de M. Paul Hervieu. Au xviiie siècle, les écrits poétiques et galants couraient en manuscrit dans les ruelles ; les mœurs à cet égard ont moins changé qu'on ne croit, et il n'est pas dans les usages aristocratiques d'acheter un livre. On coule dans le cercle l'exemplaire unique. Cette méthode n'est pas sans inconvénient. Des lettres qui n'étaient écrites que pour deux beaux yeux, ont ainsi fait le tour du monde parisien entre les pages 126 et 127 de *Mensonge*. On m'a montré un exemplaire de *Fort comme la mort*, qui avait servi de buvard à une très jolie personne. Une ligne d'écriture y restait empreinte à l'envers. On la croyait indéchiffrable, quand une curieuse, aux mains de laquelle le livre était venu, s'avisa de regarder dans un miroir la page maculée. Elle lut très nettement dans la glace : « Je t'envoie mon cœur dans un baiser ». C'était la dernière ligne d'une lettre qui ne portait point de signature. Il y a quelques années M. Gaston Boissier vantait à quelques amis l'esprit ingénieux d'une dame qui variait à l'infini, dans une même correspondance, les formules finales de ses lettres.

Le commandant Rivière, qui l'avait écouté, restait surpris.

— Je croyais, dit-il, que toutes les femmes finissaient leurs lettres par cette formule : « Je t'envoie mon âme dans un baiser ». Il en faut induire que *Fort comme la mort* ne trahissait personne. Le prêt des livres ne laisse pas d'être périlleux.

J'ai donné de cet usage une raison qui, sans doute, est une raison suffisante. Mais, s'il en est des raisons comme de la grâce, qui ne suffit pas quand elle est suffisante, à ce que disent les théologiens, nous chercherons quelque autre origine à la noble coutume de n'acheter de romans que dans les gares de chemins de fer. Nos petits volumes brochés font mauvais effet sur les tables, dans ces salons d'un ton fin ou d'un éclat sombre, que les femmes de goût savent aujourd'hui meubler avec harmonie. Ce sont des tableaux achevés où l'on ne peut ajouter que des fleurs et des femmes. Une seule couverture jaune y met une fausse note. Ce jaune a été adopté par tous les éditeurs, qui considèrent qu'il se voit de loin dans les vitrines des libraires. Mais il est criard dans un intérieur discret, où tout se tait et s'apaise. On a voulu y remédier, voilà cinq ou six ans, en fabriquant, avec des morceaux de chasubles, des couvertures fleuries qui faisaient ressembler les dialogues de Gyp et les romans de M. Paul Bourget à des livres d'heures et à des missels. Mais ces livres aimés n'étaient plus reconnaissables, vêtus comme des évêques et comme des chantres. Ils semblaient trop lourds et trop magnifiques pour être lus au coin du feu. Peu à peu on laissa les ornements ecclésiastiques, et la chemise jaune reparut.

Les éditeurs ne pourraient-ils habiller nos romans d'un petit cartonnage élégant et sobre? C'est l'usage en Angleterre, où l'on vend les livres d'imagination en plus grand nombre qu'en France. Ici, le regretté Jules Hetzel, qui était un homme d'esprit et un fertile inventeur, l'a tenté : il y a perdu de l'argent. C'était dans l'ordre. Mais son invention ne pourrait-elle profiter à autrui? Cela aussi serait dans l'ordre.

La librairie Quantin a essayé des couvertures d'un aspect charmant et grave. Ce ne sont ni tout à fait des brochures, ni tout à fait des cartonnages. Cela est léger et cela meuble. J'ai là, sur ma table, un très joli livre de M. Octave Uzanne, les *Zigzags d'un curieux*, qui est ainsi vêtu d'un papier bleu sombre à grain de maroquin et doré avec élégance. Ce type pourrait être appliqué aux romans publiés par Calmann Lévy, Charpentier ou Ollendorff. Ce sont les symbolistes et les décadents, je dois le dire, qui s'entendent le mieux à habiller joliment un livre. Ils revêtent leurs vers et leurs « proses » d'une espèce de galuchat ou d'une sorte de peau de crocodile, avec lettres dorées, d'une parfaite élégance.

Après tout, cela n'importe peut-être pas autant que je crois. Ce qui me surprend, c'est qu'il n'y ait pas de courtiers pour offrir le matin les nouveautés littéraires dans les quartiers riches. Ce serait une industrie à créer et il me semble qu'un habile homme y ferait ses affaires.

Mais nous voilà bien loin de l'Odéon, et je n'ai point dit ce que c'était que *la pile*. Je le dirai, car il faut instruire les infidèles, il faut évangéliser les gentils. Les jours de grandes mises en vente, quand un éditeur lance, par exemple, l'*Immortel*, *Mensonges* ou *Pêcheur d'Islande*, les libraires revendeurs et spécialement ceux des galeries de l'Odéon ne se contentent pas d'exposer au bon endroit de l'étalage deux ou trois exemplaires du livre du jour ; ils en élèvent des tas de douze, de vingt-quatre, de trente-six, monuments superbes, piliers sublimes qui proclament la gloire de l'auteur. C'est la pile ! Il faut être célèbre ou méridional pour l'obtenir. Elle signifie fortune et célébrité. Les Grecs l'eussent nommée la stèle d'or. Elle porte aux nues les noms d'Alphonse Daudet, de Paul Bourget, d'Émile Zola, de

Guy de Maupassant, de Pierre Loti. J'ai vu, j'ai vu de jeunes auteurs, les cheveux épars, tomber en pleurant aux pieds de Marpon, qui leur refusait la pile. Hélas! ils priaient et pleuraient en vain.

II

C'est comme je vous le dis. Il n'y avait point de piles, ce jour-là, dans les galeries de l'Odéon. Mais on voyait dans la vitrine réservée aux chefs-d'œuvre de typographie une jolie petite édition du *Manteau de Joseph Olénine*, par le vicomte de Vogüé, de l'Académie française. C'est un conte fantastique qu'on peut comparer à l'incomparable *Lokis*. Je ne peux pas mieux dire, comme dit Charlemagne quand il donne son fils à la belle Aude. Dans le conte de M. de Vogüé, ainsi que dans celui de Mérimée, il y a une princesse polonaise d'un parfum subtil et capiteux. Et quand le bon M. Joseph Olénine respire avec ivresse une pelisse de zibelines, il n'est pas si étrangement fou qu'il en a l'air. Car la comtesse*** ska a empreint cette fourrure d'une odeur dont on meurt. M. Joseph Olénine reçoit finalement le prix de son fétichisme sincère et profond. Une nuit, dans le château de la comtesse *** ska, dont il est l'hôte, en embrassant comme de coutume sa pelisse bien-aimée, il trouve dans cette pelisse, par le plus grand des hasards, une femme palpitante et dont le souffle humide effleure son front.

Un moins galant homme aurait cru reconnaître la comtesse. Mais M. Joseph Olénine se persuade sur quelques légers indices que la visiteuse nocturne est un fantôme, une dame morte depuis longtemps et qui revient aimer en ce monde, faute d'avoir trouvé dans l'autre un meilleur emploi de ses facultés. M. Joseph Olénine, pensant avec raison qu'il faut être discret, même quand il s'agit d'une dame d'outre-tombe, ne confia pas au comte ***ski sa bonne fortune ; et, satisfait peut-être de ce silence, le fantôme revint souvent.

J'ai trouvé aussi sous les doctes arcades de l'Odéon, parmi les rares nouveautés de la semaine, un « conte astral » de M. Jules Lermina, *A brûler*. On y voit un homme qui sort de lui-même à volonté. C'est précisément la donnée d'un épisode du livre de M. Joséphin Peladan, *la Victoire du mari*, dont nous avons déjà parlé [1]. Nous nous retrouvons en plein magisme ; nous entendons résonner de nouveaux le mystérieux *linga-sharra*, formule puissante, à l'aide de laquelle les mages sortent de leur corps visible. Papus affirme que le conte de M. Jules Lermina est conforme aux données de la science ésotérique, et Papus est un grand mage : M. Joséphin-Peladan le dit. Au reste, M. Jules Lermina excelle à conter des contes extraordinaires. Il a donné deux volumes d'*Histoires incroyables* que je recommande à tous ceux qui aiment l'étrange et le singulier, mais qui veulent que le merveilleux soit fondé sur la

---

[1]. Voir p. 233.

science et l'observation. C'est là précisément le grand mérite de M. Jules Lermina. Il part d'une donnée positive pour s'élancer de prodige en prodige.

Jules Lermina, Joséphin Peladan, Léon Hennique, Gilbert-Augustin Thierry, Guy de Maupassant lui-même dans son *Horla*, voilà bien des esprits tentés par l'occulte! Notre littérature contemporaine oscille entre le naturalisme brutal et le mysticisme exalté. Nous avons perdu la foi et nous voulons croire encore. L'insensibilité de la nature nous désole. La morne majesté des lois physiques nous accable. Nous cherchons le mystère. Nous appelons à nous toutes les magies de l'Orient; nous nous jetons éperdument dans ces recherches psychiques, dernier refuge du merveilleux que l'astronomie, la chimie et la physiologie ont chassé de leur domaine. Nous sommes dans la boue ou dans les nuages. Pas de milieu. Voilà ce que nous avons tiré d'une heure de bouquinage sous les galeries de l'Odéon.

M. ÉDOUARD ROD [1]

Quand il analysait dans le journal *le Temps*, il y a un an presque jour pour jour, *le Sens de la vie*, certes M. Edmond Scherer ne prévoyait pas le récit désolé qui y fait suite aujourd'hui, et j'imagine que *les Trois Cœurs* lui eussent causé quelque surprise s'il avait vécu assez pour les connaître. Dans *le Sens de la vie*, M. Edouard Rod laissait son héros marié et père de famille. M. Edmond Scherer avait cru de bonne foi que c'était là le dénouement. L'auteur, il est vrai, n'avait pas conclu; mais l'éminent critique concluait pour lui, que se marier et être père c'est à peu près tout l'art de vivre; que, s'il nous est impossible de découvrir un sens quelconque à ce qu'on nomme la vie, il convient de vouloir ce que veulent les dieux, sans savoir ce qu'ils veulent, ni même s'ils veulent et que ce qu'il importe de connaître, puisqu'enfin il 'agit de vivre, ce n'est pas *pourquoi*, c'est *comment*.

1. *Les Trois Cœurs*, par Édouard Rod, 1 vol. in-18.

M. Edmond Scherer était un sage qui ne se défiait pas assez de la malice des poètes. Il ne pénétrait point le secret dessein de M. Edouard Rod, qui est de nous montrer, après l'Ecclésiaste, que tout n'est que vanité, et c'est ce dessein qui éclate dans *les Trois cœurs*. Car voici que Richard Noral, son héros, se réveille dans les bras de la douce Hélène, qu'il a épousée, aussi désenchanté que le roi Salomon lui-même, lequel, à la vérité, avait fait du mariage une expérience infiniment plus étendue.

Hélène n'a pas donné le bonheur à Richard et pourtant Hélène est une noble et tendre créature. Mais elle n'est point le rêve, elle n'est point l'inconnu, elle n'est point l'au delà. Et cette infirmité, commune à tous les êtres vivants, la déshonore lentement dans l'imagination délicate et stérile de son mari rêveur. Artiste sans art, Richard demande follement à la vie de lui apporter les formes et l'âme de ses propres songes, comme s'il y avait pour nous d'autres chimères que celles que nous enfantons. N'ayant ni l'originalité de l'esprit ni la générosité du cœur, il s'excite au sensualisme mystique en contemplant les compositions des préraphaélites. Il se demande avec Dante-Gabriel Rosetti :

— Par quelle parole magique, clef des sentiers inexplorés, pourrai-je descendre au fond des abîmes de l'amour?

Il se nourrit de la *Vita nuova*; c'est-à-dire qu'il vit du rêve d'un rêve. M. Edouard Rod nous dit qu'il était naturellement « bon et noble », mais qu'il se montrait à ses mauvaises heures « égoïste, despote et cruel », et qu'il y avait deux hommes en lui. Je n'en vois qu'un seul, un égoïste sans tempérament, qui croit que l'amour est une élégance.

Fatigué d'Hélène, qui ne lui a pas donné l'impossible, il porte son ennui et ses curiosités chez une aventurière vaguement américaine, d'âge incertain, peut-être veuve, Rose-Mary, qui a traversé la vie en sleeping, en paquebot, en landau de louage, et qui n'a pas beaucoup plus de souvenirs que les dix-huit colis qu'elle traîne sans cesse avec elle de New-York à Vienne, de Paris à San Francisco et dans toutes les villes d'eaux, et sur toutes les plages. Fleur éclatante de table d'hôte, beauté tapageuse, nature vulgaire sous des dehors singuliers, elle est, au fond, très bonne femme, pleine de piété pour les bêtes, sentimentale, capable d'aimer et d'en mourir. Et c'est une rastaquouère au cœur simple, qui rêve le pot-au-feu. Elle aime éperdument Richard. M. Edouard Rod nous dit : « Quand Rose-Mary fut sa maîtresse, Richard se sentit malheureux ». Il se désolait. Il pensait : « Je me suis trompé. Je me suis trompé sur elle, sur moi, sur tout! Elle ne ressemble pas à Cléopâtre. Elle n'a aucun trait des grandes amoureuses. »

Non, Rose-Mary ne ressemblait pas à Cléopâtre. C'était à prévoir. Faute de s'en être avisé à temps, voilà Richard dans une situation pénible. Hélène a tout appris. Elle ne fait point de reproche à son mari, mais sa douleur pudique, son silence, sa pâleur ont plus d'éloquence que toutes les plaintes. Richard en est touché parce qu'il a du goût. Sa fille Jeanne, toute petite, souffre par sympathie. « La mère et la fille semblaient vivre de la même vie et dépérir du même mal. » La maison a l'air d'une maison abandonnée; on y respire un souffle de *malaria*. La salle de travail, la bibliothèque, où jadis la famille se réunissait dans un calme riant, maintenant déserte, respectée, pleine de souvenirs, fait peur; on dirait la chambre du mort.

En passant de ce *home* lugubre au petit salon d'hôtel garni égayé par Rose-Mary de bibelots exotiques, Richard ne faisait que changer de tristesses et d'ennuis. Comme Hélène, Rose-Mary aimait et souffrait. Et, par la douleur comme par l'amour, qui sont deux vertus, Rose-Mary l'emportait sur la chaste et fière Hélène, épouse et mère. Pour le dire en passant, il y a une chose que je ne conçois pas dans cette excellente Rose-Mary, qui avait de si grands chapeaux et un si bon cœur. C'est sa résignation. Elle ne défend pas cet amour qui est sa vie : elle est toujours prête à céder. Point jalouse, point violente, elle n'inflige pas à ce nouvel Adolphe les fureurs d'une Ellénore. Elle est étrangement inerte et douce devant la trahison et l'abandon. Je ne dis pas qu'une telle manière d'être soit invraisemblable; je n'en sais rien. Et tout est possible. Mais je voudrais qu'on me montrât mieux à quelle source cette femme sans goût et sans esprit puise une si rare vertu. Elle n'a ni rang dans le monde, ni mari ni fils. Je voudrais savoir d'où lui vient la force de souffrir en silence et de mourir en secret.

Car elle meurt. Du pont d'un de ces transatlantiques

où elle prit tant de fois passage, une nuit, elle se jette dans la mer, et personne ne saura comment ni pourquoi elle est morte. C'est beaucoup de discrétion pour une personne qui portait des toilettes tapageuses et voyageait avec dix-huit colis.

La vierge d'Avallon, et ce souvenir n'est pas pour déplaire à Richard Noral, la vierge d'Avallon, que Tennyson a chantée, mit moins de négligence dans son suicide. Mourant pour Arthur, elle voulut qu'il le sût, et c'est elle-même qui, couchée morte dans une barque, apporta au chevalier son aveu dans une lettre :

Vivante on me nommait la vierge d'Avallon.
. . . .

Pendant que Rose-Mary se noyait très simplement et très sincèrement pour lui, Richard fréquentait le salon de madame d'Hays. C'était, paraît-il, une charmante personne que madame d'Hays. Veuve après quelques mois de mariage, elle avait acquis à peu de frais une liberté également précieuse pour ses adorateurs et pour elle-même. Richard admirait en madame d'Hays « cette merveilleuse harmonie des traits, du teint, des regards, des mouvements, du son de la voix, qui faisait de la jeune femme un être exceptionnel, un être de rêve en dehors et au-dessus de la notion de la beauté ». Et madame d'Hays ne voulait point de mal à Richard. En revenant du Bois, elle répondait du fond de son landau par un joli sourire au salut qu'il lui adressait ; ils allaient beaucoup au théâtre ensemble ; ils parlaient de Shelley et des Préraphaélites. Si bien que Richard faillit l'aimer. Il s'y fût laborieusement appliqué, selon sa coutume, si la mort de sa fille ne l'avait rappelé brusquement dans la solitude de sa maison, auprès d'Hélène en pleurs. La petite Jeanne est morte d'une fluxion de poitrine ; mais c'est la tristesse de sa mère et l'indifférence de son père qui ont épuisé lentement cette ardente et frêle nature. La petite Jeanne est morte ; quelques mois se passent ; le jardin où elle cueillait des fleurs refleurit. Richard, songeant à l'enfant, qui était son enfant, murmure :

« Quels délicieux souvenirs elle nous a laissés ! »

Et il ajoute :

« Et ces souvenirs ne valent-ils pas la réalité ? »

Parole abominable ! Celui qui pardonne à la nature la mort d'un enfant est hors du règne humain. Il y a du monstre en lui. Sans doute, il est affreux de penser que les enfants deviendront des hommes, c'est-à-dire quelque chose de pitoyable ou d'odieux. Mais on n'y pense pas. Pour les aimer, pour les élever, pour vouloir qu'ils vivent, on a les raisons du cœur, qui sont les grandes, les vraies, les seules raisons.

Ce Richard Noral est un misérable, qui gâche à la fois le mariage et l'adultère, et qui cherche Cléopâtre. Mais, imbécile, qu'en ferais-tu de Cléopâtre, si tu la rencontrais ? Tu n'es ni l'exquis César ni le rude Antoine, pour t'enivrer à cette coupe vivante et tu n'as pas l'air d'un gaillard à fondre les légions en baisers. Vois ton ami Baïlac. Il est toujours content, ton ami. Il ne cherche pas Cléopâtre et il la trouve dans toutes les femmes. Il est sans cesse amoureux, et sa femme ne le tourmente jamais. Cet habile homme a tout prévu : elle est toujours enceinte. Ton ami Baïlac est comme Henri IV : il aime les duchesses et les servantes. Ce qu'il demande à la femme, c'est la femme et non pas l'infini, l'impossible, l'inconnu, Dieu, tout, et la littérature. Il se conduit mal, j'en conviens, il se conduit très mal ; mais ce n'est pas pour rien ; c'est un mauvais sujet, ce n'est point un imbécile. Il aime sans le vouloir, sans y penser, tout naturellement, avec une ardeur ingénue, et cela lui fait une sorte d'innocence.

Tu le crois une brute parce qu'il ne comprend pas bien les sonnets de Rossetti ; mais prends garde qu'à tout prendre il a plus d'imagination que toi. Il sait découvrir la native beauté des choses. Et toi, il te faut un idéal tout fait, il te faut la Pia, non telle qu'elle fut en sa pauvre vie mortelle, mais telle que l'art du poète courtois et du peintre exquis l'ont faite. Il te faut des ombres poétiques et des fantômes harmonieux. Que cherches-tu autre chose ? Et pourquoi troublais-tu Rose-Mary ?

On te dit égoïste, on te flatte. Si tu n'étais qu'un égoïste il n'y aurait que demi-mal. L'égoïsme s'accommode d'une sorte d'amour et d'une espèce de passion ; chez les natures délicates, il veut, pour se satisfaire, des formes pures, animées par de belles pensées. Il est sensuel ; ses rêves paisibles caressent mollement l'univers. Mais toi, tu es moins qu'un égoïste : tu es un incapable. Et si les femmes t'aiment, j'en suis un peu surpris. Elles devraient deviner que tu les voles indignement.

C'est une nouveauté de ce temps-ci de réclamer le droit à la passion comme on a toujours réclamé le droit au bonheur. J'ai là sous les yeux un petit volume du dernier siècle qui s'appelle *de l'Amour* et qui m'amuse parce qu'il est écrit avec une prodigieuse naïveté. Je crois en avoir déjà parlé. L'auteur, M. de Sevelinges, qui était officier de cavalerie, donne à entendre que le véritable amour ne convient qu'aux officiers. « Un guerrier, dit-il, a de grands avantages en amour. Il y est aussi plus porté que les autres hommes. Admirable loi de la nature ! » Ce M. de Sevelinges est plaisant. Mais il ajoute avec assez de raison qu'il est bon que l'amour, l'amour-passion, soit rare. Il se fonde sur ce que « son effet principal est toujours de détacher les hommes de tout ce qui les entoure, de les isoler, de les rendre indépendants des relations qu'il n'a point formées », et il conclut qu' « une société civilisée qui serait composée d'amants retomberait infailliblement dans la misère et dans la barbarie ». Je conseille à Richard Noral de méditer les maximes de M. de Sevelinges : elles ne manquent pas d'une certaine philosophie. Il faudrait pourtant se résigner à ne pas aimer, quand on en éprouve l'impossibilité.

Que faire alors ? dites-vous. — Eh, mon Dieu, cultiver son jardin, labourer sa terre, jouer de la flûte, se cacher et vivre tout de même ! Rappelez-vous le mot de Sieyès, et songez que c'est déjà quelque chose que d'avoir vécu sous cette perpétuelle Terreur qui est la destinée humaine. — Et puis, vous dirait encore l'incomparable M. de Sevelinges : Si je vous ôte la passion, je vous laisse du moins le plaisir avec la tranquillité. N'est-ce donc rien que cela?

Sans parler d'*Adolphe,* nous avons déjà vu plus d'un héros de roman qui cherche vainement la passion. M. Paul Bourget nous a montré dans un très beau livre, *Crime d'amour,* le baron de Querne qui ne séduit une femme honnête que pour la désespérer. Ce monsieur de Querne a l'esprit défiant et le cœur aride; il est d'une dureté abominable. Il détruit sans profit pour lui-même le bonheur de celle qui l'aime. Mais, enfin, il est du métier : c'est un séducteur de profession, et puis il ne tombe pas dans cet affreux gâchis de sentiment, il ne se livre pas à cet absurde ravage des existences qui rend Richard Noral tout à fait odieux et assez ridicule. J'entends bien qu'il y a tout de même une morale dans le livre de M. Edouard Rod, c'est que tout est vanité aux hommes vains et mensonge à ceux qui se mentent à eux-mêmes.

« Il nous reste l'adultère et les cigarettes, » disait le bon Théophile Gautier au temps des gilets rouges. M. Edouard Rod ne laisse que les cigarettes.

Son livre enfin, dans sa désolation même, nous avertit de craindre l'égoïsme comme le pire des maux. Il nous enseigne la pureté du cœur et la simplicité. Il nous remet en mémoire ce verset de l'*Imitation* : « Dès que quelqu'un se cherche soi-même, l'amour s'étouffe en lui. »

Il a mis beaucoup de talent dans ce roman cruel. Et l'on ne saurait trop louer la sobriété du récit, la rapidité tour à tour gracieuse et forte des scènes, l'élégante précision du style. J'y louerai même un je ne sais quoi de froid et d'affecté qui convient parfaitement au sujet.

Les procédés d'art et de composition de M. Edouard Rod sont bien supérieurs aux procédés, maintenant à peu près abandonnés, de l'école naturaliste. Dans une courte préface qui précède *les Trois Cœurs*, le jeune romancier se dit *intuitiviste.* Je le veux bien. Dans tous les cas, il est à mille lieues du naturalisme. La nouvelle école, et jusqu'aux anciens disciples du maître de Médan, semblent entrer dans une sorte d'idéalisme dont M. Hennique nous donnait récemment un exemple aimable et singulier. M. Édouard Rod croit pouvoir indiquer les causes principales de ce phénomène inattendu. Il les trouve dans l'exotisme qui nous pénètre, et notamment dans les suggestions si puissantes qu'exercent sur la génération jeune la musique de Wagner, la poésie anglaise et le roman russe. Ce sont là en effet, des causes, dont l'action, déjà sensible dans l'œuvre de M. Paul Bourget, va en s'exagérant jusque dans les « éthopées » de M. Joséphin Peladan. Un critique habile, M. Gabriel Sarrazin, a pu dire : « A l'heure actuelle, les infiltrations exotiques inondent notre littérature. Notre pensée devient de plus en plus composite. Pendant que le peuple et la bourgeoisie demeurent imperturbablement fidèles à nos deux traditions, gauloise et classique, et continuent de n'apprécier que l'esprit, la verve et la rhétorique, nombre de nos écrivains se composent un bouquet de toutes les conceptions humaines. A l'arome vif et fin d'idées et de fantaisies rapides, perçantes, ironiques, en un mot françaises, ils entremêlent le parfum lourd, morbide, de théories et d'imaginations capiteuses, transplantées d'autres pays [1]. » Ne nous plaignons pas trop de ces importations : les littératures, comme les nations, vivent d'échanges.

1. *Poètes modernes de l'Angleterre*, p. 4.

J.-H. ROSNY [1]

Quel est cet insecte symbolique dont M. Rosny nous décrit le travail occulte et redoutable? Quelle est cette fourmi blanche de l'intelligence qui ronge les cœurs et les cerveaux comme le karia des Arabes dévore les bois les plus précieux? Quel est ce névroptère de la pensée dont le naturalisme a favorisé l'éclosion et qui, s'attaquant aux âmes littéraires, les peuple de ses colonies voraces? C'est l'obsession du petit fait; c'est la notation minutieuse du détail infime; c'est le goût dépravé de ce qui est bas et de ce qui est petit; c'est l'éparpillement des sensations courtes; c'est le fourmillement des idées minuscules; c'est le grouillement des pensées immondes. La jeune école est en proie au fléau; elle est broyée, âme et chair, par les mandibules du termite. M. J.-H. Rosny nous montre dans ses planches d'anatomie un sujet mangé jusqu'aux moelles et dont l'être intime, sillonné

---

1. Le *Termite, roman de mœurs littéraires*, 1 vol.

de toutes parts par les galeries de l'horrible fourmi blanche, n'est plus qu'une boue impure, mêlée d'œufs, de larves et de débris d'ailes de mouche. Ce sujet a nom : Servaise (Noël), âgé de trente ans, naturaliste de profession. L'auteur s'est plu à personnifier en ce Noël Servaise l'école formée il y a quinze ans dans les soirées de Médan et qui maintenant se disperse sur toutes les routes de l'esprit. Son héros est un émule imaginaire de M. Huysmans, avec qui il n'est pas sans quelque ressemblance par la probité morose de l'esprit, ainsi que par un sens artiste étroit mais sincère. M. Rosny nous apprend que Noël Servaise, absolument dénué de la faculté d'abstraire, n'avait aucune philosophie. Et il ajoute :

« Un système sensitif délicat, la perception rapide des menus actes de la vie, la rétractilité d'âme qui classe d'instinct les phénomènes mais ne les définit ni ne les généralise, l'horreur des mathématiques et du syllogisme, une surprenante faculté à saisir les tares des choses et des hommes, telles étaient ses caractéristiques... Délié dans l'analyse, observateur, expérimentateur des détails sur telle question d'art, sur tel milieu d'êtres, il lui arrivait d'atteindre, par intuition indéfinie, un concept équivalant aux concepts raisonnés d'un généralisateur. A son arrivée en littérature, son esprit antimétaphysique et sa tendance dénigrante furent d'emblée réduits par la pensée de l'exact et du catalogüement. Il trouva infiniment honnête que de l'observation de la vie courante, de la fixation d'événements minuscules dépendit tout l'art. Sa minute d'arrivée, coïncida avec le surmenage de la méthode. » C'est un naturaliste de la dernière heure, un contemporain de M. Paul Bonnetain et probablement un des signataires de l'acte solennel par lequel M. Zola fut déposé pour crime de haute trahison, comme autrefois le roi Charles Ier. Bref, il est du groupe des néo-naturalistes.

« Très bourgeois pour la plupart (c'est M. Rosny qui le dit), mais par là même exagérant la haine bourgeoise, la suavité leur fut en horreur. Il parut *artiste* d'hyperboliser les tares ; une honte s'attacha au moindre optimisme social ou humain, honte aggravée par la facile confusion de cerveaux étroits — et les naturalistes de 80 à 84 furent particulièrement étroits — entre l'art des moralistes bourgeois et celui qui pourrait apporter une compréhension philosophique du moderne. »

Aussi ne serez-vous pas surpris si Noël Servaise n'a pas très bien compris le *Bilatéral* et généralement les ouvrages de M. Rosny qui sont pleins de philosophie et dans lesquels l'abstrait se mêle au concret et le général au particulier. Au demeurant, ce Noël Servaise est un homme malade. Il a un rhumatisme articulaire à l'épaule, des calculs au foie, un « cancer à l'âme » et des cors au pied. Amoureux et timide, « le visage trop long et maussade..., petit de taille, épais, sans grâce et, pour tout bien, des yeux frais et tendres », il rêve de la robe cerise et du parfum d'héliotrope de madame Chavailles.

Cette dame, infiniment douce, est la femme légitime du peintre Chavailles, qui mérite tout ce qui lui arrivera, car il est dur, hargneux, goguenard et adonné à la peinture de genre. Il a une « face de soufre et de laiton », des yeux de « chien goulu », une voix de « silex ». Noël Servaise aime madame Chavailles et il se demande où il le lui dira; si ce sera « dans un salon, une rue, au bord d'un golfe ou sous les feuillages ». C'est le termite qui le travaille. Par un soir d'été, il se promène seul avec elle dans une forêt enchantée. Un charme l'enveloppe et le pénètre; tout à coup au coassement des grenouilles, il songe à l'appareil digestif de madame Chavailles, et voilà ses désirs en déroute. Le termite, le termite! Ce Noël Servaise a « l'âme bitumeuse », on le dit et je le crois volontiers. Timide et gauche, irrésolu, redoutant d'instinct la satisfaction de ses désirs, il s'en tiendrait au rêve et madame Chavailles ne pécherait avec lui qu'en pensée; comme dit joliment M. Rosny, elle ne commettrait que « des fautes impondérables », s'il n'y avait en cette dame un génie passif du sexe, un divin abandon, une facilité d'aimer qui la rend plus semblable aux grands symboles féminins des théogonies antiques qu'à une Parisienne du temps de M. Paul Bourget. Elle s'abandonne avec une tranquillité magnifique; elle est tout naturellement l'oubli des maux et la fin des peines. Et il faut remonter à l'union de Khaos et de Gaia pour trouver l'exemple d'un amour aussi simple. Oh! madame Chavailles n'a pas l'ombre de vice. Il ne faudrait pas me presser beaucoup pour que j'affirme que c'est une espèce de sainte.

Il la prend comme on cueille un beau fruit, et il

goûte dans ses bras, dit M. Rosny, « l'ivresse noire, le léger goût de sépulcre sans lequel il n'est pas d'altitude passionnelle ». Mais, dès le lendemain, il rentre à Paris, effrayé « du temps perdu » et de ce quelque chose d'humain qui a traversé sa littéraire existence. Le termite ! le termite, le termite ! En réalité, les deux grands événements de la vie de Noël Servaise, voulez-vous les connaître ? C'est la mise en vente chez Tresse d'un roman selon la formule, et la première représentation, au Théâtre-Libre, d'une pièce naturaliste, dans laquelle M. Antoine joua avec son talent ordinaire le rôle d'un vieillard ignoble et ridicule.

Aux approches de la mise en vente du livre, quelle inquiétude, quelle angoisse, que de craintes et d'espérances ; « quels souhaits pour la paix de l'Europe, pour la santé de l'empereur d'Allemagne ! et que Boulanger ne bouge, et que les Balkans se taisent ! »

Le volume paraît, et personne n'y prend garde. Ce n'est qu'un roman de plus.

La « première » au Théâtre-Libre ne s'annonce pas comme un événement. Le pauvre auteur, tapi au fond des coulisses, dans une espèce de cage à poulet, s'effare ; « le mystère des êtres qui vont applaudir ou condamner lui entre comme un glaive dans la poitrine... Un roulis du sang l'assourdit, avec des intervalles de vacuité absolue, d'immobilité cardiaque, bientôt résolue en ressacs, en vertiges, en hallucinations. »

Les applaudissements sont maigres. C'est une chute molle. Servaise tombe peu à peu dans « une morosité gélatineuse ». La douce madame Chavailles devient veuve. Mais l'homme de lettres ne prête pas grande attention à cet accident : ce n'est pas de la littérature, ce n'est que de la vie. Le termite achève son ouvrage, et il ne reste plus rien du pauvre Servaise.

MM. de Goncourt ont donné, il y a trente ans environ, dans leur *Charles Demailly*, une étude de la névrose des littérateurs, une description complète du mal livresque. En comparant leur pathologie à celle de M. Rosny, on est effrayé des progrès de la maladie. Charles Demailly gardait encore, dans le trouble de son esprit et dans le détraquement de ses nerfs, quelque chose de la folie imagée et charmante d'un Gérard de Nerval. Noël Servaise s'enfonce dans l'imbécillité. Et pourtant ce n'était point une bête. Il avait même quelque finesse native.

Il y a des portraits dans le *Termite* et c'est, comme le *Grand Cyrus*, un roman à clefs. On ne travaille pas dans ce genre sans s'exposer à certains dangers et sans soulever des protestations qui peuvent être fondées. Disons tout de suite que M. Rosny, qui est un très honnête homme, n'a mis dans ses portraits aucun trait, dans ses scènes aucune allusion qui pussent, je ne dis pas faire scandale, mais même exciter une curiosité malveillante. Les figures les plus reconnaissables de son livre sont celles de MM. Edmond de Goncourt, Emile Zola, Alphonse Daudet et J.-H. Rosny lui-même, qui sont peints sous les noms de Fombreuse, de Rolla, de Guadet et de Myron.

M. de Goncourt (Fombreuse) est esquissé en quelques traits au milieu des japonaiseries de sa maison d'artiste. « On nous le montre la tête large, la face lorraine, les cheveux de soie blanche... ses beaux yeux nerveux dans le vide. » Le croquis est rapide, d'une ligne juste et fine. Mais pourquoi M. Rosny ajoute-t-il : « Il marcha par la chambre à grands pas lourds, sa veste épaisse *pleine de plis de pachyderme,* de grand air en cela, de beauté *tactile* et réfléchie. » Cette phrase singulière me donne lieu de vous montrer en passant les défauts terribles de M. Rosny : il manque de goût, de mesure et de clarté.

Il est extravagant. A tout moment sa vision se complique, se trouble et s'obscurcit. Une veste de molleton lui apparaît comme une peau d'éléphant. Puis la métaphysique s'en mêle, une métaphysique d'halluciné, et le voilà parlant de *beauté tactile,* ce qui en bonne raison ne se comprend pas du tout! Quant au reste, quant à l'homme moral qu'est M. Edmond de Goncourt, M. Rosny ne nous en découvre pas grand'chose. Il nous apprend seulement que l'auteur de la *Faustin* n'est pas disposé à admirer tout ce qu'écrivent ceux qui se réclament de lui et qu'en particulier il ne goûte pas beaucoup la terminologie scientifique de M. Rosny. Je le crois sans trop de peine. Il se sent compromis et débordé par les nouveaux venus, et ce sentiment ajoute peut-être quelque amertume à la mélancolie fatale de l'âge et de la gloire.

Et puis il faut prendre les hommes comme ils sont et

reconnaître ce qui est fatal dans leurs passions et dans leurs préjugés. Les maîtres de l'art ne jugent jamais qu'on a bien employé après eux les formes qu'ils ont créées. Chateaubriand disait dans sa vieillesse, en songeant à Victor Hugo : « J'ai toujours su me garder du rocailleux qu'on reproche à mes disciples. » M. de Goncourt aurait-il tout à fait tort de blâmer à son tour le *rocailleux* de quelques jeunes écrivains?

Pour ce qui est de M. Zola (Rolla), il faut convenir que M. Rosny ne l'a pas flatté.

Par la porte lentement ouverte, il apparut un homme maussade et gros. Après les mots d'entrée, il s'assit au rebord d'une chaise, le ventre sur les cuisses. Myron l'observait, entraîné vers sa personne, tout en le jugeant égoïste.

Égoïste, boudeur et d'une large malveillance! A tout propos « une force invincible le ramène au dénigrement ». Comme M. de Goncourt, il estime que M. Rosny est parfois abscons et effroyablement tourmenté. Et M. Rosny sourit d'entendre de pareils reproches dans la bouche d'un écrivain « terrible de boursouflure et de truquage », mais non pas sans génie. Au reste, un homme fini.

« Le *Songe* (le *Rêve*), son traitement pour maigrir, la croix, l'Académie, tout ça, au fond, fait partie du même effondrement de l'être... Le comique, c'est de le voir hurler tout le temps : « Je suis un entêté, moi... je suis un opiniâtre!... »

Il est vrai que c'est là un propos de brasserie que M. Rosny rapporte avec indifférence. Ce n'est pas lui, c'est un ami de M. Zola qui parle de la sorte. Tout s'explique.

Le portrait de M. Alphonse Daudet (Guadet), est traité dans une autre manière; on y sent une profonde sympathie et des trois ce n'est ni le moins vrai ni le moins vivant. Il témoigne d'une grande connaissance du modèle. Je le citerai tout entier, en regrettant les lourdeurs et les bizarreries qui çà et là en gâtent le dessin si étudié et si volontaire :

> Les deux yeux myopes, à regard sans perspective, aveugles à un mètre de distance, s'humanisent à mesure qu'on approche, deviennent de plus en plus de beaux yeux de voyant microscope. La physionomie mobile, en ce moment rigide, Myron y lit les caractéristiques de Guadet. Il sait comment chaque pli s'iradie à un tam-tam ou une sympathie, comment les traits se « projettent » en accompagnement des paroles. Il sait les éveils de Guadet dans le froid d'une conversation moutonnière, son beau départ, les électrisations communicatives où il oublie les tortures, la lassitude, la mélancolie d'une existence douloureuse. Retrempé dans une bizarre jeunesse qu'aucune maladie ne tue, il escalade des échelles d'analyses et d'observations, nullement enfermé comme les masses littéraires en des formules potinières ou médisantes, empoignant un portrait ou une souvenance, page d'antan, Tacite ou Montaigne, musique ou caractère d'un objet, illuminant tout d'une facette personnelle, d'un éclair d'enthousiasme.

C'est bien là notre Alphonse Daudet et son âme toujours jeune, pleine de lumière et de chansons.

Nous avons dit que M. Rosny s'est lui-même mis en scène sous le nom de Myron.

Disputeur âpre, posé d'aplomb en face des vieux maîtres, il apparaissait présomptueux autant qu'emphatique ressaseur d'arguments, à la fois tolérant et opiniâtre. Il répugnait à Servaise par son style encombré, ses allures de prophète, par tous les points où une nature exubérante peut heurter une nature sobre et dénigreuse.

M. Rosny se connaît assez bien et se rend un compte assez juste de l'impression qu'il produit. Il est vrai qu'il argumente beaucoup et qu'il montre dans ces disputes intellectuelles le doux entêtement d'un Vaudois ou d'un Camisard. Il a le front illuminé et paisible, et ce regard intérieur, ces lèvres fiévreuses que les artistes prêtent volontiers de nos jours aux martyrs de la pensée quand ils représentent un Jean Huss ou un Savonarole conduit au bûcher.

Quoi qu'on en ait dit, M. Rosny n'a pas de vanité. Il n'est point fier. Il ignore la superbe et même, si je n'avais peur qu'on se récriât, je dirais qu'il n'a point d'orgueil. Il ne s'admire pas; mais il respecte infiniment la portion de sagesse divine que la nature a déposée en lui et, s'il est plein de lui-même, c'est par vertu stoïque. Cela est d'un très honnête homme, mais peu perfectible.

Ce qu'il y a d'admirable en lui, c'est la hauteur du sentiment, la liberté de l'esprit, la largeur des vues, l'illumination soudaine, la pénétration des caractères, et cette forte volonté d'être juste, qui fait de l'injustice même une vertu. On trouve dans le *Termite* beaucoup d'idées excellentes sur l'art et la littérature. Celle-ci par exemple : « Une pensée large conçoit la beauté en organisation et non en réforme. » Cette maxime est si belle si vraie, si féconde, qu'il me semble que j'en vois sortir, toute une esthétique, admirable de sagesse. Mais j'avoue que je ne puis me faire à son style encombré (le mot est de lui), où chaque phrase ressemble à une voiture de déménagement. Et ce style n'est pas seulement encombré, il est confus, parfois singulièrement trouble. Le malheur de M. Rosny est d'en vouloir trop dire. Il force la langue. Me permettrait-il de le comparer à certains astronomes qui, tourmentés d'une belle curiosité, veulent obtenir de leur télescope des grossissements que l'instrument ne peut pas donner? Le miroir dans lequel on amène ainsi la lune, Mars, Saturne, ne reflète plus que des formes incertaines et vagues, où l'œil inquiet se perd.

M. Zola (il nous l'apprend lui-même) lui dit un jour :

« Vous faites de très beaux livres, mais vous abusez de la langue et, à mesure que j'avance en âge, j'ai de plus en plus la haine de ces choses-là ; j'arrive à la clarté absolue, à la bonhomie du style. Oh! je sais bien que j'ai moi-même subi le poison romantique! Enfin, il faut revenir à la clarté française. »

M. de Goncourt (il nous en avertit encore) lui parla dans le même sens :

« J'ai lu vos livres, c'est très fort. Mais vous exagérez la description, et puis, ces termes... J'en arrive à me demander si le talent suprême ne serait pas d'écrire très simplement des choses très compliquées. »

M. Rosny n'était pas homme à écouter ces timides conseils. Il ne se rendra jamais. Sur le bûcher même, il ne renierait pas les *entéléchies,* les *pachydermes,* les *luminosités,* les *causalités,* les *quadrangles* et tous ces vocables étrangement lourds dont son style est obstrué. Je vous dis que c'est Jean Huss en personne et qu'il a cette espèce de fanatisme qui fait les martyrs. Il ne cédera sur aucun point. C'est dommage. Il comprend tant de choses! il sent si bien la nature et la vie, la physique et la métaphysique! Ah! s'il pouvait acquérir ce rien qui est tout : le goût!

FRANÇOIS COPPÉE[1]

M. François Coppée est poète de naissance; le vers est sa langue maternelle. Il la parle avec une facilité charmante. Mais, ce qui n'est pas donné à tous les poètes, il écrit aussi, quand il veut, une prose aisée, riante et limpide. Je croirais volontiers que c'est dans le journalisme qu'il s'est fait la main à la prose. Il fut quelque temps notre confrère, et l'on n'a pas oublié son heureux passage à la *Patrie* où il remplaça M. Edouard Fournier comme critique dramatique. Le journal n'est pas une si mauvaise école de style qu'on veut bien dire. Je ne sache pas qu'un beau talent s'y soit jamais gâté et je vois, au contraire, que certains esprits y ont acquis une souplesse et une vivacité qui manquaient à leurs premiers ouvrages. On y apprend à se garder de l'obscur et du tendu, dans lesquels tombent souvent les écrivains les plus artistes, quand ils composent loin du public. Le

---

1. *Toute une jeunesse.* 1 vol.

journalisme, enfin, est pour l'esprit comme ces bains dans les eaux vives, dont on sort plus alerte et plus agile.

Quoi qu'il en soit du chantre des *Humbles* et de quelque façon qu'il ait développé son talent de prosateur, il faut, tout en reconnaissant que sa meilleure part est dans la poésie, lui faire une place dans le cercle aimable de nos conteurs, entre M. Catulle Mendès et M. André Theuriet, tous deux, comme lui, conteurs et poètes.

On n'a pas oublié sa récente nouvelle d'*Henriette*, conduite avec une élégante simplicité et dans laquelle il avait su nous toucher en nous montrant le bouquet de violettes de la grisette sur la tombe du fils de famille.

Il nous donne aujourd'hui un ouvrage plus étendu : *Toute une jeunesse*, sorte de roman d'analyse, dans lequel l'auteur s'est plu à n'exprimer que des sentiments très purs et très simples. Le titre ferait croire à une autobiographie et à une confession ; et, quand l'œuvre parut dans un journal illustré, les gravures n'étaient pas pour nous détourner de cette idée, car le dessinateur avait donné au héros du livre un air de ressemblance avec M. Coppée lui-même. En fait, l'auteur des *Intimités* n'a nullement raconté son histoire dans ce livre. Cette jeunesse n'est pas sa jeunesse. Il suffit d'ouvrir une biographie de M. François Coppée pour s'en persuader. Un écrivain très estimé, M. de Lescure, a raconté par le menu avec une abondance agréable de détails, la vie, si belle dans sa simplicité, de M. François Coppée. Cet ouvrage, enrichi de pièces inédites et de documents, ressemble moins aux minces biographies que nous consacrons en France à nos contemporains illustres qu'à ces amples et copieuses vies par lesquelles les Anglais font connaître leurs hommes célèbres. Qu'on lise ces pages sympathiques, et l'on se convaincra que les aventures, bien simples d'ailleurs, du jeune Amédée Violette, le héros de *Toute une jeunesse*, sont imaginaires et ne se rapportent pas à l'existence réelle de M. François Coppée. Amédée Violette, fils d'un modeste employé de ministère, perd sa mère quand il est encore un tout petit enfant. On sait que madame Coppée a vu les premières lueurs de la célébrité de son fils. Les amis du bon temps se rappellent, dans ce logis modeste et fleuri de la rue Rousselet, au lendemain du *Passant*, la joie dont s'illuminait le visage souffrant de cette femme de cœur. Ils revoient dans leur mémoire émue la mère du poète, d'un type fin comme lui, mince et pâle, courbée au coin du feu, retenue dans son grand fauteuil par la lente maladie de nerfs qui la faisait paraître de jour en jour plus petite, sans effacer ni le sourire de ses yeux, ni la grâce adorable de son visage dévasté. La langue à demi liée par le mal mystérieux, elle semblait murmurer : « Je puis mourir. » Elle mourut, laissant à sa place une autre elle-même... C'en est assez pour montrer du doigt que M. François Coppée n'a pas prêté ses propres souvenirs à son héros et que nous sommes dans la fiction pure, quand se déroulent les modestes et douloureuses amours d'Amédée Violette.

Ce jeune homme pauvre aime, sans le lui dire, Maria,

la fille d'un graveur, à demi artiste, à demi ouvrier, jolie et fine créature, qui, devenue orpheline, copie, pour vivre, des pastels au Louvre et se laisse séduire sans malice, par le beau Maurice, dont la fonction naturelle est d'être aimé de toutes les femmes. Sur l'ardente prière d'Amédée, le beau Maurice épousa Maria, après quoi il remplit sa fonction en la trompant avec des créatures. Il la tromperait encore s'il n'avait en 1870 endossé la capote des mobiles, mis dans son cœur « comme une fleur au canon de son fusil, la résolution de bien mourir » et fait son devoir à Champigny, où il tomba glorieusement sur le champ d'honneur. Il n'y a que les mauvais sujets pour avoir de la chance jusqu'au bout.

Maurice meurt dans les bras d'Amédée en lui léguant Maria et le fils qu'elle lui a donné. Amédée épouse Maria; mais elle ne l'aime pas, elle aime encore Maurice, et le souvenir d'un mort emplit son cœur paisible.

Amédée ne demande plus rien à l'amour; il n'attend plus rien de la vie. Un soir d'automne, accablé d'un monotone ennui, il laisse retomber dans ses mains ses tempes argentées et songe : le bonheur est un rêve, la jeunesse un éclair. L'art de vivre est d'oublier la vie. Les feuillent tombent! les feuilles tombent!

Mais pour imaginaire qu'il est et mêlé à des aventures imaginaires, Amédée Violette « sent la vie » comme la sentait M. François Coppée, quand il était un enfant et quand il était un jeune homme. L'auteur ne le cache pas et son héros, de son propre aveu, lui ressemble comme l'enfant pensif de Blunderstone, le cher petit David Copperfield ressemble à Dickens. En sorte que, fictive, à ne voir que la lettre, *Toute une jeunesse* est vraie selon l'esprit, et qu'il n'est point indiscret de reconnaître en ce jeune homme « brun, aux yeux bleus, au regard ardent et mélancolique », l'auteur heureux et vite attristé du *Reliquaire* et du *Passant*. Et comment ne pas appliquer au poète lui-même ce qu'il dit d'Amédée qui, après avoir appris la littérature dans les romantiques, et quelque temps erré dans les chemins battus, trouve tout à coup un sentier inexploré, sa voie :

Depuis assez longtemps déjà, il avait jeté au feu ses premiers vers, imitations maladroites des maîtres préférés, et son drame milhuitcentrentesque, où les deux amants chantaient un duo de passion sous le gibet. Il revenait à la vérité, à la simplicité, par le chemin des écoliers, par le plus long. Le goût et le besoin le prirent à la fois d'exprimer naïvement, sincèrement, ce qu'il avait sous les yeux, de dégager ce qu'il pouvait y avoir d'humble idéal chez les petites gens parmi lesquels il avait vécu, dans les mélancoliques paysages des banlieues parisiennes où s'était écoulée son enfance, en un mot, de peindre d'après nature.

M. François Coppée n'a pas si bien défiguré dans son livre ses débuts littéraires qu'on n'en trouve encore quelque image. Ses premières rencontres avec les parnassiens y sont notées et il n'est pas difficile de reconnaître en ce Paul Sillery qu'il nous représente comme un poète exquis et comme un confrère excellent, M. Catulle Mendès, l'homme de tout Paris, je le sais, le plus attaché aux lettres et le plus étranger à l'envie comme aux petites ambitions. Il ne faudrait pas pourtant juger les poètes chevelus de 1868 d'après les portraits satiriques un peu noirs et beaucoup trop vagues qu'on trouve dans *Toute une jeunesse*. M. Coppée, si l'on était tenté de le faire, serait le premier à nous dire : « Prenez garde, je n'ai pas tout rapporté dans ce récit où j'ai voulu seulement expliquer une âme. Ce n'est pas dans un roman tout psychologique, c'est dans le libre parler de toutes mes heures, c'est dans plus d'un article de journal, c'est dans les notices que j'ai données à l'*Anthologie* de Lemerre, qu'on verra si j'ai toujours rendu témoignage à mes vieux compagnons d'armes, aux Léon Dierx, aux Louis de Ricard, aux José-Maria de Heredia, de leur franchise et de leur loyauté. Non, certes, ceux-là n'étaient pas des envieux. Je ne me séparerai jamais des poètes parmi lesquels j'ai grandi, et l'on ne dira pas que j'ai renié ni Stéphane Mallarmé, ni Paul Verlaine. »

Voilà ce que répondrait M. François Coppée à quiconque lui ferait le tort de croire qu'il a oublié les heures charmantes du Parnasse et les entretiens subtils du Cénacle.

M. François Coppée nous donne cette fois encore un livre « vrai », dans lequel se montre au vif son « sentiment » de la vie. Il sent les choses en poète et il les sent en parisien. Toute la première partie de son *David Copperfield*, à lui, exprime un goût si profond et si délicat de nos vieux faubourgs paisibles, qu'on y ressent, pour peu qu'on soit Parisien aussi, une sorte de tendresse mystique et qu'on y entend parler les pierres, les pauvres pierres. Je le suis, Parisien, et de toute mon âme et de toute ma chair, et, je vous le dis en vérité, je ne puis lire sans un trouble profond ces phrases si simples et si naturelles, dans lesquelles le poète évoque les paysages citadins de son enfance, de notre enfance ; cette phrase, par exemple :

Il voyait se développer, à droite et à gauche, avec une courbe gracieuse, la rue Notre-Dame-des-Champs, une des plus paisibles du quartier du Luxembourg, une rue alors à peine bâtie à moitié, où des branches d'arbres dépassaient les clôtures en planches des jardins, et si tranquille, si silencieuse, que le passant solitaire y entendait chanter les oiseaux en cage.

Et c'est avec un charme indicible que je suis les promenades du père et de l'enfant, qui s'en allaient « par les claires soirées, du côté des solitudes » :

Ils suivaient ces admirables boulevards extérieurs d'autrefois, où il y avait des ormes géants datant de Louis XIV, des fossés pleins d'herbes et des palissades ruinées laissant voir par leurs brèches des jardins de maraîchers où les cloches à melons luisaient sous les rayons obliques du couchant... Ils s'en allaient ainsi, loin, bien loin, dépassaient la barrière d'Enfer... Dans ces déserts suburbains, plus de maisons, mais de rares masures, toutes ou presque toutes à un étage. Quelquefois un cabaret peint d'un rouge lie de vin, sinistre, ou bien, sous les acacias, à la fourche de deux rues labourées d'ornières, une guinguette à tonnelles avec son enseigne, un tout petit moulin au bout d'une perche, tournant au vent frais du soir. C'était presque de la campagne. L'herbe, moins poudreuse, envahissait les deux contre-allées et croissait même sur la route, entre les pavés déchaussés. Sur la crête des murs bas, un coquelicot flambait çà et là. Peu ou point de rencontres, sinon de très pauvres gens : une bonne femme, en bonnet de paysanne, traînant un marmot qui pleurait, un ouvrier chargé d'outils, un invalide attardé, et parfois, au milieu de la chaussée, dans une brume de poussière, un troupeau de moutons éreintés, bêlant désespérément, mordus aux cuisses par les chiens et se hâtant vers l'abattoir. Le père et le fils marchaient droit devant eux jusqu'au moment où il faisait tout à fait sombre sous les grands arbres. Ils revenaient alors, le visage fouetté par l'air plus vif, tandis que dans le lointain de l'avenue, à de grands intervalles, les anciens réverbères à potence, les tragiques lanternes de la Terreur, allumaient leurs fauves étoiles sur le ciel vert du crépuscule.

Mon cher Coppée, chacun de ces mots dont je comprends si bien le sens, ou, pour mieux dire, les sens mystérieux, me donne un frisson, et me voilà emporté par cet enchantement dans les abîmes délicieux des premiers souvenirs. J'y veux rester. Et quel plus sincère éloge puis-je faire de votre livre que de dire les rêves qu'il m'a donnés?

Nous étions en ce temps-là, mon cher Coppée, deux petits garçons très intelligents et très bons. Laissez-moi mêler fraternellement mes souvenirs aux vôtres. J'ai été nourri sur les quais, où les vieux livres se mêlent au paysage. La Seine qui coulait devant moi me charmait par cette grâce naturelle aux eaux, principe des choses et sources de la vie. J'admirais ingénument le miracle charmant du fleuve, qui le jour porte les bateaux en reflétant le ciel, et la nuit se couvre de pierreries et de fleurs lumineuses.

Et je voulais que cette belle eau fût toujours la même parce que je l'aimais. Ma mère me disait que les fleuves vont à l'Océan et que l'eau de la Seine coule sans cesse; mais je repoussais cette idée comme excessivement triste. En cela, je manquais peut-être d'esprit scientifique, mais j'embrassais une chère illusion, car, au milieu des maux de la vie, rien n'est plus douloureux que l'écoulement universel des choses.

Ainsi, grâce à votre livre, mon cher Coppée, je me revois tout petit enfant, regardant, du quai Voltaire, passer les bateaux qui vont sur l'eau et respirant la vie avec délices; et c'est pourquoi je dis que c'est un excellent livre.

LES IDÉES

DE GUSTAVE FLAUBERT [1]

A propos de l'opéra de *Salammbô*, on a beaucoup parlé de Flaubert. Flaubert intéresse les curieux, et il y a à cela une raison suffisante : c'est que Flaubert est très intéressant. C'était un homme violent et bon, absurde et plein de génie, et qui renfermait en lui tous les contrastes possibles. Dans une existence sans catastrophes ni péripéties, il sut rester constamment dramatique ; il joua en mélodrame la comédie de la vie et fut, dans son particulier, tragikôtatos, comme dit Aristote. Tragikôtatos, il le serait aujourd'hui plus que jamais, s'il voyait sa *Salammbô* mise en opéra. A ce spectacle horrible quel éclair sortirait de ses yeux ! quelle écume de sa bouche ! quel cri de sa poitrine ! Ce serait pour lui le calice amer, le sceptre de roseau et la couronne d'épines, ce serait les mains clouées et le flanc ouvert...

---

[1]. Cet article a été fait à propos d'une *Étude* très remarquée de M. Henry Laujol dans la *Revue bleue*.

Encore est-ce peu dire, et il estimerait que ces termes sont faibles pour exprimer ses souffrances. Qu'il n'ait pas apparu lamentable et terrible, la nuit, à MM. Reyer et du Locle, c'est presque un argument contre l'immortalité de l'âme.

Du moins, est-il vrai que les morts ne reviennent guère, depuis qu'on a bouché la caverne de Dungal qui communiquait avec l'autre monde. Sans quoi, il serait venu, notre Flaubert, il serait venu maudire MM. du Locle et Reyer.

C'était, de son vivant, un excellent homme, mais qui se faisait de la vie une idée étrange. Je trouve fort à propos, dans la *Revue bleue*, une étude du caractère de ce pauvre grand écrivain, sous la signature de Henry Laujol. Ce nom n'est pas inconnu en littérature. C'est celui d'un conteur et d'un critique à qui l'on doit des articles remarqués sur nos romanciers et sur nos poètes, et aussi quelques nouvelles éparses dans des revues et qu'il faudrait bien réunir en un volume. On m'assure que ce nom de Henry Laujol est un faux nom sous lequel se cache un très aimable fonctionnaire de la République qui, dans l'emploi qu'il tient auprès d'un ministre, a su rendre plus d'un service aux lettres. Je n'en veux rien affirmer, m'en rapportant sur ce point à M. Georges d'Heilly, qui s'est donné, comme on sait, la tâche délicate de dévoiler les pseudonymes de la littérature contemporaine. Ce qui pourtant me ferait croire qu'on dit vrai, c'est que, dans toutes les pages signées du nom de Henry Laujol, il se mêle au culte de l'art un souci des réalités de la vie, qui trahit l'homme d'expérience. Il possède un sens des nécessités moyennes de l'existence qui manque le plus souvent aux hommes de pures lettres. On le voyait déjà, dans un conte du meilleur style, où il obligeait don Juan lui-même à confesser que le bonheur est seulement dans le mariage et dans le train régulier de la vie. Il est vrai que don Juan faisait cet aveu dans sa vieillesse attristée, et il est vrai aussi que don Juan parlait ainsi parce que, le plus souvent, ce que nous appelons le bonheur, c'est ce que nous ne connaissons pas.

La philosophie de M. Henry Laujol se montre mieux encore aujourd'hui dans cette remarquable étude où il s'efforce de confondre l'orgueil solitaire du poète, et d'instruire les princes de l'esprit à ne mépriser personne. Aux œuvres d'art il oppose les œuvres domestiques et il conclut avec chaleur :

Réussir sa destinée, c'est aussi un chef-d'œuvre. Lutter, espérer et vouloir, aimer, se marier, avoir des enfants et les appeler Totor au besoin, en quoi cela, au regard de l'Éternel, est-il plus bête que mettre du noir sur du blanc, froisser du papier et se battre des nuits entières contre un adjectif? Sans compter qu'on souffre mille morts à ce jeu stérile et qu'on y escompte sa part d'enfer. « Va donc, et mange ton pain en joie avec la femme que tu as choisie, » ce n'est pas un bourgeois qui a dit cela, c'est l'Ecclésiaste, un homme de lettres, presque un romantique.

Voilà qui est bien dit. Et vraiment Flaubert avait mauvaise grâce à railler ceux qui appellent leur fils *Totor*, lui qui appelait madame X*... *sa sultane*, ce qui est tout aussi ridicule. Flaubert avait tort de croire « très candidement, qu'en dehors de l'art il n'y a ici-bas qu'ignominie », et, passât-il huit jours à éviter une assonance, comme il s'en vantait, il n'avait pas le droit de mépriser les obscurs travaux du commun des hommes. Mais égaler ces travaux aux siens, estimer du même prix ce que chacun fait pour soi et ce qu'un seul fait pour tous, mettre en balance, ainsi que semble le faire M. Laujol, la nourriture d'un enfant et l'enfantement d'un poème, cela revient à proclamer le néant de la beauté, du génie, de la pensée, le néant de tout, et c'est tendre la main à l'apôtre russe qui professe qu'il vaut mieux faire des souliers que des livres. Quant à l'Écclésiaste que vous citez imprudemment, prenez garde que c'était un grand sceptique et que le conseil qu'il vous donne n'est pas si moral qu'il en a l'air. Il faut se défier des Orientaux en matière d'affections domestiques.

Mais j'ai tort de quereller M. Henry Laujol, qui n'était plus de sang-froid quand il écrivait les lignes éloquentes que j'ai citées : Flaubert l'avait exaspéré, et je n'en suis pas surpris. Les idées de Flaubert sont pour rendre fou tout homme de bon sens. Elles sont absurdes et si contradictoires que quiconque tenterait d'en concilier seulement trois serait vu bientôt pressant ses tempes des deux mains pour empêcher sa tête d'éclater. La pensée de Flaubert était une éruption et un cataclysme. Cet homme énorme avait la logique d'un tremblement de terre. Il s'en doutait un peu, et, n'étant pas tout simple, il se faisait volontiers plus volcan encore qu'il n'était réellement et il aidait les convulsions naturelles par quelque pyrotechnie, en sorte que son extravagance innée devait quelque chose à l'art, comme ces sites sauvages dans lesquels les aubergistes ajoutent des points de vue.

La grandeur étonne toujours. Celle des divagations que Flaubert entassait dans ses lettres et dans la conversation est prodigieuse. Les Goncourt ont recueilli quelques-uns de ses propos, qui causeront une éternelle surprise. D'abord il faut savoir ce qu'était Flaubert. A le voir : un géant du Nord, des joues enfantines avec une moustache énorme, un grand corps de pirate et des yeux bleus à jamais naïfs. Mais pour ce qui est de l'esprit, c'était vraiment un bizarre assemblage. On a dit il y a longtemps que l'homme est divers. Flaubert était divers; mais, de plus, il était disloqué et les parties qui le composaient tendaient sans cesse à se désunir. Dans mon enfance, on montrait au théâtre Séraphin une parfaite image, un symbole de l'âme de Flaubert. C'était une espèce de petit hussard qui venait danser en fumant sa pipe. Ses bras se détachaient de son corps et dansaient pour leur compte sans qu'il cessât lui-même de danser. Puis ses jambes s'en allaient chacune de son côté sans qu'il parût s'en apercevoir, le corps et le tronc se séparaient à leur tour, et la tête elle-même disparaissait dans le bonnet d'astrakan dont s'échappaient des grenouilles. Cette figure exprime parfaitement la désharmonie héroïque qui régnait sur toutes les facultés intellectuelles et morales de Flaubert, et quand il m'a été donné de le voir et de l'entendre dans son petit salon de la rue Murillo, gesticulant et hurlant en habit de corsaire, je ne pus me défendre de songer au hussard du théâtre Séraphin. C'était mal, je le confesse. C'était manquer de respect à un maître. Du moins l'admiration large et pleine que m'inspirait son œuvre n'en était pas diminuée. Elle a encore grandi depuis et l'inaltérable beauté qui s'étend sur toutes les pages de *Madame Bovary* m'enchante chaque jour davantage. Mais l'homme qui avait écrit ce livre si sûrement et d'une main infaillible, cet homme était un abîme d'incertitudes et d'erreurs.

Il y a là de quoi humilier notre petite sagesse : cet homme, qui avait le secret des paroles infinies, n'était pas intelligent. A l'entendre débiter d'une voix terrible des aphorismes ineptes et des théories obscures que chacune des lignes qu'il avait écrites se levait pour démentir, on se disait avec stupeur : Voilà, voilà le bouc émissaire des folies romantiques, la bête d'élection en qui vont tous les péchés du peuple des génies.

Il était cela. Il était encore le géant au bon dos, le grand saint Christophe qui, s'appuyant péniblement sur un chêne déraciné, passa la littérature de la rive romantique à la rive naturaliste, sans se douter de ce qu'il portait, d'où il venait et où il allait.

Un de ses grands-pères avait épousé une femme du Canada, et Gustave Flaubert se flattait d'avoir dans les veines du sang de Peau-Rouge. Il est de fait qu'il descendait des *Natchez*, mais c'était par Chateaubriand.

Romantique, il le fut dans l'âme. Au collège, il couchait un poignard sous son oreiller. Jeune homme, il arrêtait son tilbury devant la maison de campagne de Casimir Delavigne et montait sur la banquette pour crier à la grille « des injures de bas voyou ». Dans une lettre à un ami de la première heure, il saluait en Néron « l'homme culminant du monde ancien ». Amant paisible d'un bas-bleu, il chaussa assez gauchement les bottes d'Antony. « J'ai été tout près de la tuer, raconte-t-il vingt ans après. Au moment où je marchais sur elle, j'ai eu comme une hallucination. J'ai entendu craquer sous moi les bancs de la cour d'assises. »

C'est assurément au romantisme qu'il doit ses plus magnifiques absurdités. Mais il y ajouta de son propre fonds.

Les Goncourt ont noté dans leur *Journal* ces dissertations confuses, ces thèses tout à fait en opposition avec la nature de son talent, qu'il répandait d'une voix de tonnerre; « ces opinions de parade », ces théories obscures et compliquées sur un *beau pur*, un beau de toute éternité dans la définition duquel il s'enfonçait comme un buffle dans un lac couvert de hautes herbes. Tout cela est assurément d'une grande innocence. M. Henry Laujol a fort bien vu, dans l'étude que je signalais tout à l'heure, que la plus pitoyable erreur de Flaubert est d'avoir cru que l'art et la vie sont incompatibles et qu'il faut pour écrire renoncer à tous les devoirs comme à toutes les joies de la vie.

« Un penseur, disait-il (et qu'est-ce que l'artiste, si

ce n'est un triple penseur?) ne doit avoir ni religion, ni patrie, ni même aucune conviction sociale... Faire partie de n'importe quoi, entrer dans un corps quelconque, dans n'importe quelle confrérie ou boutique, même prendre un titre quel qu'il soit, c'est se déshonorer, c'est s'avilir... Tu peindras le vin, l'amour, les femmes, la gloire, à condition, mon bonhomme, que tu ne sois ni ivrogne, ni amant, ni mari, ni tourlourou. Mêlé à la vie, on la voit mal, on en souffre ou on en jouit trop. L'artiste, selon moi, est une monstruosité, quelque chose hors nature. »

Là est la faute. Il ne comprit pas que la poésie doit naître de la vie, naturellement, comme l'arbre, la fleur et le fruit sortent de la terre, et de la pleine terre, au regard du ciel. Nous ne souffrons jamais que de nos fautes. Il souffrit de la sienne cruellement. « Son malheur vint, dit justement notre critique, de ce qu'il s'obstina à voir dans la littérature, non la meilleure servante de l'homme, mais on ne sait quel cruel Moloch, avide d'holocaustes. »

Enfant gâté, puis vieil enfant (ajoute M. Laujol) enfant toujours! Flaubert devait conserver comme un viatique ses théories de collège sur l'excellence absolue de l'homme de lettres, sur l'antagonisme de l'écrivain et du reste de l'humanité, sur le monde regardé comme un mauvais lieu, que sais-je encore? Toutes ces bourdes superbes lui étaient apparues d'abord comme des dogmes, et il leur garda sa piété première. Une conception enfantine du devoir s'attarda dans cette intelligence où, malgré d'éblouissants éclairs, il y eut toujours une sorte de nuit.

Il avait aussi la fureur de l'art impersonnel. Il disait : « L'artiste doit s'arranger de façon à faire croire à la postérité qu'il n'a pas vécu. » Cette manie lui inspira des théories fâcheuses. Mais il n'y eut pas grand mal en fait. On a beau s'en défendre, on ne donne des nouvelles que de soi et chacune de nos œuvres ne dit que nous, parce qu'elle ne sait que nous. Flaubert crie en vain qu'il est absent de son œuvre. Il s'y est jeté tout en armes, comme Decius dans le gouffre.

Quand on y prend garde, on s'aperçoit que les idées de Flaubert ne lui appartenaient pas en propre. Il les avait prises de toutes mains, se réservant seulement de les obscurcir et de les confondre prodigieusement. Théophile Gautier, Baudelaire, Louis Bouilhet pensaient à peu près comme lui. Le *Journal* des Goncourt est bien instructif à cet égard. On voit quel abîme nous sépare des vieux maîtres, nous qui avons appris à lire dans les livres de Darwin, de Spencer et de Taine. Mais voici qu'un abîme aussi large se creuse entre nous et la génération nouvelle. Ceux qui viennent après nous se moquent de nos méthodes et de nos analyses. Ils ne nous entendent pas et, si nous n'y prenons garde de notre côté, nous ne saurons plus même ce qu'ils veulent dire. Les idées, en ce siècle, passent avec une effrayante rapidité. Le naturalisme que nous avons vu naître expire déjà, et il semble que le symbolisme soit près de le rejoindre au sein de l'éternelle Maïa.

Dans cet écoulement mélancolique des états d'âmes et des modes de penser, les œuvres du vieux Flaubert restent debout, respectées. C'est assez pour que nous pardonnions au bon auteur les incohérences et les contradictions que révèlent abondamment ses lettres et ses entretiens familiers. Et parmi ces contradictions, il en est une qu'il faut admirer et bénir. Flaubert qui ne croyait à rien au monde et qui se demandait plus amèrement que l'Ecclésiaste : « Quel fruit revient-il à l'homme de tout l'ouvrage? » Flaubert fut le plus laborieux des ouvriers de lettres. Il travaillait quatorze heures par jour. Perdant beaucoup de temps à s'informer et à se documenter (ce qu'il faisait très mal, car il manquait de critique et de méthode), consacrant de longs après-midi à exhaler ce que M. Henry Laujol appelle si bien « sa mélancolie rugissante », suant, soufflant, haletant, se donnant des peines infinies et courbant tout le jour sur une table sa vaste machine faite pour le grand air des bois, de la mer, des montagnes, et que l'apoplexie menaça longtemps avant de la foudroyer, il joignit, pour l'accomplissement de son œuvre, à l'entêtement d'un scribe frénétique et au zèle désintéressé des grands moines savants l'ardeur instinctive de l'abeille et de l'artiste.

Pourquoi, ne croyant à rien, n'espérant rien, ne désirant rien, se livrait-il à un si rude labeur? Cette antinomie, du moins, il la concilia quand il fit, en pleine gloire, cet aveu douloureux : « Après tout, le travail, c'est encore le meilleur moyen d'escamoter la vie. »

Il était malheureux. Si c'était à tort et s'il était victime de ses idées fausses, il n'en éprouvait pas moins des tortures réelles. N'imitons pas l'abbé Bournisien, qui niait les souffrances d'Emma, parce qu'Emma ne souffrait ni de la faim ni du froid. Tel ne sent pas les dents de fer qui mordent sa chair, tel autre est offensé par un oreiller de duvet. Flaubert, comme la princesse de la Renaissance, « porta plus que son faix de l'ennui commun à toute créature bien née ».

Il trouva quelque soulagement à hurler des maximes pitoyables. Ne lui en faisons pas un grief trop lourd. C'est vrai qu'il avait des idées littéraires parfaitement insoutenables. Il était de ces braves capitaines qui ne savent pas raisonner de la guerre, mais qui gagnent les batailles.

PAUL VERLAINE

Comme en 1780, il y a cette année un poète à l'hôpital. Mais aujourd'hui (et cela manquait à l'Hôtel-Dieu du temps de Gilbert) le lit a des rideaux blancs et l'hôte est un vrai poète. Il se nomme Paul Verlaine. Ce n'est point un jeune homme pâle et mélancolique, c'est un vieux vagabond, fatigué d'avoir erré trente ans sur tous les chemins.

A le voir, on dirait un sorcier de village. Le crâne nu, cuivré, bossué comme un antique chaudron, l'œil petit, oblique et luisant, la face camuse, la narine enflée, il ressemble, avec sa barbe courte, rare et dure, à un Socrate sans philosophie et sans la possession de soi-même.

Il surprend, il choque le regard. Il a l'air à la fois farouche et câlin, sauvage et familier. Un Socrate instinctif, ou mieux, un faune, un satyre, un être à demi brute, à demi dieu, qui effraye comme une force naturelle qui n'est soumise à aucune loi connue. Oh! oui, c'est un vagabond, un vieux vagabond des routes et des faubourgs.

Il fut des nôtres, jadis. Il a été nourri dans une obscurité douce, par une veuve pauvre et de grande distinction, au fond des paisibles Batignolles. Comme nous tous, il fit ses études dans quelque lycée et, comme nous tous, il devint bachelier après avoir assez étudié les classiques pour les bien méconnaître. Et, comme l'instruction mène à tout, il entra ensuite dans un bureau, dans je ne sais quel bureau de la Ville. En ce temps-là, le baron Haussmann accueillait largement, sans le savoir, dans les services de la préfecture, les poètes chevelus et les petits journalistes. On y lisait les *Châtiments* à haute voix et on y célébrait la peinture de Manet. Paul Verlaine recopiait ses *Poèmes saturniens* sur le papier de l'administration. Ce que j'en dis n'est pas pour le lui reprocher. Dans cette première jeunesse, il vivait à la façon de François Coppée, d'Albert Mérat, de Léon Valade, de tant d'autres poètes, prisonniers d'un bureau, qui allaient à la campagne le dimanche. Cette modeste et monotone existence, favorable au rêve et au travail patient du vers, était celle de la plupart des parnassiens. Seul ou presque seul dans le cénacle, M. José-Maria de Heredia, bien que frustré d'une grande part des trésors de ses aïeux, les *conquistadores*, faisait figure de jeune gentleman et fumait d'excellents cigares. Ses cravates avaient autant d'éclat que ses sonnets. Mais c'est des sonnets seulement que nous étions jaloux. Tous, nous méprisions sincèrement les biens de la fortune. Nous n'aimions que la gloire, encore la voulions-nous discrète et presque cachée. Paul Verlaine était, avec Catulle Mendès, Léon Dierx et François Coppée, un parnassien de la première heure. Nous avions, je ne sais trop pourquoi, la prétention d'être impassibles. Le grand philosophe de l'école, M. Xavier de Ricard, soutenait avec ardeur que l'art doit être de glace, et nous ne nous apercevions même point que ce doctrinaire de l'impassibilité n'écrivait pas un vers qui ne fût l'expression violente de ses passions politiques, sociales ou religieuses. Son large front d'apôtre, ses yeux enflammés, sa maigreur ascétique, son éloquence généreuse ne nous détrompaient pas. C'était le bon temps, le temps où nous n'avions pas le sens commun ! Depuis, M. de Ricard, irrité de la froideur des Français du Nord, s'est retiré près de Montpellier, et, de son ermitage du Mas-du-Diable, il répand sur le Languedoc l'ardeur révolutionnaire qui le dévore. Paul Verlaine prétendait autant que personne à l'impassibilité. Il se comptait sincèrement parmi ceux qui « cisèlent les mots comme des coupes », et il comptait réduire les bourgeois au silence par cette interrogation triomphante :

Est-elle en marbre ou non, la Vénus de Milo ?

Sans doute, elle est en marbre. Mais, pauvre enfant malade, secoué par des frissons douloureux, tu n'en es pas moins condamné à chanter comme la feuille en tremblant, et tu ne connaîtras jamais de la vie et du monde que les troubles de ta chair et de ton sang.

Laisse là le marbre symbolique, ami, malheureux ami ; ta destinée est écrite. Tu ne sortiras pas du monde obscur des sensations, et, te déchirant toi-même dans l'ombre, nous entendrons ta voix étrange gémir et crier d'en bas, et tu nous étonneras tour à tour par ton cynisme ingénu et par ton repentir véritable. *I nunc anima anceps...*

Non certes, les *Poèmes saturniens* publiés en 1867, le jour même où François Coppée donnait son *Reliquaire*, n'annonçaient point le poète le plus singulier, le plus monstrueux et le plus mystique, le plus compliqué et le plus simple, le plus troublé, le plus fou, mais à coup sûr le plus inspiré et le plus vrai des poètes contemporains. Pourtant, à travers les morceaux de facture, et malgré le faire de l'école, on y devinait une espèce de génie étrange, malheureux et tourmenté. Les connaisseurs y avaient pris garde et M. Émile Zola se demandait, dit-on, lequel irait le plus loin de Paul Verlaine ou de François Coppée.

Les *Fêtes galantes* parurent l'année qui suivit. Ce n'était qu'un mince cahier. Mais déjà Paul Verlaine s'y montrait dans son ingénuité troublante, avec je ne sais quoi de gauche et de grêle d'un charme inconcevable. Qu'est-ce donc que ces fêtes galantes ? Elles se donnent dans la Cythère de Watteau. Mais, si l'on va encore au bois par couples, le soir, les lauriers sont coupés, comme dit la chanson, et les herbes magiques qui ont poussé à la place exhalent une langueur mortelle.

Verlaine, qui est de ces musiciens qui jouent faux par

raffinement, a mis bien des discordances dans ces airs de menuet, et son violon grince parfois effroyablement, mais soudain tel coup d'archet vous déchire le cœur. Le méchant ménétrier vous a pris l'âme. Il vous la prend en jouant, par exemple, le *Clair de lune* que voici :

> Votre âme est un paysage choisi
> Que vont charmant masques et bergamasques
> Jouant du luth et dansant et quasi
> Tristes sous leurs déguisements fantasques.
>
> Tout en chantant sur le mode mineur,
> L'amour vainqueur et la vie opportune,
> Ils n'ont pas l'air de croire à leur bonheur,
> Et leur chanson se mêle au clair de lune,
>
> Au clair calme de lune triste et beau,
> Qui fait rêver les oiseaux dans les arbres
> Et sangloter d'extase les jets d'eau,
> Les grands jets d'eau sveltes parmi les marbres.

L'accent était nouveau, singulier, profond.

On l'entendit encore, notre poète, mais à peine cette fois, quand, à la veille de la guerre, trop près des jours terribles, il disait la *Bonne chanson*, des vers ingénus, très simples, obscurs, infiniment doux. Il était fiancé alors, et le plus tendre, le plus chaste des fiancés. Les satyres et les faunes doivent chanter ainsi lorsqu'ils sont très jeunes, qu'ils ont bu du lait et que la forêt s'éveille dans l'aube et dans la rosée.

Tout à coup Paul Verlaine disparut. Il fut du poète des *Fêtes galantes* comme du compagnon du Vau-de-Vire dont parle la complainte. On n'ouït plus de ses nouvelles. Il se fit sur lui un silence de quinze ans;

après quoi on apprit que Verlaine pénitent publiait un volume de poésies religieuses dans une librairie catholique. Que s'était-il passé pendant ces quinze années? je ne sais. Et que sait-on? L'histoire véritable de François Villon est mal connue. Et Verlaine ressemble beaucoup à Villon; ce sont deux mauvais garçons à qui il fut donné de dire les plus douces choses du monde. Pour ces quinze années, il faut s'en tenir à la légende qui dit que notre poète fut un grand pécheur et, pour parler comme le bien regretté Jules Tellier, un « de ceux que le rêve a conduits à la folie sensuelle ». C'est la légende qui parle. Elle dit encore que le mauvais garçon fut puni de ses fautes et qu'il les expia cruellement. Et l'on a voulu donner quelque apparence à la légende en citant ces stances pénitentes d'une adorable ingénuité :

> Le ciel est par-dessus le toit
> Si bleu, si calme!
> Un arbre, par-dessus le toit
> Berce sa palme.
>
> La cloche, dans le ciel qu'on voit
> Doucement tinte
> Un oiseau sur l'arbre qu'on voit,
> Chante sa plainte.
>
> Mon Dieu, mon Dieu, la vie est là
> Simple et tranquille,
> Cette paisible rumeur-là
> Vient de la ville.
>
> Qu'as-tu fait ô toi que voilà,
> Pleurant sans cesse,
> Dis, qu'as-tu fait, toi que voilà,
> De ta jeunesse?

Sans doute ce n'est qu'une légende, mais elle prévaudra. Il le faut. Les vers de ce poète détestable et charmant perdraient de leur prix et de leur sens s'ils ne venaient pas de cet air épais, « muet de toute lumière », où le Florentin vit les pécheurs charnels qui soumirent la raison à la convoitise,

Que la ragion sommettono al talento.

Et puis, il faut que la faute soit réelle pour que le repentir soit vrai. Dans son repentir Paul Verlaine revint au Dieu de son baptême et de sa première communion avec une candeur entière. Il est tout sens. Il n'a jamais réfléchi, jamais argumenté.

Nulle pensée humaine, rien d'intelligent n'a troublé son idée de Dieu. Nous avons vu que c'était un faune. Ceux qui ont lu les vies des saints savent avec quelle facilité les faunes, qui sont très simples, se laissaient convertir au christianisme par les apôtres des gentils. Paul Verlaine a écrit les vers les plus chrétiens que nous ayons en France. Je ne suis pas le premier à le découvrir. M. Jules Lemaître disait que telle strophe de *Sagesse* rappelait par l'accent un verset de l'*Imitation*. Le XVIIe siècle, sans doute, a laissé de belles poésies spirituelles. Corneille, Brébeuf, Godeau se sont inspirés de l'*Imitation* et des Psaumes.

Mais ils écrivaient dans le goût Louis XIII, qui était un goût trop fier et même quelque peu capitan et matamore. Comme Polyeucte au temps du Cardinal, leurs poètes pénitents avaient un chapeau à plumes, des gants à manchettes et une longue cape que la rapière relevait en queue de coq. Verlaine fut humble naturellement ; la poésie mystique jaillit à flots de son cœur et il retrouva les accents d'un saint François et d'une sainte Thérèse :

> Je ne veux plus aimer que ma mère Marie.
> . . . .
> Car comme j'étais faible et bien méchant encore,
> Aux mains lâches, les yeux éblouis des chemins,
> Elle baissa mes yeux et me joignit les mains,
> Et m'enseigna les mots par lesquels on adore.

Ou bien encore, ces vers sans rime et pareilles à ces pieux soupirs dont les mystiques vantent la douceur :

> O mon Dieu, vous m'avez blessé d'amour,
> Et la blessure est encore vibrante,
> O mon Dieu, vous m'avez blessé d'amour.
>
> Voici mon front qui n'a pu que rougir,
> Pour l'escabeau de vos pieds adorables,
> Voici mon front qui n'a pu que rougir.
>
> Voici mes mains qui n'ont pas travaillé,
> Pour les charbons ardents et l'encens rare,
> Voici mes mains qui n'ont point travaillé,
>
> Voici mon cœur qui n'a battu qu'en vain,
> Pour palpiter aux ronces du calvaire,
> Voici mon cœur qui n'a battu qu'en vain.
>
> Voici mes pieds, frivoles voyageurs,
> Pour accourir au cri de votre grâce,
> Voici mes pieds, frivoles voyageurs.
>
> Voici mes yeux, luminaires d'erreur,
> Pour être éteints aux pleurs de la prière,
> Voici mes yeux, luminaires d'erreur.

Sincère, bien sincère, cette conversion ! Mais de peu de durée. Comme le chien de l'Écriture, il retourna bientôt à son vomissement. Et sa rechute lui inspira encore des vers d'une exquise ingénuité. Alors, que fit-il? Aussi sincère dans le péché que dans la faute, il en accepta les alternatives avec une cynique innocence. Il se résigna à goûter tour à tour les blandices du crime et les affres du désespoir. Bien plus, il les goûta pour ainsi dire ensemble; il tint les affaires de son âme en partie double. De là ce recueil singulier de vers intitulé *Parallèlement*. Cela est pervers sans doute, mais d'une perversité si naïve, qu'elle semble presque pardonnable.

Et puis il ne faut pas juger ce poète, comme on juge un homme raisonnable. Il a des droits que nous n'avons pas parce qu'il est à la fois beaucoup plus et beaucoup moins que nous. Il est inconscient, et c'est un poète comme il ne s'en rencontre pas un par siècle. M. Jules Lemaître l'a bien jugé quand il a dit : « C'est un barbare, un sauvage, un enfant... Seulement cet enfant a une musique dans l'âme et, à certains jours, il entend des voix que nul avant lui n'avait entendues... »

Il est fou, dites-vous? je le crois bien. Et si je doutais qu'il le fût, je déchirerais les pages que je viens d'écrire. Certes, il est fou. Mais prenez garde que ce pauvre insensé a créé un art nouveau et qu'il y a quelque chance qu'on dise un jour de lui ce qu'on dit aujourd'hui de François Villon auquel il faut bien le comparer : — « C'était le meilleur poète de son temps! »

Dans un récit nouvellement traduit par M. E. Jaubert, le comte Tolstoï nous dit l'histoire d'un pauvre musicien ivrogne et vagabond qui exprime avec son violon tout ce qu'on peut imaginer du ciel. Après avoir erré toute une nuit d'hiver, le divin misérable tombe mourant dans la neige. Alors une voix lui dit : « Tu es le meilleur et le plus heureux ». Si j'étais Russe, du moins si j'étais un saint et un prophète russe, je sens qu'après avoir lu *Sagesse* je dirais au pauvre poète aujourd'hui couché dans un lit d'hôpital : « Tu as failli, mais tu as confessé ta faute. Tu fus un malheureux, mais tu n'as jamais menti. Pauvre Samaritain, à travers ton babil d'enfant et tes hoquets de malade, il t'a été donné de prononcer des paroles célestes. Nous sommes des Pharisiens. **Tu es le meilleur et le plus heureux.** »

DIALOGUES DES VIVANTS

LA BÊTE HUMAINE

PERSONNAGES

LE MAITRE DE LA MAISON.
UN MAGISTRAT.
UN ROMANCIER NATURALISTE.
UN PHILOSOPHE.
UN ACADÉMICIEN.
UN PROFESSEUR.
UN ROMANCIER IDÉALISTE.
UN CRITIQUE.
UN INGÉNIEUR.
UN HOMME DU MONDE.

Au fumoir.

LE MAITRE DE LA MAISON.

Anisette ou fine champagne?

UN MAGISTRAT.

Fine champagne. Avez-vous lu la *Bête humaine?*

LE MAITRE DE LA MAISON.

La *Bête humaine*, le roman que nous avons failli attendre? Vous vous rappelez : M. Emile Zola avait encore cinquante pages à écrire, quand le sort le désigna pour faire partie du jury. Il en éprouva une vive contrariété et il remplit les journaux de ses plaintes.

LE MAGISTRAT.

Et même il exprima cette idée, que la fonction de juré devrait être facultative. En quoi il montra qu'il ignorait les principes du droit.

UN ROMANCIER NATURALISTE.

Et, ce qui est plus grave, il trahit par là sa profonde incuriosité, son mépris du document humain, dont il avait jadis recommandé l'usage. Il n'a plus le moindre souci de faire vrai, de couper la vie en tranches, en bonnes tranches, comme il disait. Il nous renie, le traître, et nous le renions. Entre lui et nous, plus rien de commun. Ne pas vouloir être juré!... Mais le banc du jury, il n'y a pas de meilleure place pour observer les bas-fonds de la société, le vrai fond de la nature humaine. Être juré, quelle chance pour un naturaliste! Naturaliste, lui, Zola, jamais!...

LE MAITRE DE LA MAISON.

Jamais, c'est beaucoup dire... Anisette, curaçao ou fine champagne?... Car, enfin, il est le chef de l'école naturaliste.

UN PHILOSOPHE.

Heu! cela ne veut rien dire. Il est rare qu'un maître appartienne autant que ses disciples à l'école qu'il a fondée... Anisette.

LE ROMANCIER NATURALISTE.

Pardon! ne brouillons pas les dates. C'est Flaubert et les Goncourt qui ont créé le naturalisme.

UN ACADÉMICIEN.

Messieurs, il me semble que vous êtes bien ingrats envers Champfleury.

LE PHILOSOPHE.

Champfleury était un précurseur et les précurseurs disparaissent fatalement devant ceux qu'ils annoncent. Sans quoi ils seraient non plus les précurseurs, mais les messies. D'ailleurs, Champfleury écrivait abominablement.

L'ACADÉMICIEN.

Oh! je n'ai rien lu de lui.

LE MAITRE DE LA MAISON.

Moi, je n'ai pas lu encore entièrement la *Bête humaine*. Tenez, la voilà sur cette table... là... ce petit volume jaune. Il me semble que c'est... Comment dirai-je?

UN PROFESSEUR.

C'est crevant!

LE MAITRE DE LA MAISON.

En effet, je trouve aussi...

UN IDÉALISTE.

Moi, je ne connais pas de livre plus intéressant. C'est sublime!

LE MAITRE DE LA MAISON.

Oui, à certains points de vue. Mais il y a des brutalités voulues, des obscénités qui choquent...

LE PHILOSOPHE.

Voyons, messieurs, soyons francs et, s'il est possible, soyons sincères avec nous-même. Est-ce que réellement les brutalités de M. Zola vous choquent autant que vous dites? J'en doute. Car enfin, dès que nous avons dîné, nous laissons les femmes seules et nous nous réfugions ici, dans le fumoir, pour tenir des propos infiniment plus grossiers que tout ce que M. Zola peut imprimer.

LE MAITRE DE LA MAISON.

Ce n'est pas la même chose.

L'ACADÉMICIEN.

Ici, nous laissons reposer notre esprit.

UN CRITIQUE.

Il y a deux sujets distincts dans la *Bête humaine* : une cause célèbre et une monographie des voies ferrées.

UN INGÉNIEUR.

Moi je préfère la cause célèbre. Ce que Zola a dit de la magistrature est profondément vrai.

LE MAGISTRAT.

Je l'aime mieux quand il parle des chemins de fer.

LE CRITIQUE.

Mais quelle bizarre idée de souder ainsi ces deux romans. L'un est un innocent ouvrage qui semble fait pour apprendre à la jeunesse le fonctionnement des chemins de fer. On dirait que le bon Jules Verne l'a inspiré à M. Émile Zola. Chaque scène trahit un vulgarisateur méthodique. Le train arrêté dans les neiges, la rencontre du fardier sur le passage à niveau, produisant un déraillement, et la lutte du chauffeur et du mécanicien sur le petit pont de tôle de la machine pendant que le train marche à toute vitesse, voilà des épisodes instructifs. Je ne crains pas de le dire : c'est du Verne et du meilleur.

Et quels soins pédagogiques, quelles ruses maternelles pour apprendre aux jeunes gens à distinguer la machine d'express à deux grandes roues couplées de la petite machine-tender aux trois roues basses, pour les initier à la manœuvre des plaques tournantes, des aiguilles et des signaux, pour leur montrer le débranchement d'un train et leur faire remarquer la locomotive qui demande la voie en sifflant ! Aucun ami de la jeunesse, non pas même M. Guillemin, n'a énuméré avec une patience plus méritoire les diverses parties de la machine, cylindres, manettes, soupape, bielle, régulateur, purgeurs; les deux longerons, les tiroirs avec leurs excentriques, les godets graisseurs des cylindres, la tringle de la sablière et la tringle du sifflet, le volant de l'injecteur et le volant du changement de marche.

L'IDÉALISTE.

Cela est en effet un peu bien analytique et M. Émile Zola se plaît dans les dénombrements. En quoi il ressemble à Homère. Mais quand il parle « de cette logique, de cette exactitude qui fait la beauté des êtres de métal », croyez-vous qu'il rappelle encore Verne et Guillemin ? Quand il fait de la machine montée par Jacques Lantier, de la Lison, un être vivant, quand il la montre si belle dans sa jeunesse ardente et souple, puis atteinte, sous un ouragan de neige, d'une maladie sourde et profonde et devenue comme phtisique, puis enfin mourant de mort violente, éventrée et rendant l'âme, n'est-il qu'un vulgarisateur puéril des conquêtes de la science? Non, non, cet homme est un poète. Son génie, grand et simple, crée des symboles. Il fait naître des mythes nouveaux. Les Grecs avaient créé la dryade Il a créé la Lison : ces deux créations se valent et sont toutes deux immortelles. Il est le grand lyrique de ce temps.

UN HOMME DU MONDE.

Hum! et la Mouquette, dans *Germinal*, est-ce lyrique, cela?

L'IDÉALISTE.

Certes. Du dos de la Mouquette il a fait un symbole. Il est poète, vous dis-je.

LE NATURALISTE.

Vous êtes dur pour lui, mais il le mérite.

LE CRITIQUE, *qui n'a rien entendu et qui feuillette depuis quelque temps le petit volume jaune.*

Messieurs, écoutez cette page. (*Il lit.*)

Le sous-chef de service leva sa lanterne, pour que le mécanicien demandât la voie. Il y eut deux coups de sifflet, et, là-bas, près du poste de l'aiguilleur, le feu rouge s'effaça, fut remplacé par un feu blanc. Debout à la porte du fourgon, le conducteur-chef attendait l'ordre du départ, qu'il transmit. Le mécanicien siffla encore, longuement, ouvrit son régulateur, démarrant la machine. On partait. D'abord, le mouvement fut insensible, puis le train roula. Il fila sous le pont de l'Europe, s'enfonça vers le tunnel des Batignolles.

Est-il didactisme plus simple et cette page ne vous semble-t-elle pas tirée d'un de ces bons volumes de la *Bibliothèque des merveilles*, fondée par le regretté Charton? Soyons juste, on ne peut pousser plus loin la platitude et l'innocence. Comme nous le disions tout à l'heure, M. Zola nous a donné là un roman pour les écoles. Et par une aberration prodigieuse, par une sorte de folie, il a mêlé ces scènes enfantines à une histoire de luxure et de crime. On y voit un vieillard infâme, souillant des petites filles, un empoisonneur impuni, une jeune femme scélérate, horriblement douce, et un monstre qui, associant dans son cerveau malade l'idée du meurtre à celle de la volupté, ne peut s'empêcher d'égorger les femmes qu'il aime. Et ce qu'il y a de plus épouvantable, c'est le calme de ces êtres qui portent paisiblement leurs crimes, comme un pommier ses fruits. Je ne dis pas que cela soit faux. Je crois, au contraire, que certains hommes sont criminels avec naturel et simplicité, ingénûment, dans une sorte de candeur; mais la juxtaposition de ces deux romans est quelque chose de bizarre.

L HOMME DU MONDE.

L'homme qui tue les femmes, cela existe. J'ai connu un jeune Anglais chauve et très correct, qui regrettait qu'il n'y eût pas à Paris des maisons ou...

LE PHILOSOPHE.

Certainement cela existe... tout existe. Mais le mécanicien sadique de M. Zola s'analyse beaucoup trop. Il se sent emporté, dit M. Zola, « par l'hérédité de violence, par le besoin de meurtre qui, dans les forêts premières, jetait la bête sur la bête ». Il se demande si ses désirs monstrueux ne viennent pas « du mal que les femmes ont fait à sa race, de la rancune amassée de mâle en mâle, depuis la première tromperie au fond des cavernes ». Il semble qu'il ait étudié l'anthropologie et l'archéologie préhistorique, lu Darwin, Maudsley, Lombroso, Henri Joly, et suivi les derniers congrès des criminalistes. On voit trop que M. Zola a pensé pour lui.

LE MAITRE DE LA MAISON.

Vous savez que, pour décrire les sensations d'un mécanicien, M. Zola est allé, sur une machine, de Paris à Mantes. On a même fait son portrait pendant le trajet.

LE PHILOSOPHE.

En effet, il a monté sur une machine et il a été étonné et il a communiqué son étonnement au chauffeur et au mécanicien de son livre.

LE NATURALISTE.

Je ne défends pas Zola qui, comme dit Rosny, est terrible de truquage. Mais enfin, pour étudier l'existence d'un chauffeur, il ne pouvait pas louer une villa sur le lac de Côme.

LE PHILOSOPHE.

Il ne suffit pas de voir ce que voient les autres pour voir comme eux. Zola a vu ce que voit un mécanicien; il n'a pas vu comme voit un mécanicien.

LE NATURALISTE.

Alors vous niez l'observation?

L'ACADÉMICIEN.

Ces cigares sont excellents... On dit que M. Émile Zola a mis dans son roman la première Gabrielle, cette femme Fenayrou, dont les manières étaient si douces, et qui livra son amant avec facilité et qui lui tint les jambes pendant qu'on l'étouffait.

LE MAITRE DE LA MAISON.

Dalila !

L'HOMME DU MONDE.

C'est dans le sexe. On se sert de la femelle de la perdrix pour prendre le mâle. Cela s'appelle chasser à la chanterelle.

LE CRITIQUE.

La Gabrielle de M. Zola se nomme Séverine. C'est une figure bien dessinée et elle compte parmi les plus singulières créations du maître, cette criminelle délicate, si paisible et si douce, aux yeux de pervenche, qui exhale la sympathie !

LE PHILOSOPHE.

Il y a aussi dans *la Bête humaine* une figure épisodique d'un fin dessin; celle de M. Camy-Lamotte, secrétaire général du ministre de la justice en 1870, magistrat politique, infiniment las, qui croit que l'effort d'être juste est une fatigue inutile, qui n'a plus d'autre vertu qu'une élégante correction et qui n'estime plus que la grâce et la finesse.

LE MAGISTRAT.

M. Zola ne connaît pas la magistrature. S'il m'avait demandé des renseignements...

LE PHILOSOPHE.

Eh bien!...

LE MAGISTRAT.

Naturellement, je les lui aurais refusés. Mais je connais mieux que lui les vices de notre organisation judiciaire. J'affirme qu'il n'y a pas un seul juge d'instruction comme son Denizet.

L'IDÉALISTE.

Pourtant il est admirable et grand comme le monde, cet exemplaire de la bêtise des gens d'esprit, ce juge qui voit la logique partout, qui n'admet pas une faute de raisonnement chez les prévenus et qui inspire aux accusés stupéfaits cette pensée accablante : « A quoi bon dire la vérité, puisque c'est le mensonge qui est la logique? »

LE MAITRE DE LA MAISON.

Ce roman de Zola me semble noir.

LE CRITIQUE.

Il est vrai qu'on y commet beaucoup de crimes. Sur dix personnages principaux, six périssent de mort violente et deux vont au bagne. Ce n'est pas la proportion réelle.

LE MAGISTRAT.

Non, ce n'est pas la proportion.

LE CRITIQUE.

M. Alexandre Dumas reprochait un jour à un confrère de ne mettre sur la scène que des coquins. Et il ajoutait avec une gaieté farouche : « Vous avez tort. Il se trouve dans toutes les sociétés une certaine proportion d'honnêtes gens. Ainsi nous sommes deux ici, et il y a au moins un honnête homme. » Je dirai à mon tour : Nous sommes dix dans ce fumoir. Il doit y avoir de cinq à six honnêtes gens parmi nous. C'est la proportion moyenne. Puisque enfin, les honnêtes gens l'emportent dans la vie, c'est qu'ils sont les plus nombreux. Mais ils l'emportent de peu... et pas toujours. Ils forment, en somme, une très petite majorité. M. Zola a méconnu la proportion vraie. Ce n'est pas qu'il ne se rencontre aucun personnage sympathique dans son nouveau roman. Il y en a deux. Un carrier nommé Cabuche, un repris de justice, qui a tué un homme. Mais vous n'entendez rien au réalisme de M. Zola si vous croyez que ce carrier est un simple carrier; c'est un demi-dieu rustique, un Hercule des bois et des cavernes, un géant qui parfois a la main lourde, mais dont le cœur est pur comme le cœur d'un enfant et l'âme pleine d'un amour idéal. Il y a aussi la belle Flore, qui est sympathique. Elle a fait dérailler un train et causé la mort horrible de neuf personnes; mais c'était dans un beau transport de jalousie.

Flore est une garde-barrière de la compagnie, c'est aussi une Nymphe oréade, une amazone, que sais-je, un symbole auguste de la nature vierge et des forces souterraines de la terre.

LE ROMANCIER IDÉALISTE.

Je vous disais bien que M. Zola était un grand idéaliste.

LE MAITRE DE LA MAISON.

Messieurs, si vous avez fini de fumer... Ces dames se plaignent de votre absence.

(*Ils se lèvent.*)

L'ACADÉMICIEN, *debout, à l'oreille du professeur.*

Je vous avoue que je n'ai jamais lu une page de Zola. A l'Académie, nous sommes plusieurs dans le même cas. Nous sommes surchargés de travail : les commissions, le Dictionnaire... Nous n'avons pas le temps de lire.

LE PROFESSEUR.

Mais comment vous faites-vous une idée du mérite des candidats?

L'ACADÉMICIEN.

Oh! mon Dieu! tout finit par se savoir, nous parvenons presque toujours à nous faire une conviction approximative. Ainsi on m'avait dit que M. Zola avait de mauvaises façons. Eh bien! ce n'est pas vrai. Il est venu me voir : il s'est présenté très convenablement.

NOUVEAUX DIALOGUES DES MORTS

UNE GAGEURE

PERSONNAGES

MÉNIPPE, philosophe cynique. Mademoiselle AÏSSÉ.
SAINT-EVREMOND.   BARBEY D'AUREVILLY.
ASPASIE.   UN PETIT COUSIN DE M. NISARD

Un bosquet dans les Champs-Élysées.

MÉNIPPE.

Ainsi que M. Ernest Renan l'a révélé aux humains, sur le théâtre de Bacchus, le génie Camillus nous apporte tous les jours les nouveautés de la terre. Ce matin, il nous a remis un roman de Victor Cherbuliez, intitulé *une Gageure*.

SAINT-ÉVREMOND.

Je ne manquerai pas de le lire à la duchesse de Mazarin. Ce M. Cherbuliez est un homme d'infiniment d'esprit et qui a beaucoup exercé la faculté de comprendre. Philosophie, arts libéraux, sciences naturelles, arts mécaniques, industries, police des cités et gouvernement des peuples, il n'est rien qui ne soit de son domaine.

ASPASIE.

Il est vrai qu'à propos d'un cheval de Phidias il a montré qu'il s'entendait mieux en hippiatrique et en maréchalerie grecques que Xénophon lui-même, qui pourtant était un bon officier de cavalerie, et de qui la femme a reçu de moi des leçons d'économie domestique.

SAINT-ÉVREMOND.

Votre Xénophon, madame, était un bien honnête homme, mais entre nous, il pensait médiocrement. Il ne connaissait pas les mœurs diverses des hommes. M. Cherbuliez les connaît. Il a beaucoup d'intelligence.

MADEMOISELLE AÏSSÉ.

Mais c'est aux dépens du cœur.

SAINT-ÉVREMOND.

Il est vrai que nous ne développons une faculté qu'aux dépens d'une autre. Un poète, que j'aime parce que je l'ai lu étant jeune, a dit :

C'est un ordre des dieux qui jamais ne se rompt,
De nous vendre bien cher les grands biens qu'ils nous font.

MADEMOISELLE AÏSSÉ.

Il n'est rien au monde qui vaille d'être préféré au sentiment. Le cœur donne de l'esprit et l'esprit ne donne point de cœur

ASPASIE.

Ah! chère petite, que vous êtes innocente! Je n'ai eu de pouvoir sur les hommes que parce que j'étais musicienne et géomètre.

MÉNIPPE.

Et parce que tu étais belle, ô Milésienne, et que tu regardais les hommes avec ces yeux de chienne dont parlent les poètes comiques d'Athènes.

ASPASIE.

Tais-toi, Ménippe. J'étais belle, en sorte que mon corps était nombreux et rythmé comme mon âme. Tout est nombre et il n'y a rien dans l'univers hors la géométrie.

SAINT-ÉVREMOND.

Certes, il est beau d'embrasser l'univers avec un esprit mathématique. Mais l'esprit de finesse est aussi nécessaire. Et c'est la sorte d'esprit la plus rare. Cet écrivain français dont nous parlions tout à l'heure a l'esprit de finesse.

MÉNIPPE.

Cherbuliez! Il est vrai qu'il est subtil. Il mesure les clins d'œil et pèse les soupirs, et il n'y a que lui pour broder des toiles d'araignée.

BARBEY D'AUREVILLY, à Ménippe.

Monsieur, de votre vivant, vous étiez habillé d'un vieux sac de meunier et vous dormiez dans une grande jarre ébréchée, parmi les grenouilles de l'Ismenus. Je ne vous en fais pas mon compliment, monsieur. Mais cela est plus décent que de chauffer son crâne d'un bonnet grec dans un salon bourgeois. Apprenez que ce qui manque à M. Cherbuliez, c'est de savoir porter la toilette. Je l'ai rencontré un jour sur le pont aux quatre statues. Il était vêtu, comme un professeur, d'une redingote indistincte. D'ailleurs, il est Suisse comme Jean-Jacques. Comment voulez-vous qu'il sache écrire?

SAINT-ÉVREMOND.

Je crois au contraire que l'honnête homme s'attache à ne point se distinguer par l'habit du reste de la compagnie. Mais cela importe peu. Quant à être Suisse, c'est une disgrâce qu'on fait oublier par l'esprit et par les talents.

BARBEY D'AUREVILLY.

C'est un crime, monsieur.

UN PETIT COUSIN DE M. NISARD.

Mais Jean-Jacques avait quelque mérite...

BARBEY D'AUREVILLY.

Monsieur, le seul que je lui reconnaisse est de s'être quelquefois habillé en Arménien. Je désespère que M. Cherbuliez en fasse jamais autant. Il porte des lunettes. Je n'aime pas cela. Il faut être quelque peu gâté de spinozisme pour porter des lunettes.

LE PETIT COUSIN DE M. NISARD.

Ne serait-ce pas plutôt qu'il est myope? Je le croirais volontiers, rien qu'à le lire. Ménippe disait vrai en disant qu'il est subtil. Les idées qu'il tire de la tête de ses

personnages ont bon air et la meilleure mine du monde.
Elles sont attifées comme des marquises : robes à queue,
corsage ouvert, de la poudre, un doigt de rouge, une
mouche assassine, rien ne leur manque ; elles sont
charmantes, et hautes comme le doigt : c'est la cour de
Lilliput. Parfois elles ont des jupes courtes et dansent
avec une volupté savante : c'est un ballet à Lilliput.
Quelquefois encore, coiffées d'un feutre à plumes, comme
des mousquetaires, elles roulent des yeux terribles,
accrochent la lune avec la pointe de leurs moustaches et
relèvent leur manteau en queue de coq avec leur rapière :
c'est l'armée de Lilliput.

SAINT-ÉVREMOND.

C'est cela même qui est agréable et tout à fait plaisant.
Nous avons tous le cerveau plein de Pygmées de diverses
figures et de différents caractères, qui rient et qui pleurent, qui s'en vont en guerre ou qui volent aux amours.
Et il faut infiniment d'esprit pour reconnaître au passage
ces Pygmées de notre âme, les décrire, comprendre leur
risible importance et démêler leur succession bizarre.
Cela est tout l'homme. Notre machine est faite d'une
infinité de petites pièces. Et un grand esprit n'est après
tout qu'une fourmilière bien administrée.

ASPASIE.

Et le roman nouveau s'appelle *une Gageure*. De
quelle gageure y est-il question ?

LE PETIT COUSIN.

Madame, je l'ai lu dans la revue où il a paru d'abord

et je puis satisfaire votre curiosité. La duchesse d'Armanches a parié avec le comte de Louvaigue que la comtesse de Louvaigue ne serait jamais la femme de son mari.

MÉNIPPE.

Elle a parié. Et elle a triché.

LE PETIT COUSIN.

En effet. Elle a triché.

ASPASIE.

Vous savez donc cette histoire, Ménippe?

MÉNIPPE.

Non pas! je ne lis jamais. Mais j'ai assez vécu pour savoir qu'une femme ne peut pas jouer sans tricher. Déjà, de votre temps, Aspasie, on faisait dans votre patrie des contes avec les ruses des femmes et cela s'appelait les « Milésiennes ».

La duchesse d'Armanches a triché. A-t-elle gagné du moins?

LE PETIT COUSIN.

Elle a perdu.

MÉNIPPE.

Elle est donc inexcusable.

SAINT-ÉVREMOND.

Je suis curieux de connaître toute cette affaire. Pourquoi madame de Louvaigue n'était-elle pas la femme de son mari?

LE PETIT COUSIN.

Parce qu'elle ne le voulait pas.

SAINT-ÉVREMOND.

Et pourquoi ne le voulait-elle pas? Était-elle prude et dévote avant l'âge?

J'ai lu, dans ce séjour des justes, il y a dix ans, l'histoire de la baronne Fuster. Elle refusait la porte de sa chambre à son mari, qui était un vieux guerrier las de courir le monde et désireux de connaître enfin les douceurs du foyer. La baronne, qui n'était plus très jeune, avait gardé une beauté à laquelle son mari était devenu subitement sensible. Mais elle était gouvernée par un père Phalippou à qui elle donnait beaucoup d'argent pour des œuvres pies et qui, en retour, la conduisait dans la voie de la perfection. Elle y avançait beaucoup et l'idée seule que son mari pût la ramener dans les petits chemins du siècle, lui faisait horreur. Le père Phalippou l'encourageait à sa résistance et lui conférait, pour prix de sa chasteté reconquise, le titre de chanoinesse ainsi qu'un grand nombre de bénéfices d'ordre mystique et spirituel. Mais le mari, qui était bon chrétien et plus riche que sa femme, ayant remis au père Phalippou beaucoup plus d'argent que la baronne n'en donnait, le saint homme s'avisa qu'après tout le mariage est un sacrement, qu'il y a chez une femme un orgueil coupable à refuser de s'humilier dans le devoir et qu'il faut vaincre les délicatesses de la chair. Il ordonna à la baronne d'ouvrir à l'époux la porte de sa chambre.

En vain elle gémit et allégua qu'elle était chanoinesse. Le père Phalippou fut inébranlable.

— Madame, vous devez gravir votre calvaire!...

Cette histoire était contée par M. Ferdinand Fabre qui connaît beaucoup les moines, dont l'espèce a peu varié depuis le règne de Louis le Grand. Y a-t-il, dites-moi, un père Phalippou dans les scrupules de madame de Louvaigue?

LE PETIT COUSIN.

Point! et cette dame n'obéit, dans son refus, qu'à sa propre volonté et à ses sentiments intimes.

SAINT-ÉVREMOND.

M. de Louvaigue n'était-il point aimable?

LE PETIT COUSIN.

Il était fort aimable et très galant homme.

MÉNIPPE.

Ne devinez-vous point que, si cette femme tire le verrou au nez de son mari, c'est pour le faire enrager?

ASPASIE.

Je suis Grecque et par conséquent peu au fait des choses du cœur, qui chez nous tenaient peu de place. Mais je croirais que c'est plutôt qu'elle ne l'aimait point et qu'elle en aimait un autre.

MADEMOISELLE AÏSSÉ.

Ne serait-ce point qu'elle ne se croyait pas assez aimée?

LE PETIT COUSIN.

Madame, vous l'avez deviné.

MÉNIPPE.

Et l'on s'intéresse à cette sotte histoire! C'est une grande preuve de la misère humaine.

SAINT-ÉVREMOND.

Considérez, Ménippe, que les hommes n'ont, dans la vie, que deux affaires : la faim et l'amour. C'est peu de chose. Mais le regret nous en poursuit jusque dans les Champs Élysées.

MADEMOISELLE AÏSSÉ.

M. Cherbuliez est ce qu'on appelle aujourd'hui un diplomate; il traite les affaires du cœur comme les ambassadeurs traitent les affaires des empires; il prend le plus long et s'amuse aux difficultés. C'est ce qui me déplaît.

Les choses du cœur sont en réalité les plus simples. Je ne serai toujours qu'une sauvage et je ne comprendrai jamais les héroïnes de M. Cherbuliez. Elles se cherchent et ne se trouvent jamais. Et puis, il ne sent pas les vraies amours, mais je lui pardonne la sécheresse de son cœur parce qu'il a dit un jour : « Les femmes n'ont pas besoin d'être belles tous les jours de leur vie; il suffit qu'elles aient de ces moments qu'on n'oublie pas et dont on attend le retour. »

BARBEY D'AUREVILLY.

M. Cherbuliez est Genevois, et c'est l'horloger des passions : il remonte les cœurs et règle les sentiments, et remet le grand ressort, quand il est cassé.

LE PETIT COUSIN.

Voilà qui est finement dit! Mais convenons qu'on n'a jamais montré les marionnettes comme fait cet académicien. Il tire les ficelles avec une dextérité merveilleuse. Et, si parfois il les laisse apercevoir c'est coquetterie pure. Et que ses poupées sont jolies, agiles et bien nippées!

SAINT-ÉVREMOND.

Montrer les marionnettes, n'est-ce pas jouer la comédie humaine? Que sont les humains, que des poupées agitées par des fils invisibles? Et que sommes-nous, nous qui errons sous ces myrtes, sinon des ombres de poupées?

MADEMOISELLE AÏSSÉ.

Si nous avons souffert, nous ne sommes point des poupées. M. Cherbuliez ne sait point que l'on souffre et c'est pourquoi ce grand savant est un ignorant.

SAINT-ÉVREMOND

Ne voyez-vous pas, madame, qu'il est un galant homme et que, s'il ne se lamente ni ne rugit, c'est parce qu'il est de bonne compagnie? Nous avons fait du monde un salon. Pour y parvenir il nous a fallu le rapetisser un peu. Nous en avons exclu les animaux sauvages et les personnes trop vraies. Mais, croyez-moi, la terre, ainsi arrangée, est plus habitable. Pour ma part, je sais un gré infini à madame de Rambouillet d'y avoir apporté la politesse. Quand j'étais vivant et jeune, j'ai reproché inconsidérément à Racine de n'avoir pas mis des éléphants dans son *Alexandre*. Je m'en repens; je ne veux plus voir d'éléphants, je ne veux plus voir des monstres, si ce ne sont pas de beaux monstres.

LE PETIT COUSIN.

Prenez garde aussi que M. Cherbuliez est un grand railleur qui sait, comme votre bon M. Fagon, qu'il faut beaucoup pardonner à la nature. C'est un philosophe qui nous cache sous des fleurs, parfois bizarres comme les orchidées, le néant douloureux de l'homme et de la vie. Il y a dans *une Gageure* un pavillon chinois où les belles amoureuses et les beaux amoureux viennent tour à tour se chercher, se quereller, s'aimer, souffrir, craindre, espérer. Ils y dansent comme des papillons autour de la flamme; et au-dessus d'eux, sur un socle de marbre règne une statue du Bouddha en cuivre doré. Assis, les jambes croisées, une main sur les genoux, l'autre levée comme pour bénir, le divin maître songe dans son impassible bienveillance. « Ses yeux allongés, ses joues délicatement modelées expriment, dit le conteur, une ineffable mansuétude, et sa petite bouche de femme pleine de compassion, qui esquisse un sourire, semble souhaiter la paix à toutes les créatures. » Il me semble que ce Bouddha est l'image assez ressemblante, bien qu'un peu sublime, de M. Cherbuliez.

A moins qu'il ne faille chercher la philosophie de cet homme d'esprit dans les versets si doux d'un petit livre qu'il lit beaucoup et qu'il cite volontiers, et qui est l'œuvre du Bouddha des chrétiens, l'*Imitation de Jésus-Christ*.

MÉNIPPE.

Tout cela me confirme dans l'idée que j'ai bien fait de vivre dans une vieille amphore, en compagnie des grenouilles de la fontaine de Dircé.

UNE JOURNÉE A VERSAILLES [1]

Je voudrais vous faire connaître l'auteur de cette *Marie-Antoinette*, publiée si somptueusement chez Goupil, avec le joli portrait de Jeaninet en frontispice. M. Pierre de Nolhac est un savant, un très jeune savant. Le public se figure difficilement la science alliée à la jeunesse. Il estime que ce n'est pas trop d'avoir étudié tout un âge d'homme pour en savoir un peu long, que les profondes lectures sont l'affaire des vieillards et qu'une abondante barbe blanche est aussi nécessaire à la conformation d'un vrai docteur qu'une robe et un bonnet carré. Il en jugerait exactement si la science consistait dans l'amas des faits et s'il s'agissait seulement de se

---

1. A propos de *La Reine Marie-Antoinette*, par Pierre de Nolhac; illustrations d'après les originaux contemporains, 1 vol. in-4°, Boussod et Valadon, éditeurs. (Consultez aussi : le *Canzoniere de Pétrarque*, la *Bibliothèque de Salvio Orsini*, le *Dernier Amour de Ronsard*, *Lettres de Joachim du Bellay*, *Erasme en Italie*, *Lettres de la reine de Navarre*, *Petites Notes sur l'art italien*, *Paysages d'Auvergne*, etc., par Pierre de Nolhac.)

bourrer la cervelle. Mais il n'en est rien, et ce qui constitue le savant, c'est, avec une espèce de génie naturel, sans lequel rien n'est possible, la méthode, la seule méthode, toute la méthode, qui procède aux recherches par des opérations rigoureuses. Son art est bien moins de connaître que de s'informer.

Il est ignorant comme tout le monde, mais il possède les moyens d'apprendre une partie de ce qu'il ignore. Et c'est ce qui le distingue de nous, qui ne savons pas contrôler nos faibles connaissances, qui subissons toutes les illusions et qui flottons de mensonge en mensonge. Si l'on y réfléchit bien, on se persuade que la science, exigeant un esprit rigoureux, inflexible, impitoyable, convient mieux aux jeunes gens qu'aux vieillards, d'autant plus que l'expérience des hommes n'y est pas nécessaire; et, pour peu que l'on songe, enfin, à ce qu'elle demande d'ardeur, de passion, de sacrifice et de dévouement, on ne doutera pas qu'elle ne soit mieux servie par des fidèles de vingt-cinq ans que par les académiciens chargés d'ans et d'honneurs, qui voudraient bien endormir à leur côté la Polymnie de leur jeunesse. Aussi y a-t-il intérêt à parler de nos jeunes savants. J'en sais plusieurs qui sont faits pour inspirer une douce confiance dans les destinées intellectuelles de la France.

Chaque jour suffit à sa tâche. Je m'efforcerai de vous faire connaître aujourd'hui M. Pierre de Nolhac, qui, après avoir pris rang au côté de M. Louis Havet, dans la jeune école de philologie et d'histoire, se signale au grand public en mettant au jour un livre procédant de la science par la méthode et de l'art par l'exécution. Je veux dire *la Reine Marie-Antoinette*. Le mieux, pour connaître M. Pierre de Nolhac, est de l'aller voir. Et peut-être rencontrerons-nous chez lui quelques savants de sa génération, qui nous révéleront, à l'entretien, un peu de la pensée et de l'âme de la jeunesse érudite.

Je vous conterai donc la journée que j'ai passée, l'automne dernier, dans son logis et dans sa compagnie. M. Pierre de Nolhac, au sortir de l'École de Rome, et tandis qu'il professait aux Hautes-Études, a été attaché aux musées nationaux, et l'État, peu perspicace d'ordinaire en ces matières, ne pouvait cependant faire un meilleur choix, ni désigner, pour la conservation de nos richesses d'art, un gardien plus vigilant. La République l'a logé dans une des ailes du palais de Versailles, et c'est là qu'il poursuit ses études dans la grande lumière et dans le grand silence. Il a fait son cabinet de travail d'un vaste salon blanc dont la seule richesse est un buste antique posé sur la cheminée et répété par la glace, une tête de femme mutilée et pure, un de ces marbres qui, sans exprimer la beauté parfaite, y font du moins songer. Sur les murs, quelques souvenirs d'Italie. Au milieu de la pièce, une grande table chargée de livres et de papiers dont l'amas trahit les diverses recherches du savant. J'y vis un état des logements du château de Versailles sous Louis XVI à côté d'un manuscrit de Quintilien annoté par Pétrarque.

Pour bien faire, il faut surprendre, comme j'ai fait, M. de Nolhac épars sur ces papiers comme l'esprit de

Dieu sur les eaux. Il a l'air très jeune, les joues rondes et souriantes, avec une expression de ruse innocente et de modestie inquiète. Ses cheveux noirs, abondants et rebelles, où l'on voit que les deux mains se sont plongées à l'instant difficile, pendant la méditation active, me font songer, je ne sais trop pourquoi, à la chevelure rebelle de l'ami de David Copperfield, ce bon Traddles, si appliqué, si occupé à retenir de ses dix doigts ses idées dans sa tête. M. de Nolhac porte des lunettes légèrement bleutées, derrières lesquelles on devine des yeux gros, étonnés et doux. Et, si l'on ne sait qu'il va de pair avec les plus doctes, il vous a volontiers la mine d'un fiancé de village et d'un jeune maître d'école tel qu'il s'en rencontre dans les opéras-comiques.

Moi qui le connais, je retrouve sur sa table et sur les planches de sa bibliothèque les sujets de ses études, les noms qu'il a marqués de son empreinte comme d'un cachet de cire. Il s'est attaché aux humanistes, aux savants et aux poètes de la Renaissance. Il a respiré la fleur, encore parfumée, qui sèche depuis des siècles dans les manuscrits de ces hommes qui, comme Boccace et Pétrarque, les Estienne et les Alde, Érasme et du Bellay, et notre Ronsard et Rabelais, aimèrent les lettres mortes d'un vivant amour et retrouvèrent dans la poussière antique l'étincelle de l'éternelle beauté. Il a découvert, je ne sais dans quel coin obscur, le *Canzoniere*, écrit de la main même de Pétrarque. Il a déniché des lettres inédites de Joachim du Bellay et quelques pages égarées de cette reine au nom charmant, de « cette marguerite des princesses qui fut, pour la grâce, l'esprit et la noblesse du cœur, la perle de notre Renaissance ». Il a reconstitué la bibliothèque formée par le cardinal Farnèse dans ce palais magnifique qu'occupent aujourd'hui notre ambassade auprès du Quirinal et notre école des beaux-arts. Il a suivi Érasme en Italie dans la dixième année de ce grand XVIe siècle qui changea le monde. Il l'a accompagné à Venise, chez l'imprimeur Alde Manuce, à Bologne et à Rome, alors « la plus tranquille demeure des Muses ». On y déchiffrait les manuscrits antiques avec une sainte ardeur et l'esprit divin de Platon était sur les cardinaux. Tous les prédicateurs louaient le Christ dans le langage de Cicéron et le plus cicéronien de tous était le plus admiré. Il se nommait Tomasso Inghirami, bibliothécaire du Vatican, et était surnommé *Fedro* parce que, dans une représentation de l'*Hippolyte* de Sénèque, donnée au palais du cardinal Riario, il joua le rôle de la reine amoureuse. Voilà un de ces traits où se montre mieux une société que dans toutes les annales politiques. Heureux M. de Nolhac, qui vit à la fois de notre vie moderne aux larges horizons et de cette vie exquise des vieux humanistes courbés sur les parchemins délicieux ! Et comme il s'y prend bien pour pénétrer les secrets du passé ; comme il fait ses fouilles par petites tranchées en creusant au bon endroit ! Chaque découverte nous vaut une plaquette excellente.

Ils ont, ces savants, l'art heureux de limiter les sujets afin de les épuiser ensuite. Ils font, dans leur sagesse, la part du possible, que nous ne faisons pas, nous qui voulons tout connaître, et tout de suite. Ils ne posent que des questions lucides et ils se résignent à savoir peu pour savoir quelque chose. Et c'est pourquoi la paix de l'esprit est en eux.

— Allons! me dit M. de Nolhac en quittant sa table, laissons là les vieux humanistes et ce Tomaso Inghirami qui vous amuse tant parce qu'il conservait des manuscrits, faisait des sermons et jouait Phèdre. Je veux vous mener au Petit Trianon. Nous y ferons, si vous voulez de l'archéologie encore, mais gracieuse et facile. J'ai étudié d'assez près le château, le parc et le hameau; j'en fais un chapitre de mon livre sur Marie-Antoinette. Après avoir étudié la Renaissance à Rome, j'étudie l'époque de Louis XVI à Versailles. Pouvais-je mieux faire?

— Non pas! Il faut suivre les circonstances, employer les forces qui nous environnent, faire en un mot ce qui se trouve à faire. Et dans ce sens Goethe n'avait pas tort de dire que toutes les œuvres de l'esprit doivent être des œuvres d'actualité.

Et ainsi devisant, nous fîmes route, par une pâle journée d'automne et le craquement des feuilles mortes se mêlait au son de nos voix qui parlaient des ombres du passé.

Mon guide devisait de Marie-Antoinette avec sa bienveillance coutumière, la sympathie d'un peintre pour un modèle longuement étudié et le respect qu'inspire aux âmes généreuses la grandeur de la souffrance. La veuve de Louis XVI a bu longuement un calice plus amer que celui que l'homme-dieu lui-même écarta de ses lèvres. Il lui savait gré sans doute aussi de cette grâce vive qu'elle montrait dans la prospérité ainsi que de sa constance quand le malheur, en la touchant, la transfigura. Il la louait d'avoir été une mère irréprochable et tendre, et c'est en effet dans la maternité que Marie-Antoinette montra d'abord quelque vertu. Pour la voir avec sympathie, il faut, comme madame Vigée-Lebrun, l'entourer de ses enfants, dans une familiarité caressante, où l'on sent l'influence de Rousseau et de la philosophie de la nature. Car, en ce temps-là, un vieillard pauvre, infirme, solitaire et mélancolique avait changé les âmes; son génie régnait sur le siècle au-dessus des rois et des reines. Et Marie-Antoinette à Trianon était, sans le savoir, l'élève de Jean-Jacques. On peut encore la louer d'une certaine délicatesse de cœur, d'une pudeur de sentiments, si rare à la cour, et qu'elle ne perdit jamais, et sourire respectueusement à ce que le prince de Ligne appelait l'âme blanche de la reine. M. de Nolhac se plaît à ces louanges et il aime à dire que c'est avec cette âme blanche que Marie-Antoinette a aimé M. de Fersen, qui sans doute était plus aimable que Louis XVI.

Mais M. de Nolhac ne serait pas le savant qu'il est s'il ne reconnaissait pas que son héroïne fut pitoyablement frivole, ignorante, imprudente, légère, prodigue, et que, reine de France, elle servit une politique antifrançaise. Ce serait son crime, si les linottes pouvaient être criminelles.

L'Autrichienne! ce nom que le peuple lui donnait dans sa haine, ne l'avait-elle pas mérité? Autrichienne, ne l'était-elle pas quand elle favorisa Joseph II contre Frédéric dans l'affaire de Bavière? Autrichienne, ne l'était-elle pas jusqu'à la trahison quand elle soutint les prétentions de Joseph II sur Maestricht et l'ouverture de l'Escaut?

M. de Nolhac se déclara nettement sur ce point.

— Toutes les traditions de la politique française exigeaient que le cabinet de Versailles prêtât son appui aux Hollandais. La reine seule s'y oppose et emploie toutes ses forces à l'empêcher. Elle assiège le roi, lui arrache des engagements, ruse avec les ministres, retarde les courriers pour les distancer par ceux de Mercy et prévenir à l'avance l'empereur des résolutions de la France. Le manège se prolonge pendant dix-huit mois...

Mais nous sommes arrivés au Petit Trianon; voici les quatre colonnes corinthiennes et les cinq grandes baies de face, que surmontent les petites fenêtres carrées de l'attique et les balustres de la terrasse à l'italienne.

Et mon guide me dit :

— Ce palais, témoin de choses passées, est déjà ancien pour nous. Souhaitons qu'il soit conservé comme un morceau d'art et d'histoire. Nos vieux humanistes de la Renaissance, qui, d'un cœur zélé, s'occupaient à rechercher et à recueillir les manuscrits, n'aimaient pas les arts comme ils aimaient les lettres; indifférents aux monuments de l'architecture antique, ils laissaient périr sous leurs yeux les restes des temples et des théâtres.

Le cardinal Raffaello Riario, cet homme d'un esprit si ouvert à la beauté, si ami de l'antiquité, laissait démolir l'arc de Gordien pour en tirer les moellons de son palais.

— Vous avez raison, mon cher Nolhac, et vous comprenez infiniment plus de choses que n'en comprenait votre cardinal Riario et même cet Érasme de Rotterdam dont vous avez conté le voyage en Italie. Nous sommes nés en un temps où l'on comprend les choses les plus diverses. Le respect du passé est la seule religion qui nous reste, et elle est le lien des esprits nouveaux. Il est remarquable, cher ami, que le conseil municipal de Paris, qui n'est pas conservateur en politique, le soit du moins des vieilles pierres et des vieux souvenirs. Il respecte les ruines et pose avec un soin touchant des inscriptions sur l'emplacement des monuments détruits. Old Mortality n'entretenait pas avec plus de soin les pierres tombales des cimetières de village. M. Renan vit à Palerme des archéologues d'une détestable école, de l'école de Viollet-le-Duc, qui voulaient détruire des boiseries de style rocaille pour rétablir la cathédrale dans le pur style normand. Il les en dissuada. « Ne détruisons rien, leur dit-il. C'est ainsi seulement que nous serons sûrs de ne jamais passer pour des Vandales. » Il avait raison et vous avez raison. Mais comment vivre sans détruire puisque vivre c'est détruire et que nous ne subsistons que de la poussière des morts?

Cependant nous visitions les appartements, et M. de Nolhac disait : « Ceci ne fut jamais le lit de la reine.

Cette chambre n'était pas tapissée ainsi en 1788. » Et il allait détruisant les légendes, car c'est un genre de destruction qu'il croit encore permis. Mais je vois venir une nouvelle génération, mystique celle-là et spirituelle, qui ne le permettra plus. Puis mon guide me conduisit au hameau.

— L'abandon l'a touché, me dit-il, il faut se hâter de le voir.

Et nous nous hâtions.

— Voici donc, mon guide, la demeure rustique de l'ermite à barbe blanche, qui gouvernait le hameau?...

— Hélas! cher ami, l'ermite n'a jamais existé.

— Ceci n'est donc point un ermitage?

— C'est le poulailler.

Ce jour-là M. de Nolhac avait à table deux amis aussi doctes que lui, M. Jean Psichari, l'helléniste, et M. Frédéric Plessis, le latiniste. Et après le dîner, les trois savants se mirent à réciter des vers, car tous trois étaient poètes. M. Frédéric Plessis dit d'abord un sonnet à la Bretagne, sa terre natale.

> Bretagne, ce que j'aime en toi, mon cher pays,
> Ce n'est pas seulement la grâce avec la force,
> Le sol âpre et les fleurs douces, la rude écorce
> Des chênes et la molle épaisseur des taillis;
>
> Ni qu'au brusque tournant d'une côte sauvage,
> S'ouvre un golfe où des pins se mirent dans l'azur;
> Ou qu'un frais vallon vert, à midi même obscur,
> Pende au versant d'un mont que le soleil ravage.

Ce n'est pas l'Atlantique et ton ciel tempéré,
Les chemins creux courant sous un talus doré,
Les vergers clos d'épine et qu'empourpre la pomme :

C'est que, sur ta falaise ou ta grève souvent,
Déjà triste et blessé lorsque j'étais enfant,
J'ai passé tout un jour sans voir paraître un homme.

M. Jean Psichari, grec de naissance comme André Chénier, mais qui a fait de la France sa patrie adoptive et de la Bretagne sa terre de dilection, récita ensuite trois strophes inspirées par une parole de femme entendue de lui seul :

Sous nos cieux qu'enveloppe une éternelle brume
Parfois un rocher perce au loin les flots amers,
Le sommet couronné de floraisons d'écume,
Si bien qu'il semble un lis éclos parmi les mers.

Ami, tel est l'amour chez une âme bretonne;
Résistant, c'est le roc dans la vague planté.
L'impassible granit écoute l'eau qui tonne
Et l'ouragan le berce en un songe enchanté.

Que d'autres femmes soient mouvantes comme l'onde;
Les gouffres à nos pieds vainement s'ouvriront :
La fleur de notre amour, lorsque l'Océan gronde,
S'épanouit sur notre front.

Enfin, notre hôte, prenant la parole à son tour, récita des stances que lui avait inspirées ce beau lac de Némi au bord duquel M. Renan plaça la scène d'un de ses drames philosophiques :

Sur la montagne où sont les antiques débris
D'Albe et l'humble berceau des fondateurs de ville,
Nous allions tout un jour en récitant Virgile,
Et, graves, nous marchions dans les genêts fleuris.

Sous la mousse et les fleurs, cherchant la trace humaine
Au désert de la plaine, au silence des bois
Nous demandions les murs qui virent autrefois
Les premiers rois courbés sous la force romaine.

Nous eûmes pour abri ta colline, ô Némi !
Quand le soir descendit sur la route indécise,
Nous écoutâmes naître et venir dans la brise
Le murmure à nos pieds de ton lac endormi.

Les voix du jour mourant se taisaient une à une
Et l'ombre grandissait aux flancs du mont Latin.
De mystérieux cors sonnaient dans le lointain ;
Les flots légers fuyaient aux clartés de la lune.

La lune qui montait au front du ciel changeant,
Sous les feuillages noirs dressait de blancs portiques,
Et nous vîmes alors, ainsi qu'aux jours antiques,
Diane se pencher sur le miroir d'argent.

Et sur ces vers finit la belle journée, la journée de bonne doctrine et de gaie science. Fut-il un temps où les savants étaient aussi aimables qu'aujourd'hui ? Je ne crois pas.

AUGUSTE VACQUERIE[1]

Long, maigre, les traits grands, la barbe rude, il rappelle ces bustes des philosophes de l'antiquité, ces Antisthène, ces Aristipe, ces Xénocrate dont les curieux du xviie siècle ornaient leur galerie et leur bibliothèque. Il a comme eux l'air méditatif, volontaire et doux, et l'on devine, à le voir, que sa parole aura naturellement, comme celle d'un Diogène ou d'un Ménippe, le mordant et le symétrique des maximes bien frappées. Il ressemble aussi par une expression de bonhomie narquoise, aux ermites qu'on voit dans les vignettes d'Eisen et de Gravelot. Mieux encore : c'est le devin du village; il en a la finesse rustique. Enfin, je l'ai rencontré un jour dans un parc, à l'ombre d'une charmille, sous les traits d'un vieux Faune qui, souriant dans sa gaine de pierre moussue, jouait de la flûte. Philosophe, solitaire et demi-dieu rustique, Auguste Vacquerie est un peu tout

1. *Futura*, 1 vol. in-8º.

cela. Je voudrais vous le montrer causant avec ses amis, le soir. Il parle sans un mouvement, sans un geste. Il semble étranger à ce qu'il dit. Son grand visage, que creuse un sourire ascétique, n'a pas l'air d'entendre : l'œil, vif et noir, est seul animé. La lenteur normande pèse sur sa langue. Sa voix est traînante et monotone. Mais sa parole éveille dans son cours des images étranges et colorées, se répand en combinaisons à la fois bizarres et régulières, abonde en ces fantaisies géométriques qui sont une des originalités de cet esprit de poète exact. Il est l'homme le plus simple du monde, et qui aime le moins à paraître. Et je ne sais quoi dans sa tranquille personne révèle l'amateur de jardins et de tableaux, le connaisseur, l'ami discret des belles choses.

Robuste et laborieux, il a cette idée que le travail rend la vie parfois heureuse et toujours supportable. Depuis plus de quarante ans il fait le métier de journaliste avec une admirable exactitude. Il a débuté, sous la monarchie be Juillet, dans *le Globe* et dans *la Presse* de Girardin. En 1848, il dirigeait *l'Événement* qui, supprimé par la République, devint *l'Avènement du peuple*. Au 2 Décembre, le journal périt de mort violente. M. Auguste Vacquerie et ses cinq collaborateurs étaient en prison. Après vingt ans d'exil volontaire et de silence forcé, en 1869, M. Vacquerie fonda *le Rappel* avec M. Paul Meurice, son condisciple, son collaborateur et son ami. Depuis lors, tous les jours de sa vie, il s'est enfermé, de deux heures de l'après-midi à une heure du matin, dans son cabinet de la rue de Valois, respirant cette odeur de papier mouillé et d'encre grasse si douce aux humanistes de la Renaissance et qu'Érasme préférait au parfum des jasmins et des roses. Il l'aime; il aime les ballots de papier, la casse du compositeur, les rouleaux d'encre et les presses qui font trembler, en roulant, les murs des vieilles maisons. Car il croit fermement avec Rabelais que l'imprimerie a été inventée « par suggestion divine » et pour le bonheur des hommes. Au *Rappel*, il est le maître aux cent yeux. Il voit tout, et la main qui vient d'écrire l'article de tête ne dédaigne pas de corriger un fait-divers. M. Auguste Vacquerie, qui se donne tout entier à toutes ses entreprises, a su communiquer à ses innombrables articles l'accent, le tour, la marque de son esprit. Ce sont des morceaux d'un fini précieux et brillant; le style en est précis, exact et symétrique. Je ne parle pas ici de la doctrine sur laquelle il y a beaucoup à dire. Je veux laisser de côté toute question politique, et ne considérer que la philosophie : M. Vacquerie en a. Il a surtout de la logique. Comme le diable, il est grand logicien et c'est quand il n'a pas raison qu'il raisonne le mieux. Les caractères d'imprimerie, auxquels il attribue, dans son nouveau poème, des vertus merveilleuses, sont pour lui des petits soldats de plomb qu'il fait manœuvrer aussi exactement que l'Empereur faisait manœuvrer ses grenadiers. Ses lignes de *copie* ont la précision martiale des silhouettes de Caran d'Ache. On ne gagne pas de batailles sans user de stratagèmes. M. Auguste Vacquerie est rompu à toutes les ruses de guerre auxquelles il est possible de recourir dans les combats d'esprit. Il sait que le bon ordre des arguments supplée au nombre et à la qualité. C'est un très grand stratège des phrases. A l'exemple de Napoléon et de Franconi, il ne craint pas de donner le change sur le nombre de ses effectifs, en faisant défiler plusieurs fois les mêmes troupes. Mais, hâtons-nous de le dire, ce n'est pas par son astuce, après tout innocente, ce n'est pas par sa subtilité singulière que M. Auguste Vacquerie s'est élevé et soutenu au premier rang des journalistes.

Si M. Vacquerie est ergoteur et chicanier, c'est comme son compatriote le vieux Corneille, avec noblesse et fierté, par l'entêtement d'une âme haute et forte qui ne veut démordre de rien, ni jamais lâcher prise.

Le rédacteur en chef du *Rappel* n'a pas usurpé l'estime que lui accordent à l'envi ses amis et ses adversaires. Il a le cœur grand, animé du zèle du beau et du bien; il est sincère, il est courtois, et il faut respecter même ses haines, parce qu'il est de ceux chez qui la haine n'est que l'envers de l'amour. Enfin, il a la qualité la plus précieuse, la plus nécessaire à un homme qui écrit dans un journal, c'est-à-dire qui se donne chaque jour. Il est humain. Ce mot dit tout. Sans une large humanité, on ne saurait avoir d'action sur les hommes. Un grand journaliste est tout à tous : il faut qu'il ait le cœur largement ouvert. Après cela on lui passera quelques défauts. On voudra bien qu'il ne soit qu'un homme, s'il est vraiment un homme.

Auguste Vacquerie commença par la critique littéraire

cette carrière de journaliste qu'il devait fournir amplement avec honneur. Il est toujours resté ce qu'il était au début. C'est un trait de son caractère de ne rien abandonner. Il a la douceur des hommes qui ne cèdent pas ; l'obstination est le fond de son talent comme de sa nature. Il signe encore aujourd'hui des articles de bibliographie, et il suit le mouvement littéraire avec autant d'intérêt qu'il le suivait il y a quarante ans. Mais, pour indiquer, même sommairement, ses idées en poésie et en art, il faut rappeler ses débuts dans le monde des lettres. Il voua, au sortir du collège, au grand poète des *Rayons* et des *Ombres* une admiration et une amitié qu'une force terrible, cinquante ans de vie humaine, ne parvint pas à ébranler. Admis dans le cénacle il y retrouva un camarade de collège, Paul Meurice, à qui il adressait, il y a peu d'années, ces vers en souvenir des belles heures de la place Royale :

> Ce fut ma bienvenue et mon bouquet de fête
> De te trouver logé dans le même poète.
> Notre amitié naquit de l'admiration.
> Et nous vécûmes-là, d'art et d'affection,
> Habitants du granit hautain, deux hirondelles,
> Et nous nous en allions dans l'espace, fidèles
> Et libres, comprenant, dès notre premier pas,
> Qu'on n'imitait Hugo qu'en ne l'imitant pas.

Et il est vrai que Meurice et Vacquerie ont gardé près du maître l'indépendance de leur talent et de leur esprit. Un lien étroit resserra bientôt l'amitié du poète illustre et du poète naissant. On sait que Charles Vacquerie, frère d'Auguste, épousa Léopoldine, fille de Victor Hugo ;

on sait aussi comment Charles Vacquerie périt tragiquement avec sa jeune femme à Villequier, près de Caudebec. Victor Hugo et Auguste Vacquerie restèrent unis dans ce double deuil. De fortes sympathies les attachaient l'un à l'autre. Auguste Vacquerie exprima dans ses articles, avec conviction, ce qu'on pourrait nommer l'esthétique de la place Royale. Il y mit sa force, sa finesse et sa géométrie. Le malheur est que c'est là une doctrine de combat, admirablement appropriée à la lutte par sa violence et sa partialité, mais à laquelle manque absolument la sérénité qui sied après la victoire. L'esthétique de la place Royale n'était, au fond, que de la polémique. C'est pourquoi elle plut infiniment au vieux Granier de Cassagnac et à M. Auguste Vacquerie qui, chacun dans son camp, avaient l'amour du combat. Le vieux Granier, qui était jeune alors, appelait Racine « vieille savate ». M. Vacquerie l'appela « un pieu », ce qui, peut-être, est plus sévère encore :

> Shakespeare est un chêne,
> Racine est un pieu.

J'entends bien que cela veut dire au fond que les drames de Victor Hugo ont des mérites que les tragédies de François Ponsard n'ont point : et rien n'est plus vrai. Mais ce tour de pensées nous surprend, nous qui n'avons vu que le triomphe du romantisme et la pacification un peu morne de l'empire des lettres. Nous aurions mauvaise grâce à l'imiter. Nous n'avons pas le droit d'être injustes : nous sommes sans passions. Notre perpétuelle froideur nous oblige à une perpétuelle sagesse, et il faut convenir que c'est une obligation rigoureuse. Et, puisque nous sommes condamnés à la raison à perpétuité, sachons excuser les fautes de nos pères : ils étaient plus jeunes que nous. Pour ma part, moi qui garde à Jean Racine une admiration fidèle et tendre, moi qui l'aime de mon cœur et de mon âme, peut-être même de ma chair et de mon sang, comme sa Josabeth s'accusait d'aimer l'enfant roi, moi qui, le sachant par cœur et le relisant encore, lui demande presque chaque jour le secret des justes pensées et des paroles limpides, moi qui le tiens pour divin, j'ai envie de féliciter M. Auguste Vacquerie de l'avoir appelé un pieu ; j'ai envie de dire aux vieux critique de la vieille place Royale : « Vous avez bien fait. Vous vous battiez, et comme tous ceux qui se battent, vous étiez persuadés de la bonté de votre cause. Et puis, en combattant Racine, vous aviez plus d'esprit, de sens poétique, de style et de génie que ceux qui le défendaient en ce temps-là. Vous vous trompiez, je n'en doute pas ; mais vous vous trompiez en bon lettré que vous êtes et vos erreurs étaient aimables ; votre folie était superbe. Vous avez toutes les Muses avec vous. Votre juste ennemi, le bonhomme Ponsard, qui était un brave homme, ne vous écrivait-il pas alors : « C'est de votre côté, et seulement de votre côté, qu'est la vie, avec la passion, la colère, la générosité, l'amour de l'art, en un mot tout ce qui s'appelle la vie. » Enfin, le Racine que vous traitiez de pieu, c'était un Racine que vous aviez imaginé, fabriqué tout exprès pour taper dessus; une tête de turc à perruque.

Ce n'était pas le vrai Racine, ce n'était pas le premier des peintres de l'âme, ce n'était pas le moderne qui, avant Jean-Jacques et votre grande amie George Sand, révéla au monde la poésie des passions, le romantisme des sentiments. Non, ce n'était pas le vrai Racine, ce n'était pas mon Jean Racine. Et qu'importe alors si le vôtre était un pieu? Il en était un. Je le veux. Embrassons-nous. »

Et si vous me répondez, vieux maître blanchi sous le harnois de l'écrivain, si vous me répondez que Racine tel que je le conçois, tel que je le vois, tel que je l'aime, est un « pieu » encore, je vous dirai que je veux garder sur vous ce précieux avantage de goûter son art et le vôtre, et de vous réconcilier du moins dans mon âme.

Il n'est pas si difficile que vous croyez, vieux lion, de faire ses délices à la fois des *Plaideurs* et de *Tragaldabas*. Il suffit pour cela d'être né au lendemain de vos grandes batailles.

Ce *Tragaldabas* est la perle des comédies picaresques, la fleur de la fantaisie dramatique, le rayon de poésie gaie; c'est l'esprit, c'est la joie, c'est la chose rare entre toutes : la grâce dans l'éclat de rire. Au reste, l'auteur des *Funérailles de l'honneur*, de *Jean Baudry* et de *Formosa* est un des maîtres du théâtre. Le journaliste que je vous montrais tout à l'heure enfermé dans un bureau de rédaction, le critique de *Profils et Grimaces*, le disciple bien-aimé, le fils du tonnerre, est un dramaturge cornélien, d'une originalité précise et d'une sublimité sévère. Il est enfin un poète lyrique et les connaisseurs estiment son vers âpre et roide.

Le poème qu'il nous donne aujourd'hui, *Futura*, était promis, attendu depuis plus de vingt ans. On parlait à la fin de l'empire dans les cercles littéraires du *Faust* de Vacquerie. Il y travaillait pendant l'exil à Jersey ; il en envoyait des fragments aux amis de Paris. « Vous irez dans la patrie mes vers, et vous irez sans moi. » Michelet qui en reçut le morceau, je crois, qui se termine par ce vers :

Et je serai sujet de Choléra premier.

Michelet répondit :

« Je n'ai jamais rien lu qui m'ait autant touché, élevé le cœur. Le crescendo en est sublime. »

Mais M. Auguste Vacquerie a toujours mis une prodigieuse lenteur à publier ses ouvrages : *Tragaldabas*, ce merveilleux *Tragaldabas*, resta trente ans illustre et inédit ; il me souvient que le bon Glatigny, qui était comédien errant et poète lyrique, désespérant de posséder jamais cet ouvrage en volume, l'apprit par cœur dans je ne sais quel vieux journal introuvable qu'on lui avait prêté pour quelques heures. Il récitait le poème à ses amis assis en cercle, et il fut de la sorte le dernier barde.

Enfin, le *Faust* tant attendu vient de paraître sous le titre de *Futura*. C'est un grand poème symbolique, dont les personnages, Faust, Futura, le Soldat, l'Empereur, l'Archiprêtre, expriment des idées générales. On avait déjà remarqué que, dans le théâtre de M. Vacquerie, volontiers, par la bouche des personnages, don Jorge, Jean Baudry, Louis Berteau, ce sont des Idées qui parlent. En somme, le moraliste domine en M. Vacquerie et fait l'unité de son œuvre.

Futura est un poème largement, pleinement, abondamment optimiste et qui conclut au triomphe prochain et définitif du bien, au règne de Dieu sur la terre.

C'est le *Pater* paraphrasé par un républicain de 1848.

L'an passé, à propos d'un roman de M. Paul Meurice, nous faisions remarquions combien les hommes de cette génération avaient une foi robuste dans leur idéal. *Futura* nous ramène à cette époque dont J.-J. Weiss a récemment résumé les croyances en une page magnifique : « En ce temps-là, a-t-il dit, l'âme française et l'esprit français étaient faits d'enthousiasme, de foi, de tendresse et d'amour. Un rêve de justice et de liberté s'était emparé de la nation; on avait devant soi les longs espoirs et les vastes pensées; on nageait dans l'idéal et dans l'idéologie; on affirmait pour tous et pour chacun le droit au bonheur. » Heureux, bien heureux, M. Auguste Vacquerie! il est resté fidèle au culte de sa jeunesse. Il a gardé toutes ses espérances. Comme aux jours évanouis des Louis Blanc, des Pierre Leroux, des Proudhon et des Lamennais, il attend d'un cœur ferme l'avènement de la justice et l'heure où les hommes seront frères. Son Faust a rompu tout pacte avec le diable, à moins que le diable ne soit l'ami des hommes, le nouveau Prométhée, l'inspirateur de toute vérité, le génie des arts, le Satan enfin, que Proudhon, dans sa brûlante éloquence, appelait le bien-aimé de son cœur.

Comme l'ancien, le nouveau Faust épouse Hélène, l'Argienne aux bras blancs, Hélène « âme sereine comme le calme des mers », Hélène la beauté. Mais elle ne lui donne pas Euphorion, l'enfant qui scelle la réconciliation de la beauté antique et de l'idéal moderne. C'est une invention que M. Auguste Vacquerie laisse à Goethe; et en effet Euphorion n'a plus rien à faire en ce monde; sa tâche est accomplie. Non! l'union du nouveau Faust et d'Hélène donne naissance à la vierge Futura.

C'est d'elle que viendra le salut du monde : elle est la justice et elle est la pitié. Elle dit en naissant :

> La pitié fait ma chair et mon sang de tous ceux
> Qui sont désespérés sous la splendeur des cieux.
> J'ai dans l'âme un écho douloureux qui répète
> Le cri du matelot brisé par la tempête,
> L'adieu de l'exilé, le râle du mourant,
> Tous les gémissements de ce monde souffrant.

Et qu'est donc ce Faust nouveau pour avoir donné le jour à cette vierge messie, à la rédemptrice de l'humanité? Ne le devinez-vous point? Il est la Pensée libre. Par une identification très légitime et dont Maximilien de Klinger avait donné l'exemple dans un récit aussi désespéré que le poème de *Futura* est consolant, M. Vacquerie mêle en une seule personne le docteur

Faust et l'orfèvre Jean Fust, qui, associé à Gutenberg, publia en 1457 le *Psautier* de Mayence. Pour M. Vacquerie la puissance surnaturelle dont Faust est armé, sa vertu, ses charmes invincibles, sa magie, c'est la lettre d'imprimerie. Le caractère mobile est le signe sous lequel nous vaincrons le mal.

Je veux l'espérer. Que ferions-nous dans notre métier si nous étions sûrs du contraire? De quel cœur alignerais-je de vaines lignes, si je ne pensais pas qu'obscurément cet effort peut produire en définitive quelque bien?

Nous l'avons retrouvé dans *Futura*, ce Christ de 1848, qu'Ary Scheffer a peint avec si peu de couleur et tant de sentiment, ce Christ humanitaire qu'on voit dans *l'Agonie d'un saint*, de M. Leconte de Lisle, et dans *le Pilori* du vieux Glaize. Et nous avons songé que *Futura* ne venait pas trop tard, et que peut-être M. Vacquerie n'avait pas perdu pour attendre. On dit que la jeunesse contemporaine comme les Athéniens du temps de saint Paul est religieuse, mais qu'elle ne sait ce qu'il faut adorer. M. André Maurel l'affirme dans *la Revue bleue*. Qui sait si elle ne parviendrait pas à faire un dieu à sa convenance en combinant le Christ un peu trop philosophe de M. Auguste Vacquerie avec le Christ un peu trop mystique de M. Édouard Haraucourt? Il faut rendre cette justice à M. Auguste Vacquerie que sa tolérance est large et qu'il ne demande la mort de personne pour fonder le bonheur de l'humanité. C'est quelque chose de nouveau, qu'un réformateur qui ne commence pas par supprimer une génération d'hommes pour donner du cœur aux autres.

Un souffle de bonté passe sur ce grand poème de *Futura*. Je plaindrais ceux qui ne seraient pas touchés de la douce majesté de cette scène finale où se dresse en plein air une table à laquelle s'assied la foule des malheureux, une table servie dont on ne voit pas les bouts. Si cette image semble le rêve d'un autre âge, j'en suis fâché pour le nôtre.

OCTAVE FEUILLET [1]

Pendant la Terreur naturaliste, M. Octave Feuillet ne se contentait pas de vivre, comme Sieyès; il continuait d'écrire. On croyait qu'on ne verrait pas la fin de la tourmente. On croyait que le régime de la démagogie littéraire ne finirait pas, que le Comité de salut public, dirigé par M. Émile Zola, que le tribunal révolutionnaire, présidé par M. Paul Alexis, fonctionneraient toujours. Nous lisions sur tous les monuments de l'art : « Le naturalisme ou la mort! » Et nous pensions que cette devise serait éternelle. Tout à coup est venu le 9 Thermidor que nous n'attendions pas. Les grandes journées éclatent toujours par surprise. On ne les prépare pas par des excitations publiques. Le 9 Thermidor qui renversa la tyrannie de M. Zola fut l'œuvre des Cinq. Ils publièrent leur manifeste. Et M. Zola tomba à terre, abattu par ceux qui la veille lui obéissaient aveuglément. M. Paul Bonnetain fut, dans l'af-

1. *Honneur d'artiste*, 1 vol in-18.

faire, un autre Billaud-Varennes. M. Zola peut se dire, pour sa consolation, que les chefs de parti tombent le plus souvent de la sorte, sous les coups de ceux qui les avaient portés et soutenus. Les Cinq étaient très compromis dans le régime naturaliste. Ils se dégagèrent par un coup d'État. L'un d'eux, M. Rosny, représentait à la rigueur le dantonisme littéraire. J'entends par là les procédés scientifiques et un certain esprit de tolérance. Les quatre autres étaient des jacobins, je veux dire des zolistes purs. Mais avant cette grande journée, la faveur générale, en se portant sur *l'Abbé Constantin* avait montré la fragilité du régime. M. Ludovic Halévy en parlant avec une élégante simplicité le langage du sentiment, avait gagné toutes les sympathies. Au fond, le grand public était indifférent : il l'est toujours et veut seulement qu'on l'amuse et qu'on l'intéresse. La belle société était hostile au naturalisme, mais, selon sa coutume, avec une pitoyable frivolité. Enfin, quand le naturalisme fut terrassé, chacun voulut avoir concouru à sa perte. Il est de fait que la presse littéraire lui avait çà et là porté des coups sensibles. Seuls, et c'est une grande leçon, les émigrés, les critiques qui, comme M. de Pontmartin, si galant homme d'ailleurs et près de sa fin, dataient leurs articles de Coblence, n'eurent point de part à l'action libératrice.

Bref, la Terreur naturaliste est vaincue. On est libre d'écrire comme on l'entend et même avec politesse si l'on veut.

M. Octave Feuillet avait traversé la tourmente sans

s'en inquiéter, sans paraître s'apercevoir de rien et même en marquant çà et là quelque considération pour M. Zola. « Il est pourtant très fort » disait-il volontiers. Il resta le romancier galant homme qu'il a toujours été. En lisant sa dernière œuvre, si aimable et si digne de louanges, j'admirais le cours pacifique de ce beau talent toujours semblable à lui-même et qui se varie en se prolongeant comme la rive d'un fleuve.

Mais si l'on croit que je veux réveiller les querelles d'école à propos du nouveau roman de M. Octave Feuillet et opposer *Honneur d'artiste* à quelque ouvrage conçu dans un autre sentiment, on se trompe bien. Ce serait mal honorer un talent qui veut nous élever au-dessus de nos querelles de métier. Il y a dans l'esprit de M. Octave Feuillet une délicatesse, une discrétion, une noble pudeur qu'il faut satisfaire jusque dans l'admiration que cet esprit nous inspire. Et puis je n'ai nul besoin et nulle envie de rabaisser qui que ce soit au profit de cet écrivain dont la figure se détache parmi toutes les autres avec une pureté singulière, une finesse exquise, une élégante netteté.

Enfin, je ne vois aucune raison pour partir en campagne à cette heure. Si, comme il paraît, le naturalisme dogmatique, la Terreur, comme nous disions, est vaincue, sachons assurer notre victoire. Soyons sages. C'est une folie que de continuer la guerre quand on a triomphé. Surtout ne soyons pas injustes; ce serait une sottise et une maladresse. Reconnaissons que durant sa lourde et rude tyrannie, le naturalisme a accompli de grandes choses. Son crime fut de vouloir être seul, de prétendre exclure tout ce qui n'était pas lui, de préparer la ruine insensée de l'idéalisme, *dementes ruinas*. Mais son règne a laissé des monuments énormes. Telle des œuvres qu'il a plantées sur notre sol semble indestructible. Il faut être un de ces émigrés de lettres dont nous parlions à l'instant pour nier la beauté d'un roman épique tel que *Germinal*. S'il est vrai que nous avons triomphé du naturalisme doctrinaire, sachons que le premier devoir des vainqueurs est de respecter, de protéger, de défendre le patrimoine des vaincus et faisons-nous un honneur de mettre les chefs-d'œuvre de l'école de M. Zola à l'abri de l'injure.

Naguère j'exprimais, en traits assez forts, mon horreur des attentats commis par le naturalisme contre la majesté de la nature, la pudeur des âmes ou la beauté des formes; je détestais publiquement ces outrages à tout ce qui rend la vie aimable. « Si même, disais-je, la grâce, l'élégance, le goût ne sont que de frêles images modelées par la main de l'homme, il n'en faut pas moins respecter ces idoles délicates; c'est ce que nous avons de plus précieux au monde et, si pendant cette heure de vie qui nous est donnée, nous devons nous agiter sans cesse au milieu d'apparences insaisissables, n'est-il pas meilleur de voir en ces apparences des symboles et des allégories, n'est-il pas meilleur de prêter aux choses une âme sympathique et un visage humain? Les hommes l'ont fait depuis qu'ils rêvent et qu'ils chantent, c'est-à-dire depuis qu'ils sont hommes. Ils le feront toujours en dépit de M. Émile Zola et de ses théories esthétiques ; toujours ils chercheront dans l'inconnaissable nature l'image de leurs désirs et la forme de leurs rêves. Et notre conception générale de l'univers sera toujours une mythologie. » Voilà comme nous parlions, comme nous parlons encore. Mais il s'en faut que dans le combat du naturalisme, la vérité soit toute rangée d'un côté et l'erreur de l'autre. Cet ordre ne s'observe que dans les batailles célestes de Milton. La mêlée humaine est toujours confuse et l'on ne sait jamais bien au juste en ce monde avec qui et pourquoi l'on se bat. M. Zola, tout le premier, qui a déclaré une si rude guerre à l'idéalisme, est parfois lui-même un grand idéaliste ; il pousse au symbole ; il est poète. Et, dans la ruine de ses doctrines, son œuvre reste en partie debout.

Au demeurant, tous les chemins du beau sont obscurs ; il y a beaucoup de mystère dans les choses de l'art et il n'est guère plus sage d'abattre les doctrines que de les édifier. Ce sont là de vains amusements, des sujets de haine, des occasions dangereuses d'orgueil. Les poètes y perdent leur innocence et les critiques leur bonté.

Il faut reconnaître, enfin, que l'idéalisme et le naturalisme correspondent à deux sortes de tempéraments que la nature produit et produira toujours, sans que jamais l'un parvienne à se développer à l'exclusion de l'autre.

La grande erreur de M. Zola, puisqu'il faut toujours revenir à ce terrible homme, fut de croire que sa manière de sentir était la meilleure et, partant, la seule bonne. Il fut dogmatique et prétendit imposer l'orthodoxie réaliste. C'est ce qui nous irrita tous et excita ses amis à secouer son joug.

L'orgueil perdit le Lucifer de Médan. Je suis sûr qu'aujourd'hui encore, abandonné de toute son armée, assis seul à l'écart avec son génie et se rongeant les poings, il rêve encore la domination par le naturalisme. Mais comment ne voit-il pas qu'on naît naturaliste ou idéaliste comme on naît brun ou blond, qu'il y a un charme après tout à cette diversité et qu'il importe seulement qu'on reste ce qu'on est? Perdre sa nature c'est le crime irrémissible, c'est la damnation certaine, c'est le pacte avec le diable.

M. Octave Feuillet est resté ce qu'il était. Il n'a vendu son âme à aucun diable. Il se montre dans son nouveau roman fidèle à cet art exquis et tout français qu'il exerce, depuis trente ans, avec une autorité charmante, cet art de composer et de déduire par lequel on procède, même en étant un simple conteur, des Fénelon et des Malebranche, et de tous ces grands classiques qui fondèrent notre littérature sur la raison et le goût.

On a nié qu'il fût nécessaire et même qu'il fût bon de composer ainsi. On a voulu de notre temps que le roman fût sans composition et sans arrangement. J'ai entendu le bon Flaubert exprimer à cet égard avec un enthousiasme magnifique des idées pitoyables. Il disait qu'il faut découper des tranches de la vie. Cela n'a pas beaucoup de sens. A y bien songer, l'art consiste dans l'arrangement et même il ne consiste qu'en cela. On peut répondre seulement qu'un bon arrangement ne se voit pas et qu'on dirait la nature même. Mais la nature, et c'est à quoi Flaubert ne prenait pas garde, la nature, les choses ne nous sont concevables que par l'arrangement que nous en faisons. Les noms mêmes que nous donnons au monde, au cosmos, témoignent que nous nous le représentons dans son ordonnance et que l'univers n'est pas autre chose, à notre sens, qu'un arrangement, un ordre, une composition.

Pour parler comme un discours académique du xvii° siècle, nous dirons que M. Octave Feuillet « a toutes les parties de son art », la composition, l'ordonnance, et cette mesure, cette discrétion qui permet de tout dire et qui fait tout entendre. Il a aussi l'audace et le coup de force. Nous l'avons retrouvé dans *Honneur d'artiste*, ce coup qui porte et ces bonds rapides où le récit s'enlève comme un cheval de sang au saut d'une haie.

Ces causeries, pour être fidèles à leur titre, doivent rester dans la vie, au milieu des choses, et ne point s'enfermer dans les pages d'un livre, fût-il le plus séduisant du monde. Je ne le regrette qu'à demi. Il y a quelque chose de pénible à disséquer un roman, à montrer le squelette d'un drame. Je n'analyserai pas le livre aux marges duquel j'écris ces réflexions d'une main abandonnée. Je ne vous dirai pas comment mademoiselle de Sardonne rejoint dans l'enfer des damnées de l'amour ses sœurs adorables, Julia de Trécœur, Blanche de Chelles et Julie de Cambre. Je ne vous dirai pas jusqu'où le peintre Jacques Fabrice pousse le sentiment de l'honneur. Mais après avoir lu *Honneur d'artiste*, relisez *Fort comme la mort*, de M. de Maupassant. Vous prendrez plaisir, je crois, à comparer les deux artistes, les deux peintres, Jacques Fabrice et Olivier Bertin, qui meurent victimes l'un et l'autre d'un amour cruel. Le contraste des deux natures est là frappant. M. Octave Feuillet a pris plaisir à nous montrer un héros; M. de Maupassant au contraire, prend garde à ce que son peintre ne soit jamais un héros. Au reste, ce roman de M. de Maupassant est un chef-d'œuvre en son genre.

Un mot encore, que je dirai tout bas :

Certains épisodes d'*Honneur d'artiste* ont un ragoût dont plus d'une lectrice sera friande en secret. Il y a, par exemple, un mariage « fin de siècle », d'un goût assez vif. Le mari va passer sa nuit de noce au cercle et chez une créature. A son retour il ne trouve personne; madame est sortie. Elle rentre à huit heures du matin, sans fournir d'explications. Le mari n'insiste pas : ce serait bourgeois. Mais il en conçoit pour sa femme une profonde admiration. Il la trouve forte.

— *Épatant*, se dit-il.

Et, dans sa bouche, c'est là le suprême éloge.

Il y a aussi l'épisode des jeunes filles, qui tiennent entre elles des propos à faire rougir un singe. Je ne me trompe pas, le mot est de M. Feuillet lui-même, dans un précédent ouvrage.

Me voilà au bout de ma causerie. Je n'ai rien dit presque de ce que je voulais dire. Il n'y aurait que demi-mal, si j'avais mis un peu d'ordre dans mes idées, mais je crains d'avoir brouillé certaines choses. Ce n'est pas tout que de parler d'abondance de cœur. Encore faudrait-il un peu de méthode.

Nous reviendrons un jour sur l'œuvre de M. Octave Feuillet. Nous rechercherons l'action du maître sur les conteurs contemporains et nous lui trouverons, tout d'abord deux disciples directs d'une grande distinction, M. Duruy et M. Rabusson. Dans un bien joli livre qui vient de paraître (les *Romanciers d'aujourd'hui*), M. Le Goffic fait observer que M. Rabusson procède de M. Octave Feuillet, mais en prenant la contre-partie des idées du maître. Et cela est vrai. M. Feuillet nous décrit le monde avec une indulgence caressante et un idéalisme coquet. M. Rabusson est, au contraire, un mondain qui dit beaucoup de mal du monde.

Il faudrait insister sur tous ces points. Et je n'ai plus le temps de le faire. J'ai mérité le reproche que Perrin Dandin adresse à l'avocat du pauvre Citron

> Il dit fort posément ce dont on a que faire.
> Et court le grand galop quand il est à son fait.

30 décembre 1890.

Quant cet article a été écrit, Octave Feuillet vivait encore. Qu'on me permette de reproduire ici ce que nous écrivions à la nouvelle de sa mort dans le *Temps* du 31 décembre 1890.

Octave Feuillet est mort hier. Un cœur délicat et pur a cessé de battre. Tous ceux qui l'ont connu savent qu'il avait une bonté fine et une bienveillance ingénieuse et qu'il mettait de la grâce dans sa cordialité. C'était, j'en ai pu juger, un galant homme qui portait dans ses sentiments toutes les délicatesses du goût. Bien qu'il touchât à la vieillesse, il avait gardé je ne sais quoi de jeune encore qui rend sa perte plus cruelle. Il avait retenu des belles années l'air amène et le don de plaire. La maladie l'avait depuis longtemps touché. Né avec une excessive délicatesse nerveuse et sensible au point de ne pouvoir supporter un voyage en chemin de fer, dans ces dernières années, sa santé était gravement troublée; mais les maladies de nerfs ont une marche si capricieuse, elles offrent de si brusques rémissions, elles sont de leur nature si bizarres, elles ont de telles fantaisies que, le plus souvent, on a cessé de les craindre quand elles s'aggravent réellement. La mort d'Octave Feuillet est une surprise cruelle. Pour ma part, j'ai peine à sortir de l'étonnement douloureux où elle me jette pour accomplir mon devoir qui est de dire en quelques mots la perte que les lettres viennent de faire.

Nous avons parlé ici même à plusieurs reprises du talent d'Octave Feuillet. Nous avons montré son art de composer, son entente du bel arrangement et sa science des préparations. Il fut à cet égard le dernier classique. Il avait des secrets qui sont aujourd'hui perdus. On en peut regretter quelques-uns, et particulièrement l'unité de ton, qu'il observait en maître et qui donne à ses romans une incomparable harmonie.

Nous n'avons pas besoin de rappeler qu'il savait peindre les caractères et marquer les situations. Il avait le goût, la mesure, le tact; et il était unique pour tout dire sans choquer.

Un art nouveau est venu après le sien, un art qui a marqué sa place par de nombreux ouvrages. Ce n'est pas le moment, sans doute, d'opposer une forme d'art à une autre. Chaque génération coule sa pensée dans le moule qui lui plaît le mieux. Il faut comprendre les manifestations de l'art les plus diverses : si le naturalisme est venu, c'est qu'il devait venir, et le critique n'a plus qu'à l'expliquer.

Pour la même raison, il faut admettre aussi l'idéalisme d'Octave Feuillet, qui vint après le romantisme. La part d'Octave Feuillet fut d'être le poète du second empire. Maintenant que ses créations reculent dans le passé, on en saisit mieux le caractère et le style. Ces Julia de Trécœur, ces Blanches de Chelles, ces Julie de Cambre ont leur vérité : elles sont des femmes de 1855. Elles ont le mordant, le brusque, l'inquiet, l'agité, le brûlé de ce temps, où il y eut une grande poussée de sensualisme et de vie à outrance. Dans leurs sens affinés commence la névrose.

Octave Feuillet fut le révélateur exquis d'un monde brutal, sensuel et vain. Il eut dans la grâce l'audace et la décision et il sut marquer d'un trait sûr la détraquée et le viveur ; ce classique nous montre la fin d'un monde.

Il est vrai, et vrai parfois jusqu'à la cruauté. Mais il est poète ; il a l'indulgence du poète ; il embellit tout ce qu'il touche sans le dénaturer. Il déploie avec amour tout ce qui reste d'élégance et de charme dans cette société qui n'a plus d'art et où la passion même est sans éloquence. Il pare ses héros et ses héroïnes. A-t-il tort? En sont-ils moins vrais pour cela? Non, certes! Par tous les temps, et même dans les sociétés fiévreuses et malades, la nature a sa beauté. Cette beauté, l'artiste la découvre et nous la montre.

La poésie de Feuillet c'est la poésie second empire. Le style de Feuillet, c'est le bon style Napoléon III. Quand la crinoline aura, comme les paniers, le charme du passé, Julia de Trécœur entrera dans l'idéal éternel des hommes.

Il est à remarquer que ce romancier des faiblesses élégantes et des passions choisies, ce peintre de la vie embellie par le luxe, était un solitaire. Il vécut une grande partie de sa vie paisible caché dans sa petite ville montueuse de Saint-Lô, en compagnie de la femme admirable qui le pleure aujourd'hui et qui par le caractère, comme par le charme du bien dire (on le saura peut-être un jour), était digne de partager la vie de cet écrivain galant homme

BOUDDHISME

Sans croire le moins du monde que l'Europe soit près d'embrasser la doctrine du nirvana, il faut reconnaître que le bouddhisme, aujourd'hui mieux connu, exerce sur les esprits libres et curieux un attrait singulier et que la grâce de Çakya-Mouni opère aisément sur les cœurs non prévenus. Et il est merveilleux, si l'on y songe, que cette source de morale, qui jaillit du pied de l'Himalaya avant l'éclosion du génie hellénique, ait gardé sa pureté féconde, sa fraîcheur délicieuse, et que le sage de Kapilavastu soit encore pour notre vieille humanité souffrante le meilleur des conseillers et le plus doux des consolateurs.

Le bouddhisme n'est presque pas une religion; il n'a ni cosmogonie, ni dieux, ni culte à proprement parler. C'est une morale, et la plus belle de toutes; c'est une philosophie qui s'accorde avec les spéculations les plus hardies de l'esprit moderne. Il a conquis le Tibet, la Birmanie, le Népaul, Siam, le Cambodge, l'Annam, la

Chine et le Japon, sans verser une goutte de sang. Il n'a pu se maintenir dans l'Inde si ce n'est à Ceylan, mais il compte encore quatre cents millions de fidèles en Asie. En Europe, sa fortune depuis soixante ans n'est pas moins extraordinaire, si l'on y songe. A peine connu, il a inspiré au plus puissant philosophe de l'Allemagne moderne une doctrine dont on ne conteste plus l'ingénieuse solidité. On sait en effet que la théorie de la volonté fut édifiée par Schopenhauer sur les bases de la philosophie bouddhique. Le grand pessimiste ne s'en défendait pas, lui qui, dans sa modeste chambre à coucher, gardait un Bouddha d'or.

Les progrès de la grammaire comparée et de la science des religions nous ont beaucoup avancés dans la connaissance du bouddhisme. Il faut bien reconnaître aussi que, dans ces dernières années, le groupe des théosophistes, dont les opinions sont si singulières, a contribué à répandre en France et en Angleterre les préceptes de Çakya-Mouni. Pendant ce temps, à Ceylan, le grand-prêtre de l'Église du Sud, Sumangala, faisait à la science européenne l'accueil le plus favorable. Ce vieillard au visage de bronze clair, drapé majestueusement dans sa robe jaune, lisait les livres d'Herbert Spencer en mâchant le bétel. Le bouddhisme, dans sa bienveillance universelle, est doux envers la science, et Sumangala se plut à ranger Darwin et Littré parmi ses saints, comme ayant montré, à l'égal des ascètes de la jungle, le zèle du cœur, la bonne volonté et le mépris des biens de ce monde.

Au reste, l'Église du Sud, à laquelle Sumangala commande, est plus rationaliste et plus libérale que l'Église du Nord, dont le siège apostolique est au Tibet. Il est croyable qu'à les examiner de près les deux communions sont déparées par des pratiques mesquines et des superstitions grossières, mais à ne voir que l'esprit, le bouddhisme est tout entier sagesse, amour et pitié.

Le premier mai 1890, pendant qu'une agitation heureusement contenue, mais qui révèle par son universalité une puissance nouvelle avec laquelle il faut compter, soulevait au soleil du printemps la poussière des capitales, le hasard m'avait conduit dans les salles paisibles du musée Guimet, et là, solitaire, au milieu des dieux de l'Asie, dans l'ombre et dans le silence de l'étude, présent encore par la pensée aux choses de ce temps, dont il n'est permis à personne de se détacher, je songeais aux dures nécessités de la vie, à la loi du travail, à la souffrance de vivre, et, m'arrêtant devant une image de ce sage antique dont la voix se fait entendre encore à l'heure qu'il est à plus de quatre cents millions d'hommes, je fus tenté, je l'avoue, de le prier comme un dieu et de lui demander ce secret de bien vivre que les gouvernements et les peuples cherchent en vain.

Et il me semble que le doux ascète, éternellement jeune, assis les jambes croisées sur le lotus de pureté, la main droite levée comme pour enseigner, me répondit par ces deux mots : Pitié et résignation. Toute son histoire, réelle ou légendaire, mais en tout cas si belle, parlait pour lui ; elle disait :

« Fils d'un roi, nourri dans des palais magnifiques, dans des jardins fleuris où, sous les fontaines jaillissantes, les paons déployaient sur le gazon leur éventail ocellé, et dont les hautes murailles me cachaient les misères de ce monde, mon cœur fut saisi de tristesse, car une pensée était en moi. Et, quand mes femmes baignées de parfums dansaient en jouant de la musique, mon harem se changeait à mes yeux en un charnier et je disais : « Voici
» que je suis dans un cimetière. »

» Or, étant sorti quatre fois de mes jardins, je rencontrai un vieillard et je me sentis atteint de sa décrépitude, je rencontrai un malade et je souffris de son mal, je rencontrai un cadavre et la mort fut en moi. Je rencontrai un ascète et, comprenant qu'il possédait la paix intérieure, je résolus de la conquérir à son exemple. Une nuit que tout sommeillait dans le palais, je jetai un dernier regard sur ma femme et mon enfant endormis et, montant mon cheval blanc, je m'enfuis dans la jungle pour méditer sur la souffrance humaine, ses causes innombrables et le moyen d'y échapper.

» J'interrogeai à ce sujet deux solitaires fameux, qui m'enseignèrent que, par les tortures du corps, l'homme peut acquérir la sagesse. Mais je connus qu'ils n'étaient point sages, et moi-même, après un long jeûne, j'étais tellement exténué par l'abstinence que les bergers du mont Gaya disaient en me voyant : « Oh ! le bel
» ermite : il est tout noir, il est tout bleu, il est de la

» couleur du poisson madjoura ». Mes prunelles luisaient dans les orbites creuses de mes yeux comme le reflet de deux étoiles au fond d'un puits; je fus sur le point d'expirer sans avoir acquis les connaissances que j'étais venu chercher. C'est pourquoi, étant descendu sur les bords du lac Nairandjanâ, je mangeai la soupe de miel et de lait que m'offrit une jeune fille. Ainsi réconforté je m'assis le soir au pied de l'arbre Boddhi et j'y passai la nuit dans la méditation. Vers la pointe du jour, mon intelligence s'ouvrit comme la blanche fleur du lotus et je compris que toutes nos misères viennent du désir qui nous trompe sur la véritable nature des choses et que, si nous possédions la connaissance de l'univers, il nous apparaîtrait que rien n'est désirable, et qu'ainsi tous nos maux finiraient.

» A compter de ce jour, j'employai ma vie à tuer en moi le désir et à enseigner aux hommes à le tuer dans leurs cœurs. J'enseignais l'égalité avec la simplicité, je disais : « Ce ne sont ni les cheveux tressés, ni les
» richesses, ni la naissance qui font le brahmane. Celui
» en qui se rencontrent la vérité et la justice, celui-là
» est brahmane. »

» Je disais encore : Soyez sans orgueil, sans arrogance, soyez doux. Les passions, qui sont les armées de la mort, détruisez-les comme un éléphant renverse une hutte de roseaux. On ne se rassasie pas plus avec tous les objets du désir qu'on ne peut se désaltérer avec toute l'eau de la mer. Ce qui rassasie l'âme, c'est la sagesse. Soyez sans haine, sans orgueil, sans hypocrisie. Soyez tolérants avec les intolérants, doux avec les violents, détachés de tout parmi ceux qui sont attachés à tout. Faites toujours ce que vous voudriez que fît autrui. Ne faites de mal à aucun être.

» Voilà ce que j'enseignai aux pauvres et aux riches, pendant quarante-cinq ans, après lesquels je méritai d'entrer dans le bienheureux repos que je goûte à jamais. »

Et l'idole dorée, le doigt levé, souriante, ses beaux yeux ouverts, se tut.

Hélas! s'il exista, comme je le crois, Çakya-Mouni fut le meilleur des hommes. « C'était un saint! » s'écria Marco Polo en entendant son histoire. Oui, c'était un saint et un sage. Mais sa sagesse n'est pas faite pour les races actives de l'Europe, pour ces familles humaines si fort en possession de la vie. Et le remède souverain qu'il apporte au mal universel ne convient pas à notre tempérament. Il invite au renoncement et nous voulons agir; il nous enseigne à ne rien désirer et le désir est en nous plus fort que la vie. Enfin, pour récompense de nos efforts, il nous promet le nirvana, le repos absolu, et l'idée seule de ce repos nous fait horreur. Çakya-Mouni n'est pas venu pour nous; il ne nous sauvera pas. Il n'en est pas moins l'ami, le conseiller des meilleurs et des plus sages. Il donne à ceux qui savent l'entendre de graves et de fortes leçons, et s'il ne nous aide pas à résoudre la question sociale, le baume de sa parole peut guérir plus d'une plaie cachée, adoucir plus d'une douleur intime.

Avant de quitter le musée Guimet, j'obtins d'entrer dans la belle rotonde où sont les livres. J'en feuilletai quelques-uns : l'*Histoire des religions de l'Inde*, par M. L. de Milloué, le savant collaborateur de M. Guimet, l'*Histoire de la littérature hindoue*, par Jean Lahor, pseudonyme qui cache un poète savant et philosophe, quelques autres encore. J'y lus, parmi plusieurs légendes bouddhiques, une histoire admirable que je vous demande la permission de conter, non telle qu'elle est écrite, malheureusement, mais telle que j'ai pu la retenir. Elle m'occupe tout entier, et il faut absolument que je vous la dise.

HISTOIRE DE LA COURTISANE VASAVADATTA ET DU MARCHAND OUPAGOUPTA

Il y avait à Mathoura, dans le Bengale, une courtisane d'une grande beauté nommée Vasavadatta, qui, ayant une fois rencontré dans la ville le jeune Oupagoupta, fils d'un riche marchand, s'éprit pour lui d'un ardent amour. Elle lui envoya sa servante pour lui dire qu'elle le recevrait avec joie dans sa maison. Mais Oupagoupta ne vint pas. Il était chaste, doux, plein de pitié; il possédait la science; il observait la loi et vivait selon le Bouddha. C'est pourquoi il méprisa l'amour de cette femme.

Or il arriva que, peu de temps après, Vasavadatta, ayant commis un crime, fut condamnée à avoir les mains, les pieds, les oreilles et le nez coupés. On la conduisit dans un cimetière où la sentence fut exécutée, et Vasavadatta fut laissée sur le lieu où elle avait subi sa peine. Elle vivait encore.

Sa servante, qui l'aimait, se tenait près d'elle et chassait les mouches avec un éventail, pour que la suppliciée pût mourir tranquille. Pendant qu'elle accomplissait ces soins pieux, elle vit venir un homme qui s'avançait, non comme un curieux, mais avec recueillement et dans l'appareil d'un visiteur plein de déférence. En effet, un enfant portait un parasol sur la tête de cet homme. Ayant reconnu le jeune Oupagoupta, la servante réunit les membres épars de sa maîtresse et les cacha à la hâte sous son manteau. S'étant approché de Vasavadatta, le fils du marchand s'arrêta et contempla en silence celle dont la beauté brillait naguère comme une perle dans la ville. Cependant la courtisane, reconnaissant celui qu'elle aimait, lui dit d'une voix expirante :

— Oupagoupta, Oupagoupta! quand mon corps, orné d'anneaux d'or et d'étoffes légères, était doux comme la fleur du lotus, malheureuse, je t'ai attendu en vain. Tandis que j'inspirais le désir tu n'es pas venu. Oupagoupta, Oupagoupta! pourquoi viens-tu, maintenant que ma chair sanglante et mutilée n'est plus qu'un objet de dégoût et d'épouvante?

Oupagoupta répondit avec une douceur délicieuse :

— Ma sœur Vasavadatta, aux jours rapides où tu semblais belle, mes sens n'ont point été abusés par de vaines apparences. Je te voyais déjà par l'œil de la méditation telle que tu apparais aujourd'hui. Je savais que ton corps n'était qu'un vase de corruption. Je te le dis en vérité, pour qui voit et qui sait, ma sœur, tu n'as rien perdu. Sois donc sans regrets. Ne pleure point les ombres de la joie et de la volupté qui te fuient, laisse se dissiper le mauvais rêve de la vie. Dis-toi que tous les plaisirs de la terre sont comme le reflet de la lune dans l'eau. Ton mal vient d'avoir trop désiré; ne désire plus rien, sois douce envers toi-même et tu vaudras mieux que les dieux. Oh! ne souhaite plus de vivre; on ne vit que si l'on veut; et tu vois bien, ma sœur, que la vie est mauvaise. Je t'aime : crois-moi, sœur Vasavadatta, consens au repos.

La courtisane entendit ces paroles et, connaissant qu'elles étaient véritables, elle mourut sans désirs et quitta saintement ce monde illusoire.

LES CHANSONS DU CHAT-NOIR

Il y a deux ans, une hôtesse toute gracieuse fit venir le Chat-Noir chez elle, pour l'amusement d'un très grand philosophe, d'un vieux maître vénérable et bien-aimé, d'un sage que rien ne détourne de la contemplation des vérités éternelles et qui endure en souriant les douleurs de la goutte. Le maître, paisiblement assis dans son fauteuil, reposait sur sa poitrine sa tête puissante et pensive, quand à dix heures sonnantes, le Chat-Noir, représenté par deux jeunes messieurs corrects, l'un grand, l'autre petit, entra dans le salon avec une politesse silencieuse. Le premier était Mac-Nab, qui est mort depuis, laissant un frère plongé dans l'étude des arts magiques. Le second était Jules Jouy, l'abondant et véhément chansonnier. Mac-Nab avait, de son vivant, l'apparence d'une longue et lugubre personne. Il disait d'un ton morne, avec un visage désolé, des choses sinistres. Quand il ouvrait la bouche, sa mâchoire semblait se détacher comme d'une tête de mort, sans effort et sans bruit; les yeux lui coulaient doucement hors des orbites, et ses mains énormes inspiraient en s'allongeant une mystérieuse horreur. C'était sa manière d'être comique; elle était excellente, encore fallait-il y être préparé. Il chanta, ce soir-là, des couplets macabres sur la guillotine, les croque-morts et les squelettes, et il finit sur une certaine ballade dont il m'est impossible de transcrire le titre, et dans laquelle il retrouve l'image de la mort où, d'ordinaire, on la cherche le moins. C'est tout ce que je puis dire. M. Jules Jouy, petit, court, la barbe en pointe, vif, mordant, montrait un tout autre caractère. Il ne parlait que des vivants. Mais de quelle façon il les traitait, juste ciel! On sait que M. Jules Jouy fait la chanson politique, et l'on sait comment il la fait. Le public était fort occupé, en ce temps-là, des incidents parlementaires et judiciaires qui ont précédé la retraite de M. le président Grévy. Vous devinez sur qui M. Jules Jouy essayait alors ce génie satirique qu'il a tant exercé depuis à combattre le boulangisme. Et quand M. Jules Jouy dit ses chansons, pas une malice n'en est perdue.

Du fond de son fauteuil, où il reposait dans l'attitude de majesté familière qu'Ingres, sur une toile fameuse, a donné au vieux Bertin, notre maître; le grand savant, le grand sage, écoutait en balançant lentement la tête et ne prononçait pas une parole. Un demi-siècle d'études austères et de méditations profondes l'avait mal préparé à cette poésie-là. Quand ce fut fini, il fit quelques compliments aux artistes, mais par pure politesse, car il est l'homme le plus poli du monde. Au fond, il n'avait pas bien goûté ce genre d'esprit. Et puis, il était choqué de certaines irrévérences. Il appartient à une génération qui avait beaucoup plus que la nôtre le sentiment de la vénération. Son hôtesse s'en aperçut et, à quelques jours de là, pour effacer cette impression un peu pénible, elle fit entendre à notre sage une très célèbre chanteuse de cafés-concerts, dont l'inspiration était, comme la beauté, toute ronde et parfaitement innocente. Cette fois notre sage sourit, et il avoua que les jeunes gens de l'autre soir, pour aimables qu'ils étaient, avaient tort de railler des choses respectables, telles que les pouvoirs publics, l'amour et la mort. Il avait raison, il avait grandement raison. Mais il faut dire aussi qu'une chanson n'est pas un cantique et que, dans tous les temps, les faiseurs de vaudevilles se sont moqués de tout et du reste.

Ils ont, à leur façon, beaucoup de talent, les chansonniers du Chat-Noir, et ils ressuscitent la chanson. Il y avait le Caveau, je sais bien, le Caveau et la Lice chansonnière. Je n'en veux pas médire. Je suis sûr qu'on y a beaucoup d'esprit. Mais ce n'est pas l'esprit du jour.

Il est vénérable, le Caveau! Songez qu'il fut fondé en 1729 par Gallet, Piron, Crébillon fils, Collé et Panard, qui se réunissaient chez le cabaretier Landelle, au carrefour Buci. Il est vrai que cette première société fut bientôt dispersée. Le deuxième Caveau, inauguré en 1759, par Marmontel, Suard, Lanoue et Boissy, se trouva dissous un peu avant la Révolution. En 1806, Armand Gouffé et le libraire Capelle établirent, sous la présidence de Désaugiers, le Caveau moderne au restaurant tenu par Balaine, rue Montorgueil, au coin de la rue Mandar; Capelle éditait les œuvres de la compagnie.

Publiant un cahier chaque mois, un volume chaque année, il acquittait les dépenses de la table et faisait encore quelque profit. Je m'en réfère sur ces faits précis à un livre de M. Henri Avenel, intitulé *Chansons et Chansonniers*. Après une dernière dissociation, le Caveau reconstitué, en 1834, chez le traiteur Champeaux, place de la Bourse, a donné ses dîners, sans interruption. On chante au dessert. C'est une société très agréable, si j'en juge par un de ses membres que j'ai le plaisir de connaître, M. Émile Bourdelin, auteur de très jolis couplets sur l'*Arbre de Robinson*.

Une bien agréable société sans doute, mais qui n'est pas composée de jeunes gens, et où la chanson ne s'est point rajeunie. Mettons que le Caveau, c'est l'Académie française de la Chanson.

La Lice chansonnière doit avoir aussi son mérite. Un de ses adhérents m'affirme qu'on y professe les opinions les plus avancées, tandis que le Caveau est tant soit peu réactionnaire. Voyez-vous cela?... Enfin *Lice* et *Caveau* sont d'honnêtes personnes qui ne font pas parler d'elles, tandis que l'école du Chat-Noir mène grand tapage. M. Jules Jouy, dont nous parlions tout à l'heure, est presque populaire. Et c'est justice : il a l'ardeur, l'entrain, et, dans une langue très mêlée, de l'esprit et du trait. Je ne l'aime pas beaucoup quand il vise au sublime. Mais il est excellent dans l'ironie.

Rappelez-vous la *Perquisition* et les *Manifestations boulangistes* sur l'air de la *Légende de saint Nicolas* :

> Ils étaient trois petits garçons
> Qui passaient, chantant des chansons.

Au reste, pas moderne le moins du monde, et même gardant dans l'esprit et dans le style un arrière-goût de chansonnier patriote. Qu'on ne s'y trompe pas, il procède plus qu'il ne croit de ces virtuoses du pavé qui, en février 1848, au lendemain de la victoire du peuple, chantaient des refrains populaires et quêtaient pour les blessés.

> Vers l'avenir que nos chefs nous conduisent.
> Que voulons-nous? Des travaux et du pain;
> Que nos enfants à l'école s'instruisent,
> Que nos vieillards ne tendent plus la main,
> Moins arriérés qu'en l'an quatre-vingt-treize.
> Sachons unir la justice et les lois,
> Salut, salut, République française,
> Je puis mourir, je t'ai vue une fois.

Et ce couplet, s'il vous plaît, est de Gustave Leroy. C'est le troisième d'une chanson qui fit le tour de France sur l'air de *Vive Paris!* M. Jules Jouy a beaucoup d'esprit. Mais j'aperçois en lui un Gustave Leroy. Les vrais modernes sont Aristide Bruant, Victor Meusy, Léon Xanrof. Avec eux la chanson a pris un air qu'elle n'avait pas encore, une crânerie canaille, une fière allure des boulevards extérieurs, qui témoigne du progrès de la civilisation. Elle parle l'argot des faubourgs. Au xviiie siècle, elle parlait, avec Vadé, le langage poissard :

Qui veut savoir l'histoire entière
De m'am'zelle Manon la couturière
Et de monsieur son cher zamant,
Qui l'ammait zamicablement?

Ce jeune homme, t'un beau dimanche,
Qu'il buvait son d'mi-s'tier à la Croix-Blanche,
Fut accueilli par des farauds,
Qui racollent z'en magnièr' de crocs.

L'un d'eux lui dit voulez-vous boire
A la santé du roi couvert de gloire!
— A sa santé? dit-il, zoui-dà;
Il mérite bien cet honneur-là.

On n'eût pas plutôt dit la chose,
Qu'un racoleur ly dit et ly propose,
En lui disant en abrégé
Q'avec eux t'il est z'engagé.

. . . .

Sachant cela Manon z'habille
S'en va tout droit de cheuz monsieur d'Merville
Pour lui raconter z'en pleurant
Le malheur de son accident.

. . . .

C'est là le ton des halles, qui permettait encore une certaine délicatesse et une pointe de sentiment. Mais la langue des halles est aujourd'hui une langue morte. Nos nouveaux Vadé chantent en langue verte. La langue verte est expressive, mais faite pour exprimer seulement les pires instincts et pour peindre les plus mauvaises mœurs. A cet effet elle est incomparable, comme on peut s'en persuader par ces simples vers que M. Aristide Bruant prête à un personnage dont il est inutile de définir l'état et le caractère :

> Alle a pus d'daron pus d'daronne,
>   Alle a pus personne,
>   Alle a que moi.
> Au lieu d'sout'nir ses père et mère,
>   A soutient son frère,
>   Et pis quoi?...

M. Lorédan Larchey nous enseigne à propos, dans son *Dictionnaire d'Argot*, que *daron* et *daronne* veut dire père et mère.

M. Aristide Bruant, qui, sous son grand chapeau et sa limousine, a un air de chouan, n'est pas, il me semble un fidèle du Chat-Noir. Je crois même qu'il a ouvert un cabaret rival. Mais il reste de l'école verte, et cela suffit pour le classement. Il a composé une suite de chansons de faubourgs d'un magnifique cynisme, *A Batignolles, A la Villette, A Montparnasse, A Saint-Lazare, A la Roquette, A Montrouge, A la Bastille, A Grenelle, A la Chapelle.*

M. Meusy parle aussi l'argot parisien; mais ses personnages sont moins séparés de la société que ceux de M. Bruant. Ils font de la politique. L'un deux dit avec sagesse :

> N'écout' pas ces bons apôtres
> Qui veul'nt reviser la loi;
> Puisque c'est pour en fair' d'autre...
>   On s'demand' pourquoi.

Un autre personnage de M. Meusy procède au classement des partis :

> Y a l'parti d'monsieur Joffrin,
>   Y sont un;

Y a l'parti des anarchis',
  Y sont dix;
Y a l'parti de *l'Intransigeant*,
  Y sont cent;
Y a l'parti de Reinach Joseph,
  Y sont b'sef;
Y a l'parti d'ceux qui n'en ont pas,
  Et y sont des tas.

J'estime la muse de Victor Meusy, mais j'avoue mon faible pour celle de Léon Xanrof. M. Léon Xanrof a composé la *Ballade du vitriolé* et je lui en sais un gré infini. C'est un ouvrage plein de philosophie où l'on admire en même temps l'enchaînement des crimes et la fatalité que rien n'élude. Jamais poème ne fournit plus ample matière à la méditation. Je vous en fais juges :

C'était sur le boulevard
Il commençait à fair' tard
Arrive un' femm' qu'avait l'air
Tragiqu' comme mam'zelle Weber.

Elle allait dissimulant
Un litr' dans du papier blanc,
Et r'gardait les boudinés
D'un air féroce sous l' nez.

Soudain ell' s'écri' : « C'est lui,
Le séducteur qui m'a fui! »
En mêm' temps elle arrosa
Trois messieurs, très vexés d'ça.

Et le poète déroule son drame lyrique que domine la Nécessité, souveraine des hommes et des dieux :

Deux ayant été r'connus
Par la dam' comme inconnus,
Fur'nt relâchés illico.

Que ne puis-je tout citer !... Et l'humiliation du séducteur devant le tribunal, et l'acquittement nécessaire de la vitrioleuse et son mariage avec un lord excentrique. Et la morale. Oh! c'est par sa morale que M. Léon Xanrof est surtout grand, neuf et magnifique. Méditez à cet égard la chanson des *Quatre-z-étudiants*, qui est un pur chef-d'œuvre. Ces quatre-z-étudiants oublièrent leurs études avec une demoiselle de Bullier. Quand vinrent les vacances, leurs parents leur firent des reproches et leur enjoignirent de suivre exactement les cours à la rentrée. Les quatre-z-étudiants obéirent :

> Ils se r'mir'nt à l'étude
> Avec acharnement.
> N'avaient pas l'habitude,
> Sont morts au bout d'un an.

Quelle leçon pour les parents ! Cette histoire ne passe-t-elle pas en mélancolie l'aventure douloureuse de Juliette et de Roméo ? M. Xanrof n'est-il pas un sublime moraliste et l'école du Chat-Noir une grande école ?

FIN

TABLE ALPHABÉTIQUE

DES NOMS DES AUTEURS CITÉS OU MENTIONNÉ
DANS CE VOLUME

A

ALDE MANUCE, 347.
ALEXIS (Paul), 368.
AMÉLINEAU, 15, 132, 133, 135 et suiv.
ANTOINE (M.), 281.
ARÈNE (Paul), 46 et suiv., 117, 118, 207.
ARISTOPHANE, 11, 222.
AUGUSTIN (saint), 39, 196, 225.
AVENEL (Henri), 391.

B

ALLANCHE, 197, 199.
ANVILLE (Théodore DE), 181, 183, 188.

BARATOUX (J.), 185.
BARBEY D'AURÉVILLY (J.), 37 et suiv., 120, 121, 237.
BARBIER (Auguste), 234.
BARBIER (Jules), 243, 245.
BAUDELAIRE (Charles), 20 et suiv., 42, 43, 44, 121, 181, 183, 185, 186, 188, 306.
BÉRENGER (P.-F. DE), 112.
BERNHARD (Sarah), 250.
BLADÉ (Jean-François), 93.
BLAZE DE BURY (Henri), 251, 252.
BLÉMONT (Émile), 92, 97.
BONNETAIN (Paul), 368.
BOCCACE, 346.
BOILEAU (Nicolas), xx, 159.
BOUCHOR (Maurice), 93, 159, 218 et suiv.
BOUILHET (Louis), 306.

BOURDELIN (Emile), 391.
BOURGET (Paul), 41, 54 et suiv., 182, 261, 262, 274, 275.
BOURSAULT, XV.
BRIZEUX (Aug.), 155.
BRUANT (Aristide), 392, 393, 394.
BRUNETIÈRE (Ferdinand), I et suiv., 20, 64, 71, 72, 73, 75, 76, 77.
BUY, DE LYON, 204.

C

CALMET (dom), 219.
CALVIN, 32.
CAMPISTRON, XXI.
CAPELLE, 391.
CARAN D'ACHE, 357
CARNOY (Henri), 93, 97, 108.
CAZALIS (Henry). Voir *Lahore (Jean)*.
CERVANTÈS (Miguel), 33, 123.
CHAMPFLEURY, 321.
CHAMPION (Honoré), 166.
CHARAVAY (Etienne), 171.
CHARTON (Edouard), 325.
CHATEAUBRIAND (F. DE), 4, 45, 121, 136, 168, 303.
CHENAVARD, 204.
CHENNEVIÈRES (Henri DE), 175.
CHERBULIEZ (Victor), 12, 331 et suiv.
CICÉRON, 347.
COLÉRUS (Jean), 57.
COLLÉ, 390.
COLLIN DE PLANCY, 224.
COMPARETTI, 125.
CONFUCIUS, 79, 80.

COPPÉE (François), 41, 289, 310, 311, 312.
CORNEILLE (Pierre), XIX, 358.
CRÉBILLON FILS, 390.

D

DANTE, 29.
DARWIN, 56, 306, 326.
DAUDET (Alphonse), 262, 282, 285.
DAVIS, 86.
DELISLE (Léopold), 232.
DENON (baron Vivant), 166 et suiv.
DESJARDINS (Paul), II et suiv.
DIDE (Auguste), 171.
DIERX (Léon), 25, 311, 294.
DIOSCORIDE, 33.
DORAT, 180.
DOUCET (Lucien), 227.
DU BELLAY, 346.
DU LOCLE, 299.
DUMAS FILS (Alexandre), 329.
DURUY (Georges), 376.

E

EDISON, 127.
ENTRECOLLES (le P. D'), 86.
EPHREM (saint), 15, 17.
ÉPICURE, 56.
ERASME, 346, 347, 351.
ERINNE, 303.
ESCHYLE, 11, 143.
ESTIENNE (Henry), 32.

F

FABRE (Ferdinand), 338.
FABRE (Joseph), 243.
FAGON, 187, 188.
FARET, 159.
FEUILLET (Octave), 368 et suiv.
FLAMMARION (Camille), 209.
FLAUBERT (Gustave), 126, 181, 183, 184, 298 et suiv., 320, 373.
FLORIAN (le chev. DE), 49.
FOURNIER (Edouard), 289.
FUSTER (Charles), 47.

G

GAILLARD D'ARCY, 80.
GALLET, 390.
GAUTIER (Théophile), 174, 181, 184, 188, 274, 306.
GAVARNI, 195.
GILBERT, 309.
GIRARDIN (Emile DE), 356.
GLAIZE, 366.
GLATIGNY (Albert), 363.
GŒTHE (Wolfgang), 99, 365.
GONCOURT (E. et J. DE), 142, 181, 184, 186, 188, 320.
GONCOURT (Jules DE), 183.
GRATRY (le père), 237.
GRÉGOIRE DE TOURS, 228.
GREUZE (J.-B.), 97.
GUILLEMIN, 323.
GUILLON (Charles), 157.
GUIMET, 384, 385.
GYP, 261.

H

HALÉVY (Ludovic), 369.
HAMY (Ernest), 414.
HARAUCOURT (Edouard), 366.
HAVET (Louis), 344.
HEILLY (Georges D'), 299.
HENNER, 101.
HENNIQUE (Léon), 142 et suiv., 265.
HÉREDIA (J. M. DE), 294, 310.
HERVIEU (Paul), 259.
HÉSIODE, 117.
HROTSWITHA, 10 et suiv.
HUGO (Victor), XIX, 359, 360.
HUYSMANS, 278.

I

INGHERAMI (Tomasso), 347, 348.

J

JACOLLIOT, 146.
JAUBERT (E.), 317.
JOLY (Henri), 326.
JOUY (Jules), 388, 389, 391, 392.
JOUY (M. DE), XIX.
JULIEN (Stanislas), 80.

K

KILLINGER (Maximilien DE), 365.

L

LACORDAIRE (H. D.), 132, 237.
LA FARE (le chev. DE), 40.
LA FONTAINE (J. DE), XIX, 85, 106, 168.
LAHORE (Jean), 385.
LAMARTINE (Alphonse DE), XIX, 195, 251.
LAPRADE (Victor DE), 193, 196, 202, 203, 204.
LARCHEY (Lorédan), 394.
LAUJOL (Henry), 298 et suiv.
LEBLANC (abbé), XXI.
LECONTE DE LISLE, 181, 183, 366.
LE GOFFIC, 376.
LEMAITRE (Jules), II et suiv., 31, 154, 315.
LERMINA (Jules), 264, 265.
LEROLLE (Henri), 227.
LEROY (Gustave), 392.
LESAGE, 226.
LESCURE (M. DE), 290.
LESIGNE (Ernest), 253, 254.
LITTRÉ (E.), 61.
LOMBROSO, 326.
LOTI (Pierre), 26, 263.
LUCAS (Paul), 224, 225.
LUCIEN, 33.
LUCRÈCE, 56.

M

MAC-NAB, 388.
MAISTRE (Joseph DE), 44.
MALLARMÉ (Stéphane), 255, 294.
MARGUERITE DE NAVARRE, duchesse d'Alençon, 31.
MARIÉTON (Paul), 190, 203, 204, 205.
MARTEL (comtesse DE). Voir *Gyp*.
MATHALÈNE, 217.
MAUDSLEY, 326.
MAUREL (André), 366.
MAUPASSANT (Guy DE), 4 et suiv., 47, 263, 265, 375.
MÉLÉAGRE, 58, 207.
MENDÈS (Catulle), 290, 293, 311.
MÉRAT (Albert), 310.
MÉRIMÉE (Prosper), 263.
MEURICE (Paul), 356, 359, 364.
MEUSY (Victor), 392, 394.
MEYRAC (Albert), 93.
MOLIÈRE 167, 168.
MONSELET (Charles), 160.
MONTEIL (Alexis), 117.
MONTAIGNE (Michel DE), 31.
MONTAIGLON (Anatole DE), 29.
MONTÉPIN (X. DE), 258.
MORÉAS (Jean), XVI, 35.
MORGAN (lady), 175, 177, 178.
MICHELET (J.) 194, 196, 363.
MILLOUÉ (L. DE), 385.
MISTRAL (Frédéric), 47.

N

NIMAL (Henry DE), 92.
NIZIER (du Puitspelu). Voir *Clair Tisseur*.
NOLHAC (Pierre DE), 342 et suiv.

O

OHNET (Georges), 258.

P

PANARD, 390.
PARNY (Evariste), 25.
PASCAL (Blaise), 69, 200, 216.
PAULHAN, 71.
PAUTHUR (Guillaume), 79, 80.
PÉLADAN (Joséphin), XI, 121, 233 et suiv., 264, 265, 275.
PÉTRARQUE, 346.
PÉTRONE, 85.
PINEL, 183, 185.
PIRON, 390.
PLATON, 79.
PLESSIS (Frédéric), 29, 352, 353, 354.
PONSARD (François), 360, 361.
POULET-MALASSIS, 180.
PRAROND (Ernest), 248.
PROPERCE, 206.
PROUDHON, 365.
PRUDHON (P.-P.), 101.
PSICHARI (Jean), 352, 353.
PUYMAIGRE (comte DE), 108.

Q

QUÉRARD, 180.
QUINET (Edgar), 192.
QUICHERAT (Jules), 246.

R

RABELAIS (F.), XIX, 28, et suiv., 161, 222.
RABUSSON (Henri), 376.
RACINE (Jean), XVII, 360, 361, 362.
RACOT (Adolphe), 40.
RÉCAMIER (Mme), 197.
RÉMUSAT (Abel), 80, 85, 86.
RENAN (Ernest), 222, 227, 331, 351, 353, 388, 389.
RENOUVIER (Charles), 205.
REGNIER (H. DE), 35.
REYER, 299.
RIBOT (Théodule), 71, 75.
RICARD (L. X. DE), 294, 311.
RICHARD-DESAIX (Ulric), 168.
RICHET (Ch.), 71, 75.
RIVIÈRE (C^t H.), 260.
ROBERT D'ARBRISSEL, 15.
ROBESPIERRE (Maximilien), 73.
ROCHEGROSSE (Georges), 227.
ROD (Edouard), 266.
RONSARD, XX, 346.
ROSSETTI (Dante-Gabriel), 267.
ROSNY (J.-H.), 277, 369 et suiv.
ROUSSEAU (Jean-Jacques), 68, 73, 186, 334.

S

SAINT-AMAND, 159.
SAINTE-BEUVE (Augustin), 197.

23.

SAINT-PIERRE (Bernardin DE), 63.
SAINT-VICTOR (Paul DE), 44.
SAND (George), 198.
SARCEY (Francisque), 226, 227.
SARRAZIN (Gabriel), 275.
SARRAZIN, DE LYON, 202.
SCHEFFER (Ary), 366.
SCHÉRER (Edmond), 266.
SEBILLOT (Paul), 92, 93, 110, 164.
SEVELINGES, 273, 274.
SHAKESPEARE (William), 11, 96, 102.
SCHOPENHAUER (Arthur), 122.
SHELLEY, 271.
SIGNORET, 10, 11, 227.
SIVRY (Charles DE), 93, 102.
SOPHOCLE, 11.
SOULARY (Joséphin), 202, 203, 204.
SOUVESTRE (Emile), 115.
SPENCER (Herbert), 306.
SPINOSA, 57, 58, 60, 63, 75.
SPRONCK (Maurice), 181 et suiv.
STAPFER (Paul), 28 et suiv.
SULLY-PRUDHOMME, 54,
SYLVESTRE (Théophile), 39.

T

TAINE (H.), VII, 54, 174, 182, 306.
TCHENG-KI-TONG, 79 et suiv.
TÉRENCE, 13.
TERTULLIEN, III.
TÉOPHRASTE, 33.
THEURIET (André), 290.
THIERRY (Gilbert-Augustin), 146, 265.
THOMAS D'AQUIN (saint), 216.
THOMS, 85, 86.
TIERSOT (Julien), 92, 110, 112, 113, 157.
TILLEMONT (LE NAIN DE), 18.
TISSERAND, 213.
TISSEUR (Alexandre), 190, 205.
TISSEUR (Barthélemy), 190 à 200.
TISSEUR (Clair), 190, 205 à 208.
TISSEUR (Jean), 190, 200 à 205.
TOLSTOÏ (comte DE), 317.
TÖPFFER (R.), 204.
TOURNEUX (Maurice), 180.

U

UZANNE (Octave), 261.

V

VACQUERIE (Auguste), 355 et suiv.
VACQUERIE (Charles), 359.
VADÉ (Guillaume), 392, 393.
VALADE (Léon), 310.
VALBERT. Voir *Cherbuliez.*
VALLET DE VIRIVILLE, 253.
VERLAINE (Paul), 294, 309 et suiv.
VERNE (Jules), 322, 323.
VICAIRE (Gabriel), 93, 153 et suiv.
VIGNY (Alfred DE), 21.

VILLIERS DE L'ISLE ADAM (Auguste), 120 et suiv.
VILLON (François), 317.
VIOLLET-LE-DUC, 351.
VIRGILE, 13, 33.
VOGÜÉ (vicomte E. M. DE), 263 et suiv.
VOLTAIRE, XV, 168, 170.

W

WAGNER (Richard), 126.

X

XANROF, 392, 393, 395.
XÉNOPHON, 163, 332.

Z

ZOLA (Emile), 142, 152, 262, 279, 284, 285, 312, 319, 368, 369, 370, 371, 372.

FIN DE LA TABLE ALPHABÉTIQUE

TABLE DES MATIÈRES

PRÉFACE	1
POURQUOI SOMMES-NOUS TRISTES?	1
HROTSWITHA AUX MARIONNETTES	10
CHARLES BAUDELAIRE	20
RABELAIS	28
BARBEY D'AURÉVILLY	37
PAUL ARÈNE	46
LA MORALE ET LA SCIENCE. M. PAUL BOURGET	54
CONTES CHINOIS	79
Histoire de la dame à l'éventail blanc	86
CHANSONS POPULAIRES DE L'ANCIENNE FRANCE	92
I. *Chansons d'amour*	92
II. *Le soldat*	104
III. *Chansons de labour*	115
VILLIERS DE L'ISLE-ADAM	120
UN MOINE ÉGYPTIEN	130
LÉON HENNIQUE	142
LE POÈTE DE LA BRESSE, GABRIEL VICAIRE	153

LE BARON DENON..	166
MAURICE SPRONCK..	181
UNE FAMILLE DE POÈTES : BARTHÉLEMY TISSEUR, JEAN TISSEUR, CLAIR TISSEUR.................	190
RÊVERIES ASTRONOMIQUES................................	209
M. MAURICE BOUCHOR ET L'HISTOIRE DE TOBIE....	218
Histoire des deux amants d'Auvergne.........	228
JOSÉPHIN PÉLADAN..	233
SUR JEANNE D'ARC..	243
SOUS LES GALERIES DE L'ODÉON........................	255
EDOUARD ROD..	266
J.-H. ROSNY..	277
FRANÇOIS COPPÉE..	289
LES IDÉES DE GUSTAVE FLAUBERT.....................	298
PAUL VERLAINE...	309
DIALOGUES DES VIVANTS : LA BÊTE HUMAINE......	319
NOUVEAUX DIALOGUES DES MORTS : UNE GAGEURE..	331
UNE JOURNÉE A VERSAILLES.............................	343
AUGUSTE VACQUERIE...	355
OCTAVE FEUILLET..	369
BOUDDHISME..	379
Histoire de la courtisane Vasavadatta et du marchand Oupagoupta.................	385
LES CHANSONS DU CHAT-NOIR............................	388

169-18. — Coulommiers. Imp. Paul BRODARD. — 4-18.
7595

DERNIÈRES PUBLICATIONS

Format in-18 à 3 fr. 50 le volume

	Vol.
ADOLPHE ADERER	
Amours de Paris	1
GABRIELE D'ANNUNZIO	
Poésies	1
RENÉ BAZIN	
Davidée Birot	1
HENRY BIDOU	
Marie de Sainte-Heureuse	1
V. BLASCO IBANEZ	
La Horde	1
RENÉ BOYLESVE	
Madeleine Jeune Femme	1
LOUISE COMPAIN	
La Vie tragique de Geneviève	1
J. DELORME-JULES SIMON	
Plutôt Souffrir...	1
ANATOLE FRANCE	
Les Dieux ont soif	1
LÉON FRAPIÉ	
La Mère Croquemitaine	1
HUMBERT DE GALLIER	
Usages et Mœurs d'autrefois	1
J. GALZY	
L'Ensevelie	1
GYP	
Fraîcheur	1
ÉMILE HENRIOT	
L'Instant et le Souvenir	1
ERNEST LAVISSE	
Souvenirs	1
JULES LEMAITRE	
Chateaubriand	1
EUGÈNE LE ROY	
L'Ennemi de la Mort	1
LOUIS LÉTANG	
L'Or dispose	1
RAYMONDE LORDEREAU	
Vaincue	1
PIERRE LOTI	
Un Pèlerin d'Angkor	1
PIERRE MILLE	
Louise et Barnavaux	1
RICHARD O'MONROY	
Pour être du Club	1
HENRY RABUSSON	
La Justice de l'Amour	1
CLAUDE SILVE	
La Cité des Lampes	1
MARCELLE TINAYRE	
La Douceur de Vivre	1
LÉON DE TINSEAU	
Du mouron pour les petits oiseaux	1
JEAN-LOUIS VAUDOYER	
La Maîtresse et l'Amie	1
COLETTE YVER	
Un Coin du Voile	1

www.ingramcontent.com/pod-product-compliance
Lightning Source LLC
Chambersburg PA
CBHW050916230426
43666CB00010B/2200